E 67/15

K. H. Kleber u. J. Piegsa · Sein und Handeln in Christus

Moraltheologische Studien · Systematische Abteilung

Herausgegeben von Josef Georg Ziegler mit Joachim Piegsa
Band 15

Sein und Handeln in Christus

Perspektiven einer Gnadenmoral

Herausgegeben von Karl-Heinz Kleber
und Joachim Piegsa

EOS Verlag Erzabtei St. Ottilien

CIP-Titelaufnahme der Deutschen Bibliothek

Sein und Handeln in Christus: Perspektiven einer Gnadenmoral / hrsg.
von Karl-Heinz Kleber u. Joachim Piegsa. — St. Ottilien: EOS Verlag, 1988.
  (Moraltheologische Studien: Systematische Abteilung; Bd. 15)
  ISBN 3-88096-465-3

NE: Kleber, Karl-Heinz [Hrsg.]; Moraltheologische Studien /
  Systematische Abteilung

Gesamtherstellung: EOS Druckerei, D-8917 St. Ottilien
Schrift: 9/10 und 8/9 Punkt Palacio

Inhalt

5

Zueignung

In dem vorliegenden Sammelband haben sich polnische und deutsche Kollegen zu einer gemeinsamen Festgabe für Josef Georg Ziegler zusammengetan. Das ist in vielfacher Hinsicht symptomatisch.

Der Titel »Sein und Handeln in Christus — Perspektiven einer Gnadenmoral« kennzeichnet die Arbeit des durch viele Publikationen und Vorträge weit über die Reichweite seines Lehrstuhls hinaus im In- und Ausland bekannt gewordenen emeritierten Mainzer Moraltheologen. Durch seine wegweisenden moralhistorischen Studien hatte er früh dazu beigetragen, verhärtete Fronten aufzulockern und sachlich überholte Positionen innerhalb der christlichen Ethik bei aller Treue zur überlieferten Lehre zu korrigieren. Die biblisch-dogmatische Grundausrichtung seiner wissenschaftlichen Arbeit eilte dem Zweiten Vatikanischen Konzil voraus, das die Forderung erhob nach einer »Vervollkommnung der Moraltheologie, die, reicher genährt aus der Lehre der Schrift, in wissenschaftlicher Darlegung die Erhabenheit der Berufung der Gläubigen in Christus und ihre Verpflichtung, in der Liebe Frucht zu tragen für das Leben der Welt, erhellen soll« (Optatam totius, nr. 16). Eine christozentrische Lebensgestaltung war ihm im »Bund Neudeutschland« eingepflanzt worden, einer Schüler- und Akademikergemeinschaft, der er sich bis heute verpflichtet weiß. J.G. Ziegler ist überhaupt bleibend geprägt vom Lebensstil der Jugendbewegung, wie man im Umgang mit ihm leicht erkennen kann. Von daher stammt seine durchaus engagierte Disputierfreude, die ihm keineswegs nur Beifall beschert, in der er jedoch stets trotz all seiner Impulsivität die gebotene Fairness zu wahren bestrebt ist.

Sein pastoraler Impetus läßt J.G. Ziegler nicht ungerührt die Nöte seiner Zeitgenossen betrachten. Als Theologe sieht er sich durch sie herausgefordert. Darum griff er in einer Fülle von Arbeiten immer wieder aktuelle Probleme auf und bezog Stellung zu den unterschiedlichsten Zeitfragen. Das gilt ebenso für Fragen etwa der Ehemoral wie der Diskussion um die Neufassung des Textes des Passionsspiels von Oberammergau. Seine umfangreiche Publikationsliste belegt Zieglers Fleiß und Eifer. Dabei verleugnet er nie seine Herkunft. Er steht als Mann der Kirche für sie ein, auch wenn er mitunter geplagt wird von Schwierigkeiten bei der Akkomodation bzw. Akzeptanz mancher überkommener Moralvorstellungen in der heutigen Zeit. 1979 erfolgte die Ernennung zum päpstlichen Ehrenprälaten.

Erfahrungen während der Herrschaft des Nationalsozialismus, die er erlebt und erlitten hat, verstärkten sein Eintreten für die Existenz absoluter, inhaltlich bestimmbarer, ethischer Prinzipien. Seine Arbeiten führten J.G. Ziegler von selbst zum Dialog mit nichtkatholischen Kollegen, deren Auffassungen er respektierte, um seine eigene Überzeugung zu klären. Geradezu zwangsläufig ergab sich bei seinem umfassenden Schaffen auch das interdisziplinäre Gespräch, das er nicht nur pflegte, wo es sich von selbst anbot, sondern das er ständig auch im persönlichen Kontakt mit Kollegen anderer Disziplinen schon um der Fundierung seiner eigenen Kompetenz willen suchte. Insbesondere das Kapitel der ärztlichen Ethik hat es ihm hierbei angetan. In immer neuen, jeweils sehr frühen Veröffentlichungen zu den wechselnden Problemen auf diesem Gebiet bezog er sachkundig Stellung, was ihm weithin Anerkennung verschaffte.

Wenn in dieser Festschrift eine stattliche Zahl polnischer Freunde mitarbeitet, spricht das von der Wertschätzung, die der Jubilar in unserem Nachbarland gefunden hat. Sichtbarer Ausdruck dafür war 1983 die Ehrenpromotion durch die »Akademie für katholische Theologie« Warschau. J.G. Zieglers Idee war es im Jahr 1971, den seinerzeit keineswegs selbstverständlichen Kontakt mit theologischen Fakultäten in Polen zu knüpfen, aus dem im Laufe der Jahre die ständige Einrichtung eines Professorenaustauschs zwischen der Mainzer »alma mater« und sieben Partnerhochschulen in Warschau, Lublin, Krakau, Neisse, Breslau und Posen erwuchs. Er, der als Offizier den Zweiten Weltkrieg miterlebt hatte, spürte die moralische Verpflichtung, aus christlichem Geist durch einen wissenschaftlichen Austausch der Versöhnung zwischen den beiden Völkern zu dienen. Die gute Absicht wurde verstanden und kulminierte 1977 anläßlich der 500-Jahrfeier der Johannes Gutenberg Universität Mainz in der Verleihung der Ehrendoktorwürde des Katholisch-Theologischen Fachbereichs an den Lehrstuhlinhaber für Philosophische Ethik an der Katholischen Universität Lublin und Erzbischof von Krakau, Kardinal Karol Wojtyla. Eine Frucht der gemeinsamen Arbeit jener Jahre ist die Festschrift zu J.G. Zieglers 60. Geburtstag »Person im Kontext des Sittlichen«, zu der der nachmalige Papst Johannes Paul II. wie andere seiner polnischen Kollegen einen eigenen Aufsatz beisteuerte.[1]

In Würdigung seiner Arbeit als akademischer Lehrer und als profilierter, stets hilfsbereiter Mitgestalter der heutigen Moraltheologie widmen in dankbarer Verbundenheit und mit den besten Wünschen für andauernde Schaffenskraft die Verfasser aus seinem Schüler- und Bekanntenkreis Herrn Prälat Prof. Dr. Dr. h.c. J. G. Ziegler diese Sammlung moraltheologischer Reflexionen aus Anlaß seines siebzigsten Geburtstages.

Die Herausgeber

---

[1] J. Piegsa/H. Zeimentz, Person im Kontext des Sittlichen. Beiträge zur Moraltheologie (Moraltheologische Studien: Systemat. Abt.; Bd. 7). Düsseldorf 1979.

Josef Georg Ziegler

Schriftenverzeichnis

I. Allgemeine Moraltheologie — Grundgestalt und Gestaltung

1. Zur Gestalt und Gestaltung der Moraltheologie:
   Trierer Theologische Zeitschrift 71 (1962) 46—55.

2. Gläubige Liebe, Freiheit im Gesetz:
   Theologische Revue 58 (1962) 1—8.

3. Die Reichgottesidee J. B. Hirschers unter dem Aspekt der Exegese und Moraltheologie:
   Theologie und Glaube 52 (1962) 30—41.

4. Erlösende Gottbegegnung. Zur Grundlegung christlicher Sittlichkeit:
   Trierer Theologische Zeitschrift 75 (1966) 321—341.

5. Vom Gesetz zum Gewissen. Das Verhältnis von Gewissen und Gesetz und die Erneuerung der Kirche (Quaestiones disputatae 39). Freiburg 1968.

6. Theologische Gewißheitsgrade in der Moraltheologie. Eine Anregung zu einer notwendigen Diskussion:
   Trierer Theologische Zeitschrift 78 (1969) 65—94.

7. Moraltheologie nach dem Konzil. Moraltheologie heute und die Erneuerung der Kirche:
   Theologie und Glaube 59 (1969) 164—191.

7a. W. Ernst (Hrsg.), Moraltheologische Probleme in der Diskussion. Leipzig 1971, 12—35.

8. Moralgesetz, kirchliches Lehramt und Gewissen:
   Klerusblatt 49 (1969) 235—241.

8a. Per una teologia delle libertà delle coscienze. Legge morale, magistero e coscienza:
   Studi cattolici (Milano 1969) 487—498.

9. Die Problematik sittlicher Normen in der pluralistischen Gesellschaft:
   K. Hörmann und R. Weiler (Hrsg.), Zusammenarbeit von Christen und Atheisten. Wien 1970, 39—53.

10. Czy istnieje etyka specyficznie chrześcijańska? (Gibt es eine spezifisch christliche Ethik?):
    Collectanea Theologica 34 (Warszawa 1972) 15—28.

11. Moral: J. B. Bauer (Hrsg.), Heiße Eisen von A—Z. Ein aktuelles Lexikon für den Christen. Graz 1972, 248—263.

12. Zwischen Vernunft und Offenbarung. Zur Quellen- und Methodenfrage in der Moraltheologie:
    Theologische Revue 70 (1974) 266—271.

II. Spirituelle Moraltheologie — Gnadenmoral

9. Moraltheologie — Theologie des geistlichen Lebens:
   Theologische Revue 73 (1977) 263—277.

10. Gedanken zum Hirschbergprogramm:
    Hirschberg 31 (1978) 138—146.

11. Bund Neudeutschland. Gemeinschaft kath. Männer und Frauen. Information aus Geschichte und Gegenwart. Frankfurt 1982, 8—18.

12. Lex nova sive evangelica.
    Präliminarien zu einer Gnadenmoral:
    D. Mieth/H. Weger (Hrsg.), Anspruch der Wirklichkeit und christlicher Glaube. Probleme und Wege theologischer Ethik heute (FS A. Auer). Düsseldorf 1980, 225—247.

13. Grundstrukturen christusförmiger Sittlichkeit:
    K. Hillenbrand/ S. H. Schneider (Hrsg.), Mit der Kirche auf dem Weg durch die Zeit (Freundesgabe für H. Holzapfel). Würzburg 1980, 86—89.

14. Zur Begründung einer christozentrischen Moraltheologie:
    Trierer Theologische Zeitschrift 92 (1983) 1—21.

15. Neue Lebensgestaltung in Christus. Idee und Vollzug:
    Hirschberg 35 (1983) 315 f.

16. Lebensgestaltung in Christus — in uns und um uns. Begründung und Grundriß einer Gnadenmoral:
    Münchener Theologische Zeitschrift 35 (1984) 161—180.

17. Moraltheologie in der Polarität von Vernunft und Glaube. Zur Hermeneutik einer »Gnadenmoral«:
    Theologie und Glaube 74 (1984) 282—299.

17 a. Studia Theol. Vars. 22 (Warszawa 1984) 5—25.

17 b. Biuletyn Informacÿinÿ Akademii Teologii Katoliciej (Warszawa 1984) Nr. 2, S. 41—51.

18. »Christus, der neue Adam« (GS 22). Eine anthropologisch integrierte christozentrische Moraltheologie — die Vision des Vatikanum II. Zum Entwurf einer Gnadenmoral:
    Studia Moralia 24 (1986) 41—70.

19. Vom »Sein« zum »Leben in Christus«. Für eine spirituelle Moraltheologie:
    Theologische Revue 82 (1986) 265—274.

20. In Christus — das Prinzip einer Gnadenmoral:
    J. G. Ziegler (Hrsg.), »In Christus«. Beiträge zum ökumenischen Gespräch (Moraltheologische Studien — Systematische Abteilung 14). St. Ottilien 1987, 149—165.

21. Prinzipien einer christozentrischen Gnadenmoral:
    Theologie der Gegenwart 30 (1987) 266—269.

22. Christusförmige Tugenden — der Weg zum vollkommenen Christen:
    Klerusblatt 67 (1987) 57—60.

23. Das Ostergeheimnis und das Leben im Heiligen Geist. Für eine pneumatisch orientierte christozentrische Moraltheologie:
    Münchener Theologische Zeitschrift 38 (1987) 339—354.

24. Christozentrische Sittlichkeit — christusförmige Tugenden:
    Trierer Theologische Zeitschrift 96 (1987) 290—312.

25. Das Ostermysterium und das Pfingstgeheimnis im Leben des Christen:
Didascalia. Revista da Faculdade de Teologia de Lisboa 23 (Lisboa 1987)
223—273.

25a. Klerusblatt 68 (1988).

26. Vom »Sein« zum »Leben in Christus«. Das Strukturprinzip einer Gnadenmoral:
Forum Theologie 4 (1988).

III. Medizinische Grenzfragen

1. J. G. Ziegler/P. Polzien, Versenkung im medizinischen Bereich:
Arzt und Christ 11 (1965) (93—102) 93.

2. Moraltheologische Überlegungen zur Organtransplantation:
Trierer Theologische Zeitschrift 77 (1968) 153—174.

2a. Scripta Theologica 1 (Pamplona 1969) 175—185.

2b. Il principio di totalità: Studi cattolici 14 (1970) 714—719.

3. Künstliche Besamung — unmoralisch?:
Weltbild v. 18. 07. 1970, S. 11.

4. Grenzgebiete der Anaesthesie und Theologie:
Der Anaesthesist 20 (1971) 453—458.

5. Römisch-katholische Wertung der Euthanasie. Sterbehilfe und Lebensver-
kürzung aus moraltheologischer Sicht:
H. D. Hiersche (Hrsg.), Euthanasie. Probleme der Sterbehilfe. Eine interdisziplinäre Stellungnahme. München-Zürich 1975, 53—88.

6. Ja zum Tod oder Ja zur Tötung? Zur Diskussion um die Euthanasie:
Klerusblatt 56 (1976) 29—35.

7. Prinzipielle und konkrete Überlegungen zur Euthanasie:
Trierer Theologische Zeitschrift 85 (1976) 129—143.

8. Etyczne aspekty eutanazji:
Roczniki Filozoficzne 24 (Lublin 1976) 109—121.

9. Organübertragung. Medizinische und moraltheologische Aspekte:
Theologie und Glaube 67 (1977) 184—206.

10. Organübertragung. Medizinische, moraltheologische und juristische Aspekte:
J. G. Ziegler (Hrsg.), Organverpflanzung. Medizinische, rechtliche und ethische Probleme. Düsseldorf 1977, 52—127.

11. Überlegungen zur Euthanasie:
Theologie und Glaube 68 (1978) 168—193.

12. Zustimmung, nicht Widerspruch. Zum gegenwärtigen Stand eines Trans-
plantationsgesetzes:
Glaube und Leben 35 (1979) vom 21. 01. 1979, S. 9.

12a. Klerusblatt 59 (1978) 8f.

13. Gutachten zum ministeriellen Referentenentwurf eines Transplantationsge-
setzes und zur Stellungnahme des Kommissariates der Deutschen Bischöfe.
Manuskript vom 30. 10. 78.

27. Moraltheologische Erwägungen zur Gentechnik und Gentransplantation: Klerusblatt 65 (1985) 308—314.

28. Gentechnik und Gentransplantation unter moraltheologischem Aspekt: G. Krems (Hrsg.), Gentechnologie. Aspekte der Forschung, des Rechts und der Moraltheologie (Akademie-Vorträge 21). Schwerte 1985, 31—51.

29. Neues Leben: Gottes Anruf — des Menschen Verantwortung: Geburtshilfe und Frauenheilkunde 45 (1985) 739—748.

30. Die Frage nach den ethischen Prinzipien angesichts des technischen Fortschritts sowie der Gentechnik und Gentransplantation: Theologie und Glaube 75 (1985) 380—392.

31. Moraltheologische Sicht der Gentechnik, künstlichen Zeugung und Leihmutterschaft: G. Krems (Hrsg.), Leihmütter—Leihväter. Verantwortete Elternschaft und heutige Fortpflanzungsmedizin (Akademie-Vorträge 31). Schwerte 1988.

32. Gentechnik und Kirche: Theologie und Glaube 78 (1988).

IV. Geschlechtsmoral

1. Zu den neuen Theorien der Ehepraxis: Theologie der Gegenwart 7 (1964) 224—226.

2. Revision der biologischen Grundlagen der kirchlichen Sexualmoral: Theologische Revue 63 (1967) 73—84.

3. Das natürliche Sittengesetz und die Sexualethik: Theologie und Glaube 57 (1967) 323—356.

4. Selbstbefriedigung und christusförmige Sittlichkeit: F. Gagern u. a., Selbstbefriedigung und Sittlichkeit. Wien—Linz—Passau 1968, 14—27.

4a. Der Pflug 10 (1968) 14—27.

5. Christusförmige Gestaltung der Geschlechtlichkeit: Klerusblatt 48 (1968) 78 f.

6. Moraltheologische Erwägungen zur Sexualpädagogik: Klerusblatt 52 (1972) 35—40.

7. Abtreibung: J. B. Bauer (Hrsg.), Heiße Eisen von A—Z. Ein aktuelles Lexikon für den Christen. Graz 1972, 13—26.

8. Geburtenregelung: J. B. Bauer, a. a. O. 177—183.

9. Sexualmoral: J. B. Bauer, a. a. O. 324—337.

10. Das Verständnis menschlicher Geschlechtlichkeit in der sexualethischen Diskussion: Theologisch-praktische Quartalschrift 122 (1974) 36—45.

11. Menschliche Geschlechtlichkeit zwischen Emanzipation und Integration. Ein Diskussionsbeitrag zum derzeitigen Gespräch in und über Sexualmoral: Theologie und Glaube 64 (1974) 187—202.

12. Zum Arbeitspapier »Sinn und Gestaltung menschlicher Sexualität:
    Münchener Theologische Zeitschrift 25 (1974) 266—271.
13. »Humanae vitae« und kein Ende?:
    B. Fraling/R. Hasenstab (Hrsg.), Die Wahrheit tun.
    Zur Umsetzung ethischer Einsicht (FS G. Teichtweier).
    Würzburg 1983, 191—216.
14. Da Ja zur gottgesetzten Wirklichkeit.
    Moraltheologische Überlegungen zur natürlichen Familienplanung (NFP):
    Anzeiger für die Seelsorge 94 (1985) 243—247.
15. Elternschaft und Menschenwürde:
    Theologische Revue 82 (1986) 228—231.
16. Neuere Veröffentlichungen zur Geschlechtsmoral:
    Theologische Revue 84 (1988).
17. NFP — der Weg zu einer neuen Lebensform von Ehe, Familie und Gesellschaft:
    Anzeiger für die Seelsorge 97 (1988).

V. Pastoraltheologische Fragen

1. Der Zug zur Vereinheitlichung. Gottes Anruf an die Seelsorge in unserer Zeit:
   Klerusblatt 41 (1961) 35—39. 56—58.
2. Die Menschwerdung Christi — Das Ja Gottes zur Erde:
   Klerusblatt 41 (1961) 420—423. 440—443.
3. Bange machen gilt nicht:
   Klerusblatt 42 (1962) 151f.
4. Moraltheologische Reflexionen zum Bußsakrament:
   Münchner Theologische Zeitschrift 16 (1965) 282—287.
5. Gewissensfreiheit und Autorität:
   Hirschberg 20 (1967) 189—198.
6. Zur Problematik des Selbstmordes:
   Zeitschrift für Missionswissenschaft und Religionswissenschaft 52 (1968) 203—206.
7. »Denket um und glaubet an die Frohe Botschaft« (Mk 1, 15 par):
   Klerusblatt 48 (1968) 197—200. 225—228.
8. Einheit und Vielheit. Ergänzter Diskussionsbeitrag auf einer Jahresversammlung des »Gustav-Adolf-Werkes der Evangelischen Kirche in Hessen und Nassau« in Gießen:
   Trierer Theologische Zeitschrift 83 (1974) 110—119.
9. Orientierung am Menschen:
   Klerusblatt 54 (1974) 77—79.
10. Befehl und Gehorsam in der Familie:
    Theologie und Glaube 67 (1977) 71—82.
11. »Zu Hause muß beginnen, was leuchten soll im Vaterland«. Individualethische Überlegungen zum Dienst am Frieden:
    Anzeiger für die Seelsorge 92 (1983) 88—94.

12. Der Kommunionempfang wiederverheirateter Geschiedener unter moraltheologischem Aspekt:
    Theologie und Glaube 73 (1983) 24—35.
13. Verbunden in der Gemeinschaft der Heiligen:
    K. Baumgartner (Hrsg.), Der Prediger und Katechet.
    Kasualpredigten 3. München 1983, 220—222.
14. Vollmacht und Tugend des neutestamentlichen Priestertums:
    K. Baumgartner, a. a. O. 157—183.
15. Glaube und Gemeinwohl. Der Dienst des Theologen am Gemeinwohl:
    Münchener Theologische Zeitschrift 34 (1983) 186—193.
15 a. Der Dienst des Theologen am Gemeinwohl:
    W. F. Kasch/K. D. Wolff (Hrsg.), Glaube und Gemeinwohl. Paderborn—München—Wien—Zürich 1986, 318—327.
16. Zyjemy w czasie laski (Wir leben in der Zeit der Gnade):
    Wiez 27 (Warszawa 1984) Nr. 5, S. 93—97.
17. Kein Patentrezept. Einheit oder Vielfalt in der Kirche:
    Kontinente. Magazin für Kirche und Gesellschaft in der Dritten Welt. Ausgabe 39 (1986) 16 f.

VI. Geschichte der Moraltheologie

1. Die Ehelehre der Pönitentialsummen von 1200—1350.
   Eine Untersuchung zur Geschichte der Moral- und Pastoraltheologie (Studien zur Geschichte der Katholischen Moraltheologie 4). Regensburg 1956.
2. Erwägungen zu J. B. Hirschers»Christliche Moral«:
   Zeitschrift für katholische Theologie 84 (1962) 85—100.
3. Moraltheologie IV. Geschichte der Moraltheologie:
   Lexikon für Theologie und Kirche VII. Freiburg ²1962, 618—623.
4. Moraltheologie:
   H. Vorgrimler/R. van der Gucht (Hrsg.), Bilanz der Theologie im 20. Jahrhundert III. Freiburg 1970, 316—360.
4 a. Bilan de la théologie du XXe siècle II.
   Tournai 1970, 520—568.
4 b. La Teologia del siglo XX. III.
   Madrid 1974, 290 ff.
5. Thomas von Aquin und das Gesetz der Polarität:
   Archiv für Mittelrheinische Kirchengeschichte 26 (1974) 300 f.
6. Die deutschsprachige Moraltheologie vor dem Gesetz der Polarität von Vernunft und Glaube:
   Studia Moralia 24 (1986) 319—344. 25 (1987) 185—210.
7 Neuere Untersuchungen zur Geschichte der Moraltheologie:
   Theologische Revue 83 (1987) 89—96.

Rezensionen:

8. B. Schöpf, Das Tötungsrecht bei den frühchristlichen Schriftstellern bis zur Zeit Konstantins. Regensburg 1958:
   Münchener Theologische Zeitschrift 10 (1959) 308—311.

9. J. Stelzenberger, Syneidesis bei Origenes. Paderborn 1963:
   Trierer Theologische Zeitschrift 73 (1964) 253 f.

10. J. Miller, Lebensstandard, Lüge, Straßenverkehr. Wien 1962:
    Theologisch-praktische Quartalschrift 73 (1964) 253 f.

11. P. Michaud—Quantin, Sommes de casuistique et manuels de confession au
    moyen age. Louvain 1962:
    Revue d'histoire du droit, Groningen-Bruxelles 35 (1967) 341—344.

12. K. H. Kleber, De parvitate materiae in sexto (Studien zur Geschichte der ka-
    tholischen Moraltheologie 18). Regensburg 1971:
    Erasmus 24 (1972) 530—555.

13. F. Broomfield (Hrsg.) Thomae de Chobham — Summa confessorum (Ana-
    lecta Mediaevalia Namurcensia 25). Louvain—Paris 1968:
    Zeitschrift für Kirchengeschichte 85 (1974) 416—422.

14. J. Bauer, Das Brixener Priesterseminar. Ein Blick in die Geschichte. Brixen
    1975:
    Trierer Theologische Zeitschrift 85 (1976) 313 f.

15. H. J. F. Reinhardt, Die Ehelehre der Schule des Anselm von Laon (Beiträge
    zur Geschichte der Philosophie und Theologie des Mittelalters. Neue Folge
    Bd. 14):
    Theologische Revue 75 (1979) 61—64.

16. A. Fernandez, Nuevas Estructuras de la Iglesia. Exigencias teológicas de la
    Communiôn Eclesial. Burgos 1980:
    Theologische Revue 77 (1981) 151.

17. J. Reiter, Der Moraltheologe Ferdinand Probst (1816—1899). Eine Studie zur
    Geschichte der Moraltheologie im Übergang von der Romantik zur Neuscho-
    lastik (Moraltheologische Studien — Historische Abteilung 4). Düsseldorf
    1978:
    Trierer Theologische Zeitschrift 90 (1981) 254 f.

18. Th. Rey-Mermet, Alfons von Liguori.
    Der Heilige der Aufklärung (1696—1787). Wien 1987:
    Theologische Revue 84 (1988).

19. St. Helml, 1000 Jahre Ammerthal.
    Geschichte und Geschichten. Amberg 1986:
    Verhandlungen des Historischen Vereins für Oberpfalz und Regensburg
    Bd. 127 (1988).

20. F. Böckle, Fundamentalmoral. München 1977:
    Erasmus 32 (1988).

VII. Volksfrömmigkeit — Passionsspiele

1. Schau nicht um, der Fuchs geht um. Ein Beitrag zur Diskussion um das Passionsspiel und anderes mehr:
   Klerusblatt 51 (1971) 115—121.

2. Die »große« Passion in Oberammergau. Offener Brief zur Diskussion um das
   Passionsspiel an den Bürgermeister von Oberammergau:
   Klerusblatt 51 (1971) 182 f.

3. »Passio nova« in Oberammergau zwischen religiösem Volksspiel und religiösem Festspiel. Ein Diskussionsbeitrag aus pastoraler Sicht:
   Anzeiger für die katholische Geistlichkeit 87 (1978) 17—22. 50—55. 98—104.

3a. Rosners »Passio Nova« in Oberammergau. Ein Diskussionsbeitrag aus pastoraler Sicht zur Reformprobe:
Ammergauer Spiel-Gemeinschaft (Hrsg.), Das Rosnerspiel. Eine Dokumentation über Oberammergaus barocke Passion in der Probe 1977. Oberammergau 1987, 170—172.

4. Passionsspiel — Historie oder Verkündigung. Die Passion Jesu als geistliches Schauspiel — zu Oberammergau 1980. Eine Tagung der Katholischen Akademie in Bayern:
Rheinischer Merkur v. 01.12.1978, S.31.

5. Das Passionsspiel in Oberammergau — Erbe und Auftrag. Anmerkungen zum Verkündigungscharakter eines Passionsspiels:
J.Mussner (Hrsg.), Passion in Oberammergau. Das Leiden und Sterben Jesu als geistliches Schauspiel. Düsseldorf 1980, 51—98. 106f.

6. Das Phänomen Oberammergau:
Klerusblatt 61 (1981) 13—20. 36f.

7. Passionsspiele — Darstellung von Geschichte oder/und Verkündigung von Heilsgeschichte:
Klerusblatt 61 (1981) 134—141.

8. Die Wallfahrt — Anruf und Aufgabe der Theologie heute:
Theologische Revue 78 (1982) 416—418.

9. Das Oberammergauer Passionsspiel im Widerstreit:
Jahrbuch für Volkskunde. Neue Folge 9. Würzburg—Innsbruck—Fribourg 1986, 103—114.

10. Das Passionsspiel im Widerstreit:
Nach seinem Bild und Gleichnis. Bundestag Bund Neudeutschland — Gemeinschaft Katholischer Männer und Frauen 1985.
Frankfurt/M. 1985, 141—151.

11. Das Oberammergauer Passionsspiel — Anfragen und Antworten:
Einheit in Vielfalt. Den andern anders sein lassen. Bundestag Bund Neudeutschland — Gemeinschaft Katholischer Männer und Frauen 1987. Frankfurt/M. 1987, 102—113.

VIII. Polonica

1. Glaube und Kirche. Eindrücke von einer Polenreise:
Klerusblatt 52 (1972) 208—212.

2. Polen, das unbekannte Land und Volk:
Klerusblatt 56 (1976) 66—69.

2a. Dialog mit den Kollegen in Polen. Eindrücke einer Vortragsreise:
Jogu. Mainzer Universitätszeitung 6 (1976) 6f.

2b. Katholische Theologie in Polen:
Hochschulpolitische Informationen v. 25.03.1976, S.7.

3. Laudatio für Karol Kardinal Wojtyla:
Münchener Theologische Zeitschrift 28 (1977) 285—291.

3a. Klerusblatt 57 (1977) 189f.

4. »Von der Erfahrung ausgehen«. Papst Johannes Paul II. verbindet Wissenschaft mit Seelsorge:
Katholische Korrespondenz v. 17. 10. 1978, Nr. 24, S. 2—4.

4a. Universität ist stolz: Habemus Papam!:
Jogu. Mainzer Universitätszeitung 7 (1978) 2 f.

4b. Ein Papst, der sich für den Einzelnen Zeit nimmt.
Römische Impressionen: Kettelerbrief des Mainzer KV 1978, 8 f.

5. Theologie im Dialog.
Bericht über den wissenschaftlichen Austausch zwischen dem Fachbereich 01
— Katholische Theologie der Johannes-Gutenberg-Universität Mainz und
sechs polnischen Partnerhochschulen:
Archiv für Mittelrheinische Kirchengeschichte 31 (1979) 338—343.

6. Der Papst aus Polen und die Mainzer Universität:
Jogu. Mainzer Universitätszeitung 9 (1980) 4 f.

7. Der Papst in Mainz.
Ein sozialer und ökumenischer Höhepunkt der Pilgerfahrt des Papstes nach
Deutschland:
Medical Tribune. Beilage Mto: Wiesbaden 7 (1980) 7 f.

8. Johannes Paul II. empfängt die Mainzer Universität:
Archiv für Mittelrheinische Kirchengeschichte 33 (1981) 282—286.

9. Der Mut zum Leben ist ungebochen. Streiflichter von einer Polenreise:
Klerusblatt 63 (1983) 204—206.

10. Bewußtmachung des slawischen Elementes:
Neues Jahrbuch für das Bistum Mainz 1983. Mainz 1985, 73—75.

11. Ja zur Polarität — Nein zur Polarisierung.
Einige Gedanken zum Theologengespräch zwischen der Universität Mainz
und sechs polnischen Hochschulen:
E. Grözinger/A. Lawaty (Hrsg.), Suche die Meinung. Karl Dedecius, dem
Übersetzer und Mittler, zum 65. Geburtstag. Wiesbaden 1986, 263—275.

12. Deo et Patriae. Streiflichter aus Polen:
Jogu. Mainzer Universitätszeitung 15 (1987), Nr. 109, S. 15.

12a. Klerusblatt 68 (1988) 42.

IX. Varia

1. Sakrale Weißstickereien des Mittelalters:
Trierer Theologische Zeitschrift 71 (1964) 113—115.

2. Lexikon für Theologie und Kirche Freiburg Br. ²1957 ff.):
Astesane I, 959; Moralsystem VII, 612 f.; Paradiesehe VIII, 73.; Pönitentialsummen VIII, 608 f.; Sexualethik IX, 708 f.; Zauberei X, 1314 f.; Zorn II. X,
1404 f.

3 Theologie zwischen Institution und Reflexion.
Ansprache anläßlich der Ernennung von Bischof Dr. F. Wetter zum Honorar-
professor vom 11. 08. 1968:
Archiv für Mittelrheinische Kirchengeschichte 21 (1969) 293 f.

4. Ansprache zum 65. Geburtstag des Bischofs Dr. H. Volk am 07. 01. 1969:
Archiv für Mittelrheinische Kirchengeschichte 21 (1969) 295 f.

19

5. Schwangerschaftsunterbrechung:
   Brockhaus-Enzyklopädie 17. Wiesbaden [17]1973, 104 f.
   Sünde:
   Brockhaus-Enzyklopädie 18, 348 f.

6. Theologische Maßstäbe eines Kirchenbaues:
   Pfarrblatt der katholischen Pfarreien des Kantons Bern 64 (1974) Nr. 49.

7. Laxismus, Liguori, Mensur, Moralsysteme, Moraltheologie:
   Der große Brockhaus. Wiesbaden [18]1977.

8. Wie konnte es geschehen?
   Bemerkungen eines vom »Dritten Reich« Betroffenen:
   Hirschberg 32 (1979) 102—107.

9. Mettener Erinnerungen.
   Ein Studienjahr in Metten während des »1000jährigen Reiches«:
   Alt und Jung Metten 46 (1979/80) 55—58.

10. Bußordnung, Empfängnisverhütung, Gewissen, Selbstliebe, Selbstmord, Sexualethik, Sünde, Schwangerschaftsunterbrechung, Synderesis:
    Brockhaus Enzyklopädie. Ergänzungsband 25. Wiesbaden 1980.

11. Vorwort des Herausgebers:
    R. Bruch, Moralia varia. Lehrgeschichtliche Untersuchungen zu moraltheologischen Fragen (Moraltheologische Studien — Historische Abteilung 6). Düsseldorf 1981, 10.

Zeitungsbeiträge:

12. Stellungnahme zu einer Stellungnahme:
    Theologisches Nr. 144 (1982) 4583—4586.

13. Grenzsteine im Guttenberger Wald.
    Von einem guten Hausvater gesetzt:
    Volksblatt (Würzburg) v. 05.03.1959.

14. Warum historische Aufrechnungen?:
    Mainzer Allgemeine Zeitung v. 04.04.1964.

15. Noch immer: Irene (unter Pseudonym H. D. Schmidt):
    Mainzer Allgemeine Zeitung v. 16.07.1964.

16. Zum Fall Bartsch:
    Mainzer Allgemeine Zeitung v. 08.04.1971.

17. Falsche Akzente:
    Mainzer Allgemeine Zeitung v. 15.12.1971.

18. Eine Gutenberg-Bibel in den USA:
    Mainzer Allgemeine Zeitung v. 03.07.1976.

19. Leben künstlich verlängern?
    Der Oberhasler (Meiringen) v. 06.08.1976.

I. Reflexion

Tadeusz Styczeń SDS

Anthropologische Grundlagen der Ethik oder ethische Grundlagen der Anthropologie?

Man kann dem Gebot der Nächstenliebe nicht Genüge tun, wenn man nicht weiß, was für den Nächsten gut ist. Wir wissen nicht, was für den Nächsten gut ist, wenn wir nicht näher wissen, wer der Nächste ist, d. h. wenn wir den Menschen nicht kennen. Den Menschen erkennt man aus der Nähe am besten durch den Menschen, den ein jeder von uns darstellt. In diesem Zusammenhang wird der ethisch bedeutsame Wert der Forderung des Sokrates »Erkenne dich selbst!«[1] verständlich. Kurz gesagt: Um den Inhalt des ethischen Hauptprinzips »Persona est affirmanda propter se ipsam« näher zu determinieren, d. h. detaillierte sittliche Normen zu formulieren, muß man näher erkennen und detaillierter bestimmen, wer der Mensch, diese persona incarnata, eigentlich ist. Die Spezielle Ethik, die Einzelfragen behandelt, setzt die Anthropologie voraus und baut auf ihr auf. Und in diesem Zusammenhang ist es gerechtfertigt, von den »anthropologischen Grundlagen der Ethik« zu sprechen. Dies schließt aber keineswegs die Möglichkeit und nicht einmal die Notwendigkeit der Umkehrung dieser methodologischen Abhängigkeit aus. Wenn nämlich die Erfahrung des sittlich Gesollten auf dem Forum des Gewissens ein einzigartiges »Fenster zur Welt« der menschlichen Person ist — und sie ist dies tatsächlich —, dann kann man genausogut auch von den »ethischen Voraussetzungen der Anthropologie« sprechen. Übrigens kann man es nicht nur, man muß es sogar. Man muß es deshalb, weil keine andere Erfahrung uns einen gleich tiefen Einblick in die innere Struktur der menschlichen Person gibt. Man muß es auch deshalb, weil man aus der Position keiner anderen Erfahrung so deutlich wie hier sieht, wie eng die Elemente zueinandergehören, die ein adäquates Bild vom Menschen ergeben, auch wenn diese Elemente infolge einseitiger Sicht in verschiedenen — auch philosophischen — Theorien vom Menschen manchmal künstlich auseinandergerissen werden. Diesem Auseinander-

---

[1] Daher wurde der praktische sittliche Ratschlag geboren, den wir die »goldene Regel« nennen: »Tu dem anderen nichts, was dir selbst nicht lieb ist!« oder »Was immer ihr wollt, das die anderen euch tun, das tut ihr ihnen!«

reißen muß im Namen der Wahrheit über den Menschen und im Namen des Wohls des Menschen entgegengewirkt werden. Einseitige Theorien sind einfach irrig, auch wenn sie infolge der suggestiven Aufzeigung einer bestimmten Seite des Menschen leicht den Schein der Richtigkeit erzeugen. Es ist unvermeidlich, daß die auf sie gestützten Programme des Handelns auf längere Sicht dem Menschen Schaden zufügen, manchmal den besten Absichten ihrer Schöpfer zum Trotz. Die folgenden Reflexionen haben zum Ziel, das Menschliche Ich im Lichte seines eigenen Urteils »ich soll affirmieren«, d. h. den Menschen durch sein Gewissen aufzuzeigen. Diese Reflexionen dienen daher eher dem Aufzeigen der ethischen Grundlagen der Anthropologie als dem Aufzeigen der anthropologischen Grundlagen der Ethik, ohne jedoch die Notwendigkeit noch die ständige Aktualität des letzteren in Frage zu stellen. Karol Wojtyla schreibt: Die personale Subjektivität des Menschen ist die, die wir als das eigene Ich in unseren Handlungen erleben und die sich uns in der ihr gemäßen Tiefe im Erlebnis des sittlichen Wertes, von Gut oder Böse, auftut, wobei dieses Erlebnis in einem erfahrbaren Zusammenhang steht mit dem Moment des Gewissens in den Menschlichen Handlungen.«[2] Ich teile diese Überzeugung des Autors und hoffe, daß ich mit dem, was ich im folgenden darlegen will, in seinen eigenen oder von ihm gewiesenen Spuren gehe.

§ 1. *Mein* Urteil »ich soll affirmieren«

Zunächst stellen wir fest, daß mich nur dann etwas sittlich verpflichtet, ich nur dann irgendetwas soll, wenn dieses Sollen zum Inhalt meines eigenen Urteils »ich soll« geworden ist. Sonst würde mich das Gesollte gar nicht »berühren«. Es wäre nicht mein Gesolltes. Die »Angliederung« des Gesollten an mein Ich oder — vice versa — die »Unterlegung« meines Ich unter das Gesollte (sub-jectio, Subjektivierung des Ich unter das Gesollte) vollzieht sich also kraft meines eigenen Aktes und erfordert diesen Akt unabdinglich. Und dieser Akt ist eben mein Urteil »ich soll«. Gerade in ihm erkennen wir das Gewissen stricto sensu.

In Anbetracht seines Charakters ist dieses Urteil ein par excellence normativer Akt. Zwar bringt es die an meine eigene Adresse gerichtete Pflicht der Erfüllung einer bestimmten Handlung zum Ausdruck. Man kann — und muß sogar — sagen, daß es ein gesetzgebender Akt ist, da es für mich eine Vorschrift des Handelns darstellt. Der Adressat dieser Vorschrift bin ich. Trotzdem ist dieses Urteil in Anbetracht seines Subjekts

---

2 Osoba, podmiot i wspólnota (Person — Subjekt und Gemeinschaft), in: Roczniki filozoficzne 24 (1976) H. 2, S. 18; vgl. K. Wojtyla/A. Szostek/T. Styczen (Hg.), Der Streit um den Menschen. Personaler Anspruch des Sittlichen. Kevelaer 1979.

und Autors weiterhin mein Akt, ein Akt meines Ich. Die »Bemächtigung«
meiner Person durch das Gesollte geschieht ausschließlich kraft eines
Aktes meiner Person. Ich bin daher gleichsam — als Subjekt und Autor
dieses Aktes — mein eigener sittlicher Gesetzgeber. Dem widersprechen
könnte man nur, wenn man negierte, daß das Gewissen mein Urteil »ich
soll« ist.

Wenn ich nicht im Einklang mit diesem Urteil handle, dann erfahre ich,
daß ich nicht nur meinem Urteil Gewalt antue, sondern auch *mir selber.*
Bis zu diesem Grade geht das Ich — durch den Akt dieses Urteilens selbst
— selbst in sein Urteil ein.

Aber in ihm und durch es kommt es deshalb auch zum Ausdruck. Es ent-
hüllt sich. Es wäre also schwierig und umsonst, würde man eine bessere
Gelegenheit zum Einblick in die Struktur des Ich suchen wollen, in all
das, was es gleichsam von innen konstituiert, als es seine Sicht durch
mein Urteil »ich soll« darstellt, d. h. durch das Gewissen. Denn selbst
wenn mein Urteil »ich soll« nicht restlos mit dem Gewissen indentifiziert
werden kann, so bildet es mit Gewißheit zumindest seine pars melior.
Die Tatsache, daß das Gesollte nur so weit mein Gesolltes wird, wie es
zum Inhalt meines eigenen Urteils »ich soll« geworden ist, macht vor
allem das ganz spezifische Für-sich-sein des menschlichen Ich als des
Subjekts gerade eines solchen Urteils offenbar. Sie offenbart einfach die
dem menschlichen Ich als des Subjekts gerade eines solchen Urteils offenbar. Sie offenbart einfach die dem menschlichen Subjekt eigene Subjektivität. Diese zeigt sich in seiner spezifischen Selbstabhängigkeit. Sie
wird gerade dadurch offenbart, was sie — auf den ersten Blick — am ef-
fektivsten in Frage stellen könnte: durch das sittlich Gesollte. Indessen ist
diese Selbstabhängigkeit keinesfalls vom sittlich Gesollten bedroht, da
dieses Gesollte als ein zwar für das Ich, aber doch auch vom Ich selbst,
d. h. kraft seines eigenen Urteils erlassener Imperativ auftritt. Das dieses
Urteil erlassende Ich hört ja nicht auf, »in sich«, »bei sich«, »innerhalb seiner selbst« zu sein. Ja, es macht deutlich, bis zu welchem Grade das Ich
sein eigener Souverän in seinem Bereich, sein eigenes Subjekt und Objekt zugleich, sein eigener Gesetzgeber und Gesetzempfänger ist. Die Art
und Weise, wie das sittlich Gesollte das Subjekt »berührt«, offenbart
gleichzeitig das Innere der Subjekts und die Unantastbarkeit dieses Inneren. Die Weise des Aufzeigens dieses Inneren ist ja ein Aufzeigen in Verbindung mit der Weise seiner Sicherung vor allem, was es antasten
könnte. Indem uns das Gewissen einen Einblick in dieses Innere gibt, ermöglicht es, die personale Substantialität des Menschen gleichfalls »von
innen her« zu sehen, und führt uns in das verborgene Innere des
menschlichen suppositum.

§ 2. Mein *Urteil* »ich soll affirmieren«

Als mein Urteil »ich soll« ist das Gewissen ein Akt der Offenbarung und Proklamation der Selbstabhängigkeit des personalen Subjekts des Menschen. Gleichzeitig ist das Gewissen jedoch auch mein Urteil! Es ist ein Akt der Verkündung der Wahrheit dieses Urteils durch das Subjekt für es selbst, ein Akt der Autoproklamation der Wahrheit. Und nur insoweit kann man das Gewissen mit ihm selbst und — tiefer gehend — sein Subjekt, das Subjekt dieses Gewissens, mit ihm selbst identifizieren. Im Namen dieser Identifikation genügt es daher nicht, sich auf die Hervorhebung dessen zu beschränken, daß das Gewissen *mein* Urteil ist. Genauso betont werden muß, daß dieses mein Urteil nicht aufhört, ein *Urteil* zu sein. Es geht um das Erkenntnismoment des Gewissens. Das Subjekt kann — und will — nur insofern ein solches Urteil sprechen und, es sprechend, sich selbst mit ihm verbinden und sich gleichsam mit ihm identifizieren, als der Akt seiner Setzung der Feststellung (Assertion) der Wahrheit dient, zumindest auf eine Weise, daß das Subjekt diese Wahrheit vermutet. Außerhalb dieses Rahmens sieht das Subjekt keine Möglichkeit — und will auch keine zulassen —, ein Urteil zu sprechen, d. h. einen Akt zu setzen, den man mit einem Erkenntnisakt identifizieren kann. Irgendein Versuch in dieser Richtung ist überhaupt nicht denkbar. Er würde den Akt vernichten, um den es geht. Es wäre auch nicht möglich, im Subjekt eines solchen Aktes jemanden zu erblicken, mit dem man das menschliche Ich als Erkenntnissubjekt noch identifizieren könnte. Wäre denn ein menschliches Ich denkbar, das für ein — und in einem — »ich soll« ohne Grund und ohne Adresse seine Assertion abgeben würde, d. h. ein Ich, das einem Handeln ins Leere seine Erlaubnis gibt, ein Ich, das bereit ist, die Sinnlosigkeit zu proklamieren? In einem solchen Akt wäre es völlig unmöglich, etwas zu erkennen, das an den Erkenntisakt erinnern würde. Man kann sich auch nicht vorstellen, daß das menschliche Ich imstande wäre, sich durch seinen eigenen Akt zu etwas Absurdem zu verpflichten. Denn dies wäre dann kein (menschliches) Ich mehr.
Einige Autoren deklarieren zwar die Freiheit des Ich als sog. »reine«, d. h. grundlose und freie Selbstabhängigkeit. Es stellt sich aber sofort die Frage, ob eine solche Freiheit »ohne Adresse« und »ohne Grund«, eine Freiheit ins Dunkle oder Leere, mit jener Selbstabhängigkeit und Autonomie des Ich identifiziert werden darf, die sein eigenes Urteil »ich soll« offenbart. Diejenigen, die die Freiheit des Menschen mit einer solchen Zufälligkeit (Eigenwillen oder Willkür) identifizieren wollen, müssen gefragt werden, auf welche Tatsachen sie sich berufen können, wenn sie diesen Versuch einer Reduktion der menschlichen Freiheit auf die irrationale aseitas begründen wollen. Vom Gesichtspunkt des Gewissens (meines Urteils »ich soll«) als einer Tatsache erweist sich die Deklaration einer solchen Zufälligkeit des Ich, einer sich in eine rational unbestimmte Leere werfenden Selbstabhängigkeit, als in keinem Fall — und durch nichts — gerechtfertigt. Auch läßt es sich in keinem Fall mit der Selbstabhängigkeit

und Autonomie des Ich vereinbaren, die das Gewissen in Wirklichkeit offenbart. Diese Selbstabhängigkeit beruht auf der Selbstregierung und Selbstlenkung durch das Ich, d. h. auf Selbstherrschaft. Mein Urteil »ich soll« offenbart nämlich das Ich als etwas, das sich deshalb selbst regiert und lenkt, weil es sich selber durch die Wahrheit des selbst erlassenen Urteils regiert und lenkt. Niemand regiert oder lenkt sich selbst, der sich die Wahrheit auf irgendeine Weise und aus irgendeinem Grund untertan machen würde. Sich selbst regiert nur derjenige, der sich von der Wahrheit leiten läßt. Das ist die Wahrheit *meines* Urteils »ich soll« — und muß sie sein! Eben deshalb verpflichtet und bindet mich das in meinem Urteil »ich soll« gegebene Gesollte immer und nur dann, wenn es mir in meinem Urteil gegeben ist. Aber `es verpflichtet mich nicht deshalb, weil es in meinem Urteil gegeben ist, sondern weil mein Urteil — zumindest auf Vermutungsbasis — wahr ist.

Aus dieser Perspektive sieht man auch leicht, in welchem genaueren Sinne das Ich sein eigener sittlicher Gesetzgeber ist. Es ist der Autor des Aktes, den mein Urteil »ich soll« darstellt. Als Autor des Urteils »ich soll« als eines Aktes ist es aber keinesfalls der Autor der Wahrheit dieses Urteils. Diese Wahrheit entdeckt das Ich nur und verkündet sie sich (Selbstinformation nach dem Prinzip der ausschließlichen Instanz), ohne sie jedoch zu konstituieren, Ja, das Ich spricht das betreffende Urteil ausschließlich als einen Akt der Erkenntnis und Anerkennung der erkannten (oder zumindest vermuteten) Wahrheit. Nur deshalb kann und will (entscheidet) es sich damit bindend — und bindet sich damit, wenn es dieses spricht.

Erst die verbundene Erfassung beider Teilelemente des Gewissens — *mein* Urteil »ich soll« und mein *Urteil* »ich soll« im Einklang mit dem Prinzip ihrer gegenseitigen Zuordnung — ermöglicht uns, das Gewissen selbst zu identifizieren und dadurch einen tieferen Einblick in die personale Struktur des menschlichen Ich als des Subjekts des Gewissens zu gewinnen. Vor allem wird hierbei ersichtlich, daß die dem menschlichen Ich wesenseigene Struktur der Freiheit als Struktur der Selbstherrschaft oder Autonomie par excellence im Vernunftcharakter des Ich ihre Basis und ihren Ursprung besitzt: in seiner Erkenntnisfähigkeit, in die Struktur der Wirklichkeit einzudringen und sie im Lichte der Wahrheit zu durchdringen. Mit der Vernunftstruktur des Ich ist auch die Fähigkeit verbunden, seine Beziehung zu sich selbst und zur Welt der Werte — in Licht der Wahrheit! — zu bestimmen (und dadurch eine spezifische Distanz einzunehmen). Ohne die Vernünftigkeit als konstitutives Charakteristikum des Ich könnte man es in der Rolle des Subjekts des Urteils »ich soll« überhaupt nicht identifizieren, wie man ja andererseits auch nur durch die Vernünftigkeit des Ich Klarheit über die Tatsache des Gewissens als eines Aktes der Selbstlenkung und Selbstregiertheit (Autonomie), d. h. eines Aktes Abhängigmachung des Subjekts von sich selbst durch den Akt der Selbstabhängigmachung von der Wahrheit gewinnen kann. Selbstabhängigkeit in der — und durch die — Selbstabhängigmachung von der Wahrheit — so lautet das bisherige Ergebnis der Betrachtung des Menschen durch das Fenster des Gewissens[3].

Die Doppelniveaustruktur des Aktes des Subjekts bringt auch die Doppelniveaustruktur des inneren Subjekts des Aktes zutage: das personalen Ich selber. Indem das Ich das Urteil »ich soll« spricht, offenbart es für sich und durch sich sein subjektives Für-sich-Sein, seine substantielle Souveränität. Dieses Moment wurde weiter oben schon ausreichend hervorgehoben. Denn durch den Erlaß des Urteils »ich soll« für sich und durch sich im Namen der mit diesem Urteil festgestellten Wahrheit macht das Ich deutlich, daß in seine personale Struktur per se selbst schon das Moment ihrer ganz spezifischen Entgleitung und Öffnung nach außen eingeschrieben ist, d. h. die Selbstüberschreitung und Transzendenz in Richtung der Wahrheit. Die Spezifik dieses Entgleitens ist durch den normativen Charakter des Urteils »ich soll« geprägt. Dieses Urteil offenbart nicht nur, daß das Für-sich-Sein des Ich offen ist für einen Ausgang in Richtung Wahrheit. Dieses Urteil besagt, daß das Für-sich-Sein des Ich ein strukturell zur Überschreitung (Transzendenz) seiner selbst in Richtung der Wahrheit aufgerufenes Für-sich-Sein ist. Und eben dieses Moment ist nicht weniger wesentlich für die Charakteristik der Struktur des personalen Ich als das Moment der Selbstabhängigkeit, da dieses ja unmöglich in der ihm eigenen Spezifik erfaßt werden kann, ohne es zugleich auf das erstere zu beziehen.

§ 3. Mein Urteil »ich soll affimieren«

Das bisher erreichte Ergebnis bleibt solange unvollständig und für die Charakteristik des personalen Ich ungenügend, wie nicht zutage tritt, was — welche Materie — die Wahrheit meines Urteils »ich soll« denn nun eigentlich betrifft. Das formale Element der Wahrheit meines Urteils »ich soll« verweist ja nur auf die spezifische und zugleich für die Subjektivität des personalen Ich wesentliche »Neigung« (Aufruf) in Richtung der Wahrheit dieses Urteils. Dieses Element besagt aber selbst noch nichts über den Adressaten und den Grund dieser »Neigung« (Aufruf). Was ist dieser Adressat und Grund? Wir haben hier nicht die Zeit, die in K. Wojtylas »Liebe und Verantwortung«, »Person und Tat« oder in der Abhandlung »Person — Subjekt und Gemeinschaft« durchgeführten Analysen darzu-

---

[3] »Die Transzendenz der Person in der Tat ist nicht nur Selbstabhängigkeit, Abhängigkeit vom eigenen Ich. In sie geht auch das Moment der Abhängigkeit von der Wahrheit ein — und dieses Moment gestaltet die Freiheit letztendlich. Denn sie realisiert sich nicht durch Unterwerfung der Wahrheit, sondern durch Unterwerfung unter die Wahrheit«. (K. Wojtyla. Osoba i czyn. Kraków 1969, S. 162; ders., Person und Tat, Freiburg 1981).

legen. Ich möchte daher nur ihr Endresultat signalisieren, und auch das nur kurz.

Im Gewissen, d. h. meinem Urteil »ich soll«, geht es letztendlich vor allem um die Pflicht, die Wahrheit über die Würde der Person und die Wahrheit über das ihr entsprechende Wohl zu affirmieren. Es unterliegt keinem Zweifel, daß jeder die Wahrheit über die Person am besten aus der eigenen Erfahrung kennt. »Aus der eigenen Erfahrung« bedeutet vor allem »aus dem eigenen Gewissen«, in dem jeder unmittelbar mit sich selbst als mit dem von sich selbst durch Selbstabhängigmachung von der Wahrheit des eigenen Urteils abhängigen Ich Umgang hat. Aber eben in der Perspektive dieser Erfahrung erscheinen mir *alle anderen* Menschen niemals als »Nicht-Ich« — und können mir nicht als solche erscheinen! Sie können mir nur als *andere Ichs* erscheinen— und erscheinen mir als solche! Das Du ist ein anderes Ich. Die Wahrheit über das »Anderssein« und »Höherstehen« der Person inmitten der Welt der Dinge, die — aus einer für ihre Erfassung außerordentlich günstigen Perspektive — in sich selbst entdeckt wird, ist eine Wahrheit über jede einzelne Person. Und die Entdeckung dieser Wahrheit ist gleichbedeutend mit der Entdeckung der Würde der Person und zeigt sich auf dem Forum des Gewissens als Pflicht, sie um ihrer selbst willen zu affirmieren. Denn wegen dieser Würde des personalen Ich als eines selbstregierten Subjekts, eines freien und zugleich »von innen« durch die Wahrheit seines Urteils »ich soll« gebundenen Subjekts, gebührt einem jeden Ich Affirmation um seines selbst willen. Die in diesem Urteil festgestellte Pflicht erweist sich als Selbstaufruf des Subjekts zur Tat die der Wahrheit über die personale Würde dessen gerecht wird angesichts dessen sich das Subjekt als Subjekt vorfindet. Die Würde des Adressaten der Handlung verlangt nach einer ihn um seiner selbst willen affirmierenden Tat, d. h. nach uneigennützigem Handeln. Der Vollzug einer solchen Tat bedeutet also ein spezifisches Herausgehen des Subjekts aus sich (Selbstüberschreitung) und ein Verbleiben im Dienst an der Würde des anderen. Dieser Akt des Herausgehens der Person in Richtung Person kann natürlich unterschiedlich tiefgreifend gestaffelt sein und verschiedene Formen annehmen. Immer aber wird ihn charakterisieren, daß die affirmierende Person gleichsam in ihn »eingehen« muß, um so die erkannte und mit dem eigenen Urteil »ich soll« anerkannte Wahrheit über die Würde der affirmierten Person gebührend »ausdrücken« zu können. Das ist der Grund dafür, warum eine uralte Tradition für diesen Akt der Affirmation der Person aufgrund ihrer Würde den Namen »Akt der Liebe« reserviert hat. Sophokles hat diese Tradition mit seiner »Antigone« nicht etwa begründet. Er fand sie bereits vor und hat ihr nur Dauer verliehen.

Und eben angesichts dieses Sachverhalts verdient besonders unterstrichen zu werden, daß die objektive Pflicht der Liebe der Person durch die Person den wesentlichen Inhalt des — so spezifisch subjektiven! — Urteils »ich soll« darstellt, der einerseits das personale Ich am tiefsten und vollständigsten als selbstabhängiges, autonomes Subjekt »für sich« offenbart und andererseits den Selbstaufruf des Subjekts zur Überschreitung seines Für-sich-Seins bedeutet. Im Namen der Wahrheit! Mit dem Urteil, durch das das Ich in seinem subjektiven Für-sich-Sein und seiner Selbstabhängigkeit gleichsam sich selber offenbart und bestätigt, offenbart und bestätigt es auch, daß die ganze ihm eigene Konstitution gleichsam konstitutionell Kommunioncharakter trägt und von innen dazu aufgerufen ist, dem anderen Ich zu begegnen. Aufgerufen kraft eines Autoimperativs, außerhalb dessen und ohne den das Ich sich weder finden noch als Ich identifizieren könnte. Durch den gleichen Akt, mit dem das Ich sein Für-sich-Sein »konstituiert« und offenbart, »konstituiert« und offenbart es also gleichzeitig den Kommunioncharakter dieses Für-sich-Seins. Eine zur Kommunion aufgerufene Autonomie — das ist der Mensch, gesehen im Fenster seines Gewissens. Die Selbstidentifkation des Menschen als Menschen erweist sich als Entdeckung seiner selbst durch das Subjekt, als jemand, der zur Affirmation jeder anderen Person, d. h. zur Liebe aufgerufen wurde, und zwar kraft des eigenen Selbstbefehls (Autoimperativs).

Wenn sich der Mensch aber als eine zur Kommunion aufgerufene Autonomie präsentiert, dann gibt es eben dadurch keine Erfüllung des Menschen ohne die Erfüllung dieses Aufrufs. Das bedeutet, daß in der Erfüllung der Pflicht, aus sich selbst heraus- und auf die anderen Ichs zuzugehen, in der Verwirklichung der Kommunionshaltung, die einzige Chance der Selbsterfüllung liegt. Die Tatsache, daß der Aufruf zum Herausgehen, zum Überschreiten meiner selbst kraft des eigenen Urteils des Subjekts geschieht, welches sowohl ein Aufruf der Wahrheit als auch ein Selbstaufruf ist, bedeutet, daß der Gebrauch der Freiheit diesem Aufruf zuwider nicht nur ein Untreuwerden gegenüber der Wahrheit, gegenüber dem eigenen Urteilsakt darüber, und nicht nur der Verlust der einzigen Chance der Selbsterfüllung, d. h. einfach eine Nichterfüllung wäre. Er wäre mehr als das. Er würde sich nämlich in ein tragisches Zerschlagen der inneren Einheit des Subjekts verwandeln. Er wäre also eine Gegen-Erfüllung, eine Wider-Erfüllung. Das Subjekt würde den Akt der Freiheit dazu benutzen, um genau das zu negieren, was es kraft seines eigenen Erkenntnisaktes »ich soll« anerkannt hat! Die Möglichkeit eines solchen Gebrauchs der Freiheit — leider ist sie so oft die traurige Wirklichkeit des Menschen — macht noch deutlicher (durch den Kontrast), daß der Mensch erst dann derjenige ist, der er ist, wenn er aus eigener Wahl der wird, der er sein soll. Der Mensch erfüllt sich, er erlangt die ihm zugesagte Fülle, wenn er die Tat vollbringt, durch die er im Dienst der Wahrheit über die Würde der Person steht. Im Dienst der Liebe. Die Selbsterfüllung ist eine unbeabsichtigte Folge der auf Liebe ausgerichteten Tat. Der ganze Dynamismus der Tat der Liebe, die die Person ausstrahlt, findet gleichzeitig auch in das Subjekt selbst Eingang und verwandelt das Subjekt selbst von innen her gründlich.

§ 4. Einer adäquaten Anthropologie entgegen …

Der Umstand, daß das Für-sich-Sein des Ich seine Fülle immer und nur dann erlangt, wenn es seine Kommunionsdimension verwirklicht, macht noch einmal die enge Zusammengehörigkeit beider Dimensionen deutlich. Es mag erstaunen machen, daß sich die zwischen ihnen auftretenden inneren Zusammenhänge einerseits in den Kategorien des aristotelischen potentia dicitur ad actum ausdrücken lassen und andererseits so sehr der Vision des Menschen entsprechen, wie die christliche Offenbarung sie vor uns ausbreitet. Karol Wojtyla schreibt:»Auch hier stoßen wir auf diese beherzte Analogie, durch die die Pastoralkonstitution der ganzen Tradition theologischer Anthropologie Genüge zu tun versucht, indem sie den Menschen vor allem»als Ebenbild Gottes, Ihm ähnlich« versteht. Dieses Ebenbild und diese Ähnlichkeit betrifft nicht allein die geistige Natur, durch die sich die Person in ihrer individuellen Einmaligkeit konstituiert, sondern auch die der inneren Struktur der Person diskret eingeschriebene Dimension der Beziehung, d. h. des Bezugs auf die andere Person, wobei diese Dimension eine Widerspiegelung des trinitarischen Geheimnisses in Gott ist. Wir lesen also in der Pastoralkonstitution:»Wenn der Herr Jesus den Vater bittet, daß › alle eins seien …, wie wir eins sind ‹, dann offenbart er eine gewisse Ähnlichkeit zwischen der Einheit der göttlichen Personen und der Einheit der in Wahrheit und Liebe verbundenen Söhne Gottes.« Die weiteren Worte erläutern, worauf diese Ähnlichkeit beruht:»Diese Ähnlichkeit macht deutlich« — so lesen wir —,»daß sich der Mensch, der die einzige Schöpfung auf Erden ist, die Gott um ihrer selbst willen wollte, nicht anders erfüllt finden kann als nur durch das uneigennützige Geschenk seiner selbst« (Dogmatische Konstitution über die Kirche, 24)[4].

Es ist kein Zufall, daß Kardinal Wojtyla in diesem Text gerade die Formulierungen hervorhebt, die durch eine paradoxe»Einheit der Gegensätze« — des zur Selbstüberschreitung zwecks Selbsterfüllung aufgerufenen Für-sich-Seins — das Wesen des personalen Ich und das Grundprinzip seiner Selbsterfüllung zum Ausdruck bringen sollen. Tatsächlich scheint die Übereinstimmung der»Bekanntmachung« der christlichen Offenbarung zum Thema des Menschen mit dem Bild des Ich, das sich uns als Subjekt des Gewissens zeigt — als Subjekt *seines* Urteils»ich soll« und seines *Urteils*»ich soll« — mehr als nur ein Zufall zu sein. Was für eine innere Einheit das Für-sich-Sein und der Kommunioncharakter bilden, davon zeugt am beredsten die innere Einheit des Aktes *(mein* Urteil, mein *Urteil),* der die erfahrbare Ebene und die Grundlage der Einsicht in die per-

---

4 K. Wojtyla, Antropologia encykliki »Humanae vitae« (Die Anthropologie der Enzyklika »Humanae vitae«), in: Analecta Cracoviensia 10 (1978) 26. Vgl. ders., U podstaw odnowy. Studium o realizacji Vaticanum II (Grundlagen der Erneuerung. Studie über die Verwirklichung des Vaticanum II). Kraków 1972, S. 53—54.

sonale Konstitution des Ich als des Subjekts dieses Aktes darstellt. Und wie die Zwei-Ebenen-Einheit der Struktur des Aktes »*mein* Urteil — mein *Urteil*« auf die zweidimensionale Einheit des Ich und das innere Prinzip dieser Einheit verweist, so macht der Inhalt dieses Aktes »ich soll affirmieren« deutlich, daß diese Einheit eine ihrer Fülle zugewandte Einheit ist (Autoteleologie), und verweist zugleich auf die Liebe als die Weise, diese Fülle zu erreichen.

Die metaphysische Priorität der substantialen Subjektivität des Ich widerspricht nicht dem beziehungsmäßigen Verständnis des personalen Ich. Im Gegenteil, das Für-sich-Sein und der Kommunioncharakter als spezifische Züge des personalen Ich gehören eng zueinander. Die manchmal suggerierte Disjunktion macht der Konjunktion Platz. Erst in der gemeinsamen Verbindung von Für-sich-Sein und Kommunioncharakter läßt sich das menschliche Ich adäquat zum Ausdruck bringen, zumindest im Lichte seines eigenen Rapports über sich, den das Gewissen darstellt. Man muß sich besitzen, um sich hingeben zu können ...

In dem Versuch, bis zum Schluß der Erfahrung das Wort zu erteilen, die der Mensch dank seinem Gewissen macht, sehe ich einen wichtigen Beitrag Karol Wojtylas zur Philosophie des Menschen. Seine Anthropologie hat nichts gemein mit der Bemühung, die beiden unterschiedlichen — in unterschiedlichen und einander entgegengesetzten philosophischen Traditionen entstandenen — Konzeptionen des Menschen, die substantiale und die relationale, einfach übereinanderzulegen. Wojtyla will — und muß — kein Eklektiker sein. Er will nur der Erfahrung des Menschen mit seinem eigenen Urteil »ich soll« erlauben, sich bis zum Schluß zu äußern. Es genügt, seiner Stimme zu folgen, um die innere Verbundenheit der so oft auseinandergerissenen Elemente wahrzunehmen. Ihre Trennung und Gegenüberstellung hat immer den gleichen Ursprung: auf irgendeiner Stufe wurde nicht erlaubt, sich weiter — und bis zum Schluß von der Erfahrung leiten zu lassen. Da die Erfahrung selbst den Kommunioncharakter des personalen Ich als normative Dimension seines strukturellen Für-sich-Seins offenbart, besteht kein Bedürfnis, erst eine Brücke zwischen der substantiellen Metaphysik des Menschen und der relationalen (beziehungsmäßigen) Metaphysik der Person errichten zu müssen. Es wäre sogar schwer, sich eine engere Zugehörigkeit des Kommunioncharakters zur Struktur des personlen Ich vorzustellen, da es ohne diesen Kommunioncharakter ganz unmöglich wäre, sein Für-sich-Sein auszudrücken. Die Brücke existiert von Anfang an. Notwendig ist hier, sie zu zeigen, nicht sie erst zu bauen. Eine andere Sache ist, daß man sie nur durch mein Urteil »ich soll« sehen kann.

Das vom Gewissen gezeichnete Bild des Menschen scheint tatsächlich Nutzen zu ziehen aus dem besonders privilegierten Ort für »Einblicke«, um zum »Selbstporträt des Menschen« zu werden. Das Gewissen steht gleichsam an der Berührungsstelle von Person und Tat und erfüllt die Rolle ihres Verbindungsgliedes. Ohne das Gewissen könnte das Handeln des Menschen doch gar nicht das Niveau einer Tat der Person — actus personae — erreichen. Infolgedessen könnte dieser ganze weite Bereich der menschlichen Aktivität nicht den Charakter eines »Erkennmerkmals« der menschlichen Person besitzen. Wenn dieser Bereich zu einem solchen Zeichen wird, wenn diese Handlungen von Subjekten sind (actiones sunt suppositorum) und wenn diese Handlungen als eigentliche Wirkungen bzw. Zeichen ihrer Subjekte ihre Subjekte am vollständigsten offenbaren (agare sequitur esse), dann ist es uns durch das Gewissen gegeben, die Verknüpfung von Person und Tat gleichsam in ihrem neuralgischsten Punkt zu berühren. Die Rolle Karol Wojtylas für die Philosophie des Menschen sehe ich im Aufzeigen eben dieser Angelegenheit.

Es genügt nun, die sich im Gewissensurteil kundtuende Wahrheit über die Würde der menschlichen Person auf ihren endgültigen Daseins- und Soseinsgrund hin zu deuten, um in ihr das Wort der den Menschen von seinem innigsten Inneren her schöpferisch ansprechenden Personalen Liebe aufzudecken, ja, Ihr Selber in diesem Wort zu begegnen. Dieses Wort ist auch die ultimative Antwort auf die Frage, was das Wesen des Gesetzes im sitttlichen Kontext ausmacht und wie seine objektiven Inhalte im Gewissen von seinem Subjekt in der menschlichen Natur erlesen werden können. Von dieser Seite her kann das hier erzielte Ergebnis als ein Beitrag zu einer personalistischen Begründung und Deutung des natürlichen Sittengesetzes, aber auch als eine philosophische praeambula zu Josef G. Zieglers theologischem Werk »Vom Gesetz zum Gewissen« betrachtet werden.

Übersetzung: Herbert Ulrich, IV/85

Prof. Helmut Juros

Migration und Menschenwürde: Assimilation oder Integration? — ein ethisches Dilemma

1. Motive für die Auswahl der Thematik und Gründe zur Aufstellung der Problematik

Für den Internationalen Kongreß der Moraltheologen und Sozialethiker im September 1987 in Passau unter dem Thema »Migration und Menschenwürde« habe ich die Absicht, die Rolle eines Vorläufers und Wegbereiters auszuüben und das Problemfeld der Beratungen antizipatorisch abzustecken. Natürlich stehen hinter unserer gemeinsamen Motivation vor allem objektive Gründe, die die Ethiker, die Philosophen und Theologen, heute auffordern, sich mit dieser Thematik zu beschäftigen, d.h. das Problem unter dieser Titelformulierung korrekt aufzustellen und richtig zu lösen.

Der Wirklichkeitsbezug des Problems liegt auf der Hand. Es ist keine Modefrage für Professoren, Publizisten und Politiker, für eine Saison bei den Verlegern und in den Massenmedien. Es ist mehr als eine Wahlparole in parteipolitischen Auseinandersetzungen. Das Problem ist uns aus der Erfahrung bekannt. Wir kennen es direkt aus dem alltäglichen Leben in unseren Gemeinden. Einst Vertriebene und Übersiedler, dann Gastarbeiter, jetzt Flüchtlinge als Asylbewerber stehen als Immigranten vor unserer Tür, bzw. sie werden uns zugewiesen. Dieses Problem der Migration will man dadurch möglichst schnell loswerden, daß es auf der landes- und kommunalpolitischen Ebene zuerst pragmatisch gelöst wird. Aber die Migration von heute ist kein ausschließlich deutsches Hofproblem, wenn auch die Zahl von über 4 Millionen Migranten in der BRD eine enorme Herausforderung ist. Papst Paul VI. (AAS 65/1973/591; DPMC Nr. 11) spricht von einer planetarischen, »gigantischen Migration« in der ganzen Welt. Denn das Problem betrifft auch die späteren Generationen der Migranten, also es ist nicht nur ein quantitatives, sondern auch und vor allem ein qualitatives Problem. Die heutige Welt wird ethnisch immer differenzierter, unter anderem auch Deutschland, und gegenüber dieser Faktizität genügt nicht die amtliche Erklärung, man sei kein Einwanderungsland. Contra factum nullum argumentum!

35

Zwar ist die Migration ein altes Phänomen in der Geschichte der Menschheit, aber noch nie war sie wie heute ein Faktum von so großer Extensität. Abgesehen von der großen Mobilität während und nach dem 2. Weltkrieg, Ende der 50iger Jahre, ist ein neuer Typ von Migration — ökonomischer und politischer Prägung — entstanden, der über 50 Millionen Menschen umfaßt. Die Migration erscheint als Zeichen unserer Zeit, das die Menschen von heute charakterisiert. Man kann sagen, sie sei eine gegenwärtige Existenzform und Entwicklungsrichtung der menschlichen Gemeinschaft.

Dieses dynamische, komplexe Phänomen der Migration bedarf einer wissenschaftlichen Forschung. Betrachtet in verschiedenen Aspekten heben sich unterschiedliche Fragen hervor, Fragen nach einer Beschreibung und Erklärung, Bewertung und Normierung, nach einer Theorie und Praxis. Es genügt nicht nur das Faktum der Migration administrativ zu erfassen und pragmatisch-politisch zu steuern, sondern dahinter muß noch sowohl eine empirische Theorie mit ihrer adäquaten Explikation und kausalen Explanation als auch eine axiologisch-normative Theorie stehen. In der heutigen Reflexion über die Migration fehlt am notwendigsten dieser »normative Mittelbau«, eine theoretische Explikation aller Werte, die hier zur Kenntnis genommen werden müssen und denen eine unbedingte Achtung gebührt, eine normative Theorie, die aber auch auf Grenzen des Sollens in concreto hinweist. Es hat sich doch hier gerade erwiesen, wie unzulänglich die Gesetzgebung ist, um das ganze Problemfeld der Migration normativ abzudecken, weil in einer pluralistischen Gesellschaft nicht nur rechtsfreie Räume der Sittlichkeit überlassen, sondern auch grundgesetzliche Ansprüche verschenkt werden, die aber nicht in jedem Fall ethisch zu rechtfertigen sind. Somit ist eine sozialethische Reflexion über die Migration erforderlich.

Forschungen auf diesem Gebiet sind längst im Gange, besonders in den Ländern, die schon eine lange Migrationsgeschichte hinter sich haben. Die deutschsprachige Fachliteratur liefert einige Forschungsergebnisse, die sich aber in den weltweiten Forschungen nicht unbedingt als novatorisch ausmachen. In meinen Überlegungen werde ich aus methodischen Gründen auf diese Ergebnisse bewußt verzichten. Warum? Ich komme aus Polen, aus dem Lande, das in seiner Geschichte das Wort »Emigration« groß schreibt. Jeder vierte bis fünfte Pole lebt als Emigrant im Ausland, in den USA, in Kanada, Australien, England, Frankreich ... und nicht zuletzt in Deutschland. Die polnische Emigration hat eine lange Tradition. Auch die Forschungen über die Migration wurden in Polen relativ früh und sehr intensiv in Zusammenarbeit mit anderen, insbesondere amerikanischen Wissenschaftlern unternommen und haben eine sehr reiche Bilanz aufstellen können. Es wurden dafür mehrere wissenschaftliche Forschungsinstitute mit eigenen Zeitschriften und Bücherreihen gegründet. Von diesen polnischen und amerikanischen Forschungsergebnissen also werden meine Überlegungen geleitet.

2. Die Bedeutung des Themas — zum Verstehen des Problems

So komme ich zum Thema. Es lautet:»*Migration und Menschenwürde: Assimilation oder Integration — ein ethisches Dilemma*«. Es besteht aus zwei Teilen: Der erste Teil bildet eine Konjunktion, der zweite Teil eine Disjunktion, disjunktive Alternative. Die Konjunktion »*Migration und Menschenwürde*« bedeutet eine Relation, deren inhaltliche Natur von den Termini (Relata) »Migration« und »Menschenwürde« bestimmt wird. Sie ist ethischer Natur, die aber empirische Beziehungen impliziert und voraussetzt. Migration ist in Beziehung zur Menschenwürde gesetzt und an diesem Moralprinzip gemessen. Daraus ergibt sich eine disjunktive Alternative in Form eines ethischen Dilemmas: entweder Assimiliation oder Integration? — eine Fragestellung, die das Problem im Thema erst zutreffend artikuliert.

Hier sind definitorische Bestimmungen der Grundbegriffe für das Verstehen des Problems unentbehrlich. Die Bedeutung der Begriffe von Migration und Menschenwürde sollen uns zuerst das Problemfeld denotieren und für die spätere Entscheidung des Dilemmas mehr Klarheit schaffen.

Der Begriff der Migration, auch wenn das Wort »Migration« kaum in der deutschen Umgangssprache vorkommt und seine Erläuterung in den deutschen Lexika kaum zu finden ist (vgl. Katholisches Soziallexikon, Graz- Innsbruck 1980; Lexikon der christlichen Moral, Innsbruck 1975; Evangelisches Soziallexikon, Stuttgart 1980), soll hier ganz allgemein als ein Oberbegriff für Emigration und Immigration, für alle Formen der menschlichen Wanderungen von Land zu Land mit der Absicht, eine neue Heimat zu finden, verstanden werden.

In unserer Problematik aber liegt der Schwerpunkt auf der Interaktion zwischen dem Immigranten bzw. der ethnischen Gruppe von Immigranten und der gesellschaftlichen Mehrheit in einem (Gast-)Land. Der Begriff der Migration soll auf das Spannungsfeld hinweisen, in dem sich der Migrant als Emigrant seines Vaterlandes (seiner Heimat) und als Immigrant des neuen (Gast-)Landes befindet. Differenzierter wird er inhaltlich später noch expliziert durch eine theoretische Beschreibung des ganzen Phänomens.

Vielmehr als der Migrationsbegriff ist der Begriff der Menschenwürde definitionsbedürftig, wenn es in unserer Hauptfragestellung heißt: Entspricht Migration der Menschenwürde? Man ist gerade hier in Deutschland unterschiedlicher Meinung über die Definition der Menschenwürde aus Artikel 1 des Grundgesetzes. Man fragt sich, ist hier der Konsens der jeweiligen Zeit maßgeblich, oder gibt es wenigstens »ewige« Einsprengsel, die das Grundgesetz mit seiner Unabänderlichkeitsklausel (Artikel 79) offenbar annimmt (Fr. K. Fromme). Es ist schlimm genug, wenn man in diesem Zusammenhang behauptet, das Verbot der aktiven Euthanasie sei »eine Insel der Inhumanität« in der Rechtsordnung (eine Aussage des Präsidenten des Bundesverfassungsgerichtes, von Zeidler). Ist etwa auch das

Asylrecht eine »Insel der Inhumanität«, könnte man fragen, trotz der Unvergleichbarkeit mit der Euthanasie? Heute tut sich der Mensch schwer damit, seinen Eigenwert und die Würde des Nächsten als eine Urgegebenheit und Urerfahrung zu akzeptieren. Soll das bedeuten, daß der elementarste Tatbestand des Humanen vor einem ideologischen Pluralismus ausweichen muß? Er könne nicht, ist man der Meinung, in der Weise abgesichert werden, daß der Begriff der Menschenwürde auch in einer weltanschaulich pluralistischen Gesellschaft seine Eindeutigkeit und Bestimmtheit bewahrt. Deshalb ist für manche Rechtstheoretiker, Ethiker und Politiker die normative Setzung der Achtung der Menschenwürde hinterfragbar als ein nicht begründbarer und auch nicht bestimmbarer Bezugspunkt für die Geltung des Normsystems. Für die Rechtsprechung habe er keine orientierende Bedeutung, und man solle auf solche Wertvorstellung verzichten. Wenn also das Rechtsbewußtsein über die Menschenwürde als rechtliche Grundnorm dem Wandel verschiedener Deutungen unterworfen wäre, ist dieser Begriff dann noch hinsichtlich der Migration relevant?

In unserer Diskussion ist also Aufgabe der Rechtstheoretiker, Ethiker und Politiker nicht nur, für die Forderungen der Humanität zu stehen und sich für eine humane Gesetzgebung und Migrationspolitik einzusetzen, sondern im Kontext des gegenwärtig herrschenden Ethos der Menschenwürde grundsätzliche Fragen zu beantworten wie etwa folgende: Wie ist die Kategorie der Menschenwürde (im ontologischen, epistemologischen, logischen und methodologischen Sinne) aufzufassen: ist sie eine empirische, intuitive oder emotive Kategorie? Oder ist sie vielmehr eine theoretische Konstruktion, die sich von einer bestimmten Weltanschauung bzw. Ideologie ableitet? Wie ist der Begriff der Menschenwürde zu verstehen? Kann es sein, daß er überhaupt keinen Sinn hat? Ist das, was ihm angeblich entspricht, nur ein künstliches Gebilde? Wenn wir aber diesem Terminus »Menschenwürde« eine Bedeutung zuschreiben, entstehen als weitere Fragen: Wem kommt die Würde zu? Allen Menschen? Kann man sie maximieren oder minimieren? Kann man sie überhaupt verlieren? Wenn ja — auf welche Weise? Spielen die äußeren Bedingungen — etwa die sozialen, ökonomischen oder politischen — in diesem Prozeß eine Rolle?

Die Theoretiker sollten die grundsätzliche Frage beantworten, ob überhaupt eine logische Begründung für das Moralprinzip der Menschenwürde zu finden ist. Können wir uns lediglich darauf berufen, daß wir von ihrer Richtigkeit überzeugt sind und daß die Verletzung derselben auf unseren inneren Protest stößt? Können wir begründen, warum jedem Menschen ein Eigenwert zukommt — oder ist das gar nicht nötig? Genügt es nicht, diese Idee der Menschenwürde anzuerkennen und sie in unser Leben einzubeziehen? Wenn aber eine solche Begründung möglich und notwendig erscheint, dann stellt sich die Frage, wie man die Überzeugung vom Eigenwert des Menschen begründen könne. Was ist der Grund, jedem Menschen eine Würde zuzugestehen? Sind hier empirische oder außerempirische (metaphysische) Voraussetzungen oder Eigenschaften des Menschen der Grund, daraus einen personalen Wert für jedes menschliche Individuum abzuleiten? Läßt sich die Aussage über die Würde des Menschen, wenn sie ein Urteil über den Wert des Menschen ist, als wahrheitsfähiger, logischer Satz begründen? Oder ist sie »eine logische Leerformel« (E. Popitsch), »eine bloße Manifestation des guten Willens«, eine »nicht interpretierte These« — wie der erste deutsche Bundespräsident Theodor Heuß sie nannte —, die weder erläutert noch begründet wird?

Von großer Bedeutung für den Moraltheologen und die Theoretiker ist der Fragenkomplex bezüglich sittlich richtigen Handelns. Es ist zu fragen, ob sich das Moralprinzip der Menschenwürde als »materielles« Kriterium zur Bestimmung des sittlich Richtigen eignet, ob die Berufung auf die Menschenwürde trägt in Einzelfragen normativer Ethik, ob sie ein Argument ist oder nur ein Zeichen dafür, daß die Ethik über keine Argumente mehr verfüge. Sind die Termini »menschenwürdig« und »sittlich richtig« Synonyma? Und das heißt: Ergeben sich aus der Würde des Menschen bestimmte Folgerungen für den Inhalt einer sittlichen Forderung? Folgen aus dem Moralprinzip inhaltlich bestimmte Einzelnormen, die ein konkretes Verhalten bewerten, daß es sittlich falsch sei, weil der Mensch bloß als Mittel (bzw. Instrument, Ware, Gegenstand) behandelt wird? Wenn das der Fall ist, dann entsteht die Frage, weshalb sich unmittelbar aus der Menschenwürde die Forderung ergibt, die Grundrechte (-freiheiten) zu respektieren?

All diese Fragen sind für den Moraltheologen von großem Belang. Es wird sich im weiteren herausstellen, welche Auffassungen von Menschenwürde in den Migrationstheorien fungieren können und unsere theoretische Alternative und unser ethisches Dilemma mitentscheiden werden.

Wir haben uns thematisch auf die Assimilation und Integration begrenzt. Auf der Wirklichkeitsebene bilden sich zwei gegenüberstehende Migrationsphänomene, die wiederum auf der wissenschafts-theoretischen Ebene sowohl deskriptiv, als auch präskriptiv reflektiert werden. Deskriptiv werden sie als ein objektiver sozialer Prozeß in Form einer kulturellen Interaktion zwischen den ethnischen Gruppen und der heimischen Mehrheit auf dem Gebiet der sozialen Strukturen, der Kultur und der individuellen Persönlichkeit beschrieben und erklärt. So bilden sie ein Forschungsfeld der Soziologie, die die Aufgabe hat, diese Realität zu beschreiben, zu explizieren und zu erklären, zu explanieren. Somit können wir hier fragen im Hinblick auf unsere disjunktive Alternative: Welche Theorie — entweder die Theorie der Assimilation oder die Theorie der Integration — die methodische korrekte Migrationstheorie ist, die das Forschungsobjekt adäquat beschreibt und richtig erklärt.

Diese Frage ist sinnvoll insofern, als wir voraussetzen, daß die beiden Theorien zwei verschiedene Theorien sind. Allerdings kann man solche Unterscheidung bei manchen Autoren — Soziologen — nicht finden, da sie die Assimilation sowohl als Akulturation als auch als Integration betrachten.[1] In diesem Falle umfaßt also die Assimilation zwei elementare Prozesse: die Akulturation und Integration, sowohl auf dem Gebiet der sozialen Struktur als auch im Bereich der individuellen Persönlichkeit und der gesamten Kultur.[2] Man muß sich also bewußt sein, daß auf diesem Forschungsgebiet der kulturellen Umwandlungen und Entwicklungen eine große terminologische Verwirrung herrscht. Besonders der Terminus »Assimilation« ist ein vielfältig schillernder Begriff, der keine einheitliche Bedeutung hat, weil er in der wissenschaftlichen Analyse der Migrationsfrage auf unterschiedlichen Beziehungsebenen funktioniert. In der Soziologie ist er nicht neutral, sondern ideologisch und politisch befrachtet.[3] Unsere Thematik impliziert eine enge Definition von Assimilation und präsumiert eine Theorie der Assimilation, die sich von der Theorie der Integration unterscheidet. Diese stellt sich trotz mancher semantischer Verwirrungen in der Soziologie der ersten gegenüber, indem sie die Möglichkeit der Assimilation in der Makroskala, d.h. zwischen den ethnischen Minderheitsgrupen und der heimischen Mehrheit (native society) verneint. Denn nach der Integrationstheorie ist jede kulturelle Interaktion zwischen einer ethnischen Gruppe und einer anderen ethnisch dominierenden Gruppe in einer Gesellschaft immer eine Wechselwirkung, eine gegenseitige, aktive Verbindung von Elementen der beiden Kulturen. Also gibt es in der Makroskala einen einseitigen Prozeß. Von Assimilation kann nur die Rede sein gegenüber einem einzelnen Menschen. Sie ist nur auf der Persönlichkeitsebene möglich. Eben diese Meinung wird im Thema vorausgesetzt.

3. Assimilation oder Integration im ethologischen Aspekt (als faktisches Ethos)

Im psycho-soziologischen Aspekt stellt die Forschung folgende Frage: Was geschieht eigentlich mit den Migranten und ihren nächsten Generationen auf der sozial-kulturellen Ebene? Welchen Umwandlungen werden sie unterzogen? Was für einen Charakter haben die Wechselwirkungen zwischen einer ethnischen Minderheitsgruppe und der ursprünglichen bzw. dominierenden Mehrheit? In welche Richtung gehen diese Prozesse? Werden die ethnischen Gruppen aufgesaugt und verlieren sie infolgedessen ihre eigene Kultur, d.h. die Muttersprache, das nationale Zu-

---

1 J.W. van der Zanden, American Minority Relations, New York 1966.
2 H. Kubiak, Teoria, ideologia, polityka asymilacji. Szkic problemu, in: Założenia teorii asymilacji, ed. H. Kubiak, A.K. Paluch, Wrocław-Warszawa 1980, 15—25; 15; R.E. Burgess, Introduction to the Science of Sociology, Chicago 1921.
3 A.K. Paluch, Procesy asymilacji i przemiany kultury, in: Założenia teorii asymilacji, a.a.O. 93—104, 95ff.

gehörigkeitsbewußtsein, die Bindung an die frühere Heimat? Welche theoretischen Auffassungen, Theorien bzw. Konzeptionen haben sich inzwischen herausgebildet, die das Phänomen der Migration und oben genannte Wechselwirkungen bzw. Interaktionen adäquat beschreiben und richtig zu erklären versuchen? Das Schicksal der Migranten wurde im Laufe der Migrationsgeschichte theoretisch unterschiedlich aufgearbeitet. Wir wollen uns hier nur auf die Assimilationstheorie und Integrationstheorie begrenzen und von ihren vielen Schattierungen und anderen Theorien absehen. Sie entstanden und haben sich in entsprechenden Zeitperioden der Migration weiterentwickelt, in denen bestimmte Ideologien und Formen der praktischen Politik die Einwanderungsländer beherrscht haben. Beispielsweise darf man für die USA folgende Zeitabschnitte unterscheiden:[4]

1. den Zeitraum zwischen 1776—1876 und die Herrschaft einer Ideologie und Politik des Anglokonformismus, nach der die ethnischen Gruppen verpflichtet wurden, den Stil der anglosächsischen Kultur der Mehrheit, d.h. der WASP (= White, Anglo-Saxon, Protestants) zu übernehmen. Dieser Epoche mit ihrer Ideologie und Praxis entspricht die Theorie der Assimilation.
2. Eine zweite Epoche bildet der Zeitraum zwischen 1876 (1880)—1950 (1960), beherrscht durch die Ideologie und Politik des Melting-Pot. Dementsprechend sollten sich die Subkulturen der ethnischen Gruppen innerhalb der amerikanischen Gesellschaft auf dem anglosächsischen Fundament verschmelzen und so einen neuen Typ der amerikanischen Persönlichkeit und eine neue Qualität der amerikanischen Kultur ausbilden. Auf der theoretischen Ebene kann man hier von einer Konzeption der Akkomodation (Adaption) und Akulturation sprechen.
3. Eine Abkehr von der Melting-Pot-Ideologie und -Politik erfolgt offensichtlich in den 1950/1960er Jahren. Nach dem 2. Weltkrieg hatte sich deutlich gezeigt, daß viele angelsächsische Amerikaner einerseits sich von der Erbschaft ihrer früheren ethnischen Kultur distanziert, andererseits aber mit vielen Werten dieser Kultur die amerikanische Gesellschaft, grundsätzlich auf dem anglosächsischen Fundament aufgebaut, bereichert haben. Diese Feststellung führte zur Aufstellung der These eines kulturellen Pluralismus. Die Wechselwirkung der ethnischen (Sub-)Kulturen wurden nicht mehr mit einem Tiegel, sondern mit einem Orchester verglichen, in dem jeder Musiker vom eigenen Blatt »seine« Musik spielt, so aber, daß alle Mitwirkenden harmonisch eine Symphoniemusik darbieten. Also, es handelt sich hier um Teile

---

[4] Nach J.A. Wyrwall, America's Polish Heritage. A Social History of the Poles in America, Detroit 1977.
T.Polzin, The Polish Americans. Whence and White, Pulaski, Wisc. 1973.

bzw. Elemente einer Ganzheit, die in ihr die eigene spezifische Identität nicht verlieren.

Demnach sollte die amerikanische Gesellschaft auf Grund ihrer gemeinsamen Sprache, ihrer sozialpolitisch-ökonomischen Institutionen die Bewahrung der traditionellen Werte von ethnischen Gruppen und eine Entwicklung von neuen kulturellen Werten garantieren.[5] Auf diesem Hintergrund der Erfahrung und theoretischen Untersuchungen entwickelt sich gegenwärtig die Theorie der Integration.

Unabhängig davon, ob die Periodisierung und die Zuteilung der Theorien haltbar ist, sind sowohl die Typologie der Theorien als auch ihre inhaltlichen und erklärenden Thesen kontrovers. Umstritten sind sie nicht nur aus wissenschaftstheoretischen (methodologischen) Gründen, sondern auch gerade in ethischer Sicht — im Hinblick auf das Moralprinzip der Menschenwürde.[6] Auf der systematischen (nicht historischen) Ebene betrachtet, haben diese Theorien auch heute ihre Vertreter, die für eine Migrationspolitik plädieren, die ihren theoretischen Thesen entspricht. Jede Theorie der Migration von heute untersucht im Ausgangspunkt die Ursachen der Migration, d.h. die Ursachen und Motive der Emigration aus dem Herkunftsland der Migranten, und die faktische Situation der Immigranten, ihr Image im Ankunftsland (Aufenthalts- bzw. Gastland). Erst dann versucht sie die sozialen Prozesse und die kulturellen Interaktionen zwischen ethnischen Minderheitsgruppen von Immigranten und gesellschaftlicher Mehrheit der Ureinwohner zu erklären.

a) Die Ursachen (Motive) einer Migration von heute

Die neueste Migration ist ein komplexes Phänomen, beinhaltet neben unwandelbaren Elementen, die in jeder Epoche vorkommen, auch neue, wandelbare Elemente, die die gegenwärtige Migration kennzeichnen. Zu den letzten gehören neue, eigenartige Motive und Ursachen der Migration von heute, die ihr auch ein neues Ausmaß, neue Entwicklungsrichtungen und Folgen zuschreiben. Es wird auf indirekte und direkte Ursachen, auf objektive und subjektive Gründe, auf zwangsartige und freiwillige Motive hingewiesen. Zu den ersten, indirekten Ursachen der Migration werden folgende Fakten gezählt: die weltweiten zivilisatorischen Verhältnisse, die rapide demographische Entwicklung der Dritten Welt, der sozialökonomische Fortschritt in der ganzen Welt, die Entwicklung der

---

5 Für eine solche Föderation von verschiedenen Kulturen plädieren die ersten Promotoren des kulturellen Pluralismus: H. Kallen und R. Bourne.
Vgl. H. Kallen, Democracy Versus the Melting-Pot, in: The New Immigration, ed. J. J. Appel, New Yersey 1971, 22 ff.

6 J. Turowski, Teoretyczne ujecia problemu integracji grup etnicznych, in: Studia Polonijne (Lublin), Bd. 6, 1948, 27—34; 27—29.

Kommunikationsmittel (der Verkehrs- und Informationsmittel), die wachsende, vielseitige Abhängigkeit zwischen den Ländern, die Kluft zwischen armen und reichen Ländern, die Notwendigkeit einer wirtschaftlichen Kooperation zwischen diesen Ländern, das allgemeine Streben der Menschen als Weltgemeinschaft nach rechtlicher und politischer Vereinigung. Die unruhige Welt von heute ist ein Schauplatz von lebendigen Migrationsbewegungen geworden. Die Entfernungen sind kleiner und die Abhängigkeiten zwischen Ländern größer geworden. Diese und viele andere Umstände bzw. Bedingungen aktivieren und beschleunigen die moderne Migration.[7]

Direkt aber ist sie am meisten verursacht durch die gegenwärtige Wirtschaftslage in vielen Ländern: die Disparität (Ungleichheit) zwischen der hohen Zahl von Einwohnern und den armen Rohstoff- und Energieresourcen und der gesamten Wirtschaftsentwicklung. Zu einer wirtschaftlichen Migration zwingen: arme Lebensbedingungen, Hunger, Arbeitslosigkeit, Mangel an Über- Lebensmitteln usw. Die Emigranten aus den unterentwickelten Ländern versprechen sich bessere Lebens- und Arbeitsbedingungen, die ein reicheres Land ihnen anbieten kann, das sie auch als eine billige Arbeitskraft betrachtet. Bilaterale Verträge zwischen solchen Ländern können eine solche wirtschaftliche Migration regeln und steuern.[8]

Stark im Vordergrund steht heute eine ideologisch-politische Migration. Ihre Migranten sind Flüchtlinge, Vertriebene, Deportierte, Zwangsaussiedler aus Bürgerkriegs- und Revolutionsgebieten, aus totalitären Ländern, in denen Menschen als Dissidenten politisch und religiös verfolgt, diskriminiert, gefoltert und ermordet werden. Aus dieser Reihe von Migranten kommen die meisten Asylbewerber nicht unbedingt in ein politisch freies, doch immer in ein wirtschaftlich entwickeltes Land. Ihre Motivation ist entweder objektiver oder subjektiver Art, so daß man auch hier von einer Migrationsversuchung sprechen dürfte nicht nur bei denen, die von einer Abenteuersucht bzw. Reiselust getrieben werden (vgl. DPMC Nr. 8). Allmählich ist schwer zu bezeichnen, welche Migration freiwillig motiviert und welche zwangsläufig verursacht ist. Bislang wurde behauptet, die wirtschaftliche Migration sei eine freiwillige und die ideologische (politische) Migration eine erzwungene. Heute aber wird eine wirtschaftliche Migration, verbunden mit subjektiven Motiven, ebenso als eine Zwangsmigration bezeichnet, so daß es auch Wirtschafts-Flüchtlinge bzw. -Vertriebene gäbe (vgl. DPMC Nr. 8). Das aber wäre nicht der Fall bei einer kulturellen Migration von ausländischen Studenten, Wissenschaftlern, Gastprofessoren, Künstlern, obwohl gerade sie auch objektive Gründe hinter sich haben kann (vgl. Paul VI., PP Nr. 67, 68, 71;

---

[7] J. Bakalarz, Wspolczesna migracja w świetle dokumentów Kościola, Collectanea Theologica 54 (1984) f. I, 137—148; 138.

[8] Johannes XXIII., PT 103, 105; PE I, Nr. 1.

CMU Nr. 2; PE III, Nr. 6). Weltweit gibt es derzeit 11,5 Millionen Flüchtlinge, die als solche von der UN-Flüchtlingskonvention anerkannt sind.
Diese Zahl enthält — nach Angaben des Flüchtlingskommissars J.P.
Hocke — nicht die sog. Wirtschaftsflüchtlinge. Ohne den Begriff der Wirtschaftsflüchtlinge näher zu definieren, kündigte der Genfer Hochkom-
missar an, daß sich seine Organisation auch weiterhin nicht um diesen
Teil der Asylsuchenden kümmern werde, da das Flüchtlingskommissariat
ausschließlich humanitären Zielen verpflichtet sei. Neun Millionen aller
Flüchtlinge leben nach Hockes Anfragen in Ländern der Dritten Welt. Die
verschiedenen Typen von Migration und ihre Gründe und Motivationen
weisen also auch auf unterschiedliche Gesinnungen und Haltungen der
Migranten, sowohl auf ihre Persönlichkeitsstruktur als auch auf ihre Nöte
und Bedürfnisse. Sie stehen auch wieder in einem »geographischen« Zusammenhang und zeigen auf neue Querverbindungen zwischen den
Typen von Migrationsursachen und der weltweiten Migrationslandkarte.
Der heute universelle Charakter der Migration, die die ganze Welt umfaßt
und sich innerhalb und zwischen den Kontinenten ereignet und geogra-
phische Grenzen und kulturelle, rassische, religiöse Schranken überschreitet, hat doch seine Schwerpunkte in einigen Regionen. Das können
die Statistiken belegen.[9]

b) Die sozial-kulturelle Situation der Immigranten und ihr Image im Gastland

Ein und dasselbe Land, wie z.B. die Bundesrepublik, kann Ort der Migration im doppelten Sinn sein: ein Ort der Emigration und der Immigration, d.h. die ursprüngliche Heimat der Emigranten, die es verlassen
haben, und eine Zielstation und ein Gastland für angekommene Immigranten. Dieses Faktum ändert sich nicht, wenn das Land amtlich erklärt,
es sei kein Einwanderungsland, allerdings sei es bereit, eine Zufluchtssta-
tion, ein Einreiseland für Asylanten, Aussiedler, Umsiedler bzw. Zuwan-
derer zu sein. Europa (in diesem Fall Westeuropa — »die Halbinsel Europa« oder das »Überbleibsel von Europa« — im kulturellen und politischen Sinn, wie das S. Kisielewski vor kurzem ausgedrückt hat; oder EG-
Europa im wirtschaftlich gemeinten Sinn) und darunter besonders die
Bundesrepublik, gehört zu den am stärksten von der Immigration betroffenen Gebieten. Diese Immigration kennzeichnet eine ethnische Pluralität
und Wandelbarkeit und besteht aus verschiedenen Immigrantengruppen:
aus wirtschaftlichen, ideologisch-politischen und kulturellen Migranten,
aus freiwilligen und gezwungenen Migranten, die individuell oder mit
Familien und ethnischen Landsleuten angekommen sind, die sich wiederum getrennt, alleinstehend oder in größeren ethnischen Ballungszen-
tren niedergelassen haben und in einem sozial unterschiedlichen Status
leben. Einige von ihnen sind für immer, andere für eine bestimmte Zeit

[9] J. Bakalarz, a.a.O., 139—141.

44

gekommen. Die Mehrzahl von ihnen stammt aus armen, wirtschaftlich unterentwickelten Ländern, aus Agrarländern, aus einem uniform gestalteten, traditionellen Kulturmilieu, und zieht in ein reiches, wirtschaftlich-technisch hochentwickeltes Land, in die Städte, in ein kulturell differenziertes und anonymes Milieu. Dabei muß man bedenken: Es handelt sich hier meistens um junge Menschen (und in der letzten Zeit um immer mehr Frauen) im besten Berufsalter, die oft mit einem echten Pioniergeist Fuß fassen und in einer Haltung des Vertrauens in das Leben kinderfreundliche Familien gründen. In Europa gibt es über 3 Millionen Kinder in diesen Familien, das sind 20% der ganzen Population von Migranten; immer größer wird die Zahl der Jugendlichen, derzeit ca. 1,5 Millionen. Andererseits aber gibt es unter den Migranten eine hohe Zahl von Männern (40% aller Migranten), die getrennt von ihren Familien in der Heimat leben und alleinstehend sind. Somit sind die Familien der Migranten gefährdet: durch Trennung von Ehepartnern, Eltern und Kindern; durch Desintegration und Zerfall des Familienlebens; durch ethnische und religiöse Mischehenschließung, die oft später scheitern. Unter den Immigranten gibt es eine hohe Zahl von unehelichen Kindern, die danach kein Zuhause haben (in Europa ca. 0,5 Millionen). Überhaupt sind die Kinder die »ersten Opfer« der Migration, indem sie in einer inneren kulturellen Spaltung zwischen dem Zuhause und der Umwelt stehen. Es kommt zu Konflikten mit den Eltern und der Schule bei den Jugendlichen, die einerseits einer Entfremdung von der eigenen Kultur und andererseits einer Faszination gegenüber neuen Ideologien erliegen. Dazu kommen noch zusätzlich bei ihnen die vielen Arbeitslosen (40% der Immigranten in Europa), die auf den asozialen Rand verdrängt werden.[10]

Wegen einer durchschnittlich niedrigen Ausbildung bei den Immigranten besonders aus der Dritten Welt (30% von ihnen in Frankreich können nicht lesen und schreiben!), werden sie gezwungen, als billige Arbeitskräfte vor allem die schwerste und schmutzigste Arbeit anzunehmen. Gleichzeitig aber unterliegen sie einer Besitz- und Konsummentalität der neuen Umwelt, um möglichst bald sozial-wirtschaftlich zu avancieren und eine bessere persönliche und familiäre Existenz aufzubauen. Das ist wieder mit einem Aufgeben von kulturellen Werten verbunden (religiösen, moralischen, pädagogischen usw.), die die Förderung des Gemeinwohls eigener Kultur betreffen. Eine kleine Gruppe von einer sog. kulturellen Migration kann dieses Bild nicht verändern. Es täuscht die Umwelt und besagt, die Immigranten seien ideenlos, materialistisch und egoistisch orientierte Menschen. Deshalb wollen die Immigranten als Gegenreaktion ihren sozialen Aufstieg eher im Kontakt mit den Einheimischen

---

[10] Johannes XXIII., Alloc. AAS 53 (1961) 717–718;
Paul VI., Alloc. AAS 57 (1965) 786–788;
Johannes Paul II., Adhort. Familiaris Consortio Nr. 77, CMU Nr. 2, 10; III Nr. 3–11; DPMC Nr. 8.

als mit ihren eigenen ethnischen Gruppen verwirklichen. Infolgedessen sind diese Gruppen organisatorisch nicht mehr so stark und kulturell nicht mehr so dynamisch wie einst. Heute machen sie einen »schweigenden« Eindruck, sind ideologisch zerrissen, zeigen kein großes Interesse für ihre eigene ethnisch-kulturelle Identität.

Andererseits aber bleiben die Immigranten für die alteingesessene Gesellschaft »fremde« Menschen zweiter Klasse, die das Steuergeld aus der Staatskasse mißbrauchen und den anderen Arbeitsplätze wegnehmen. Ihnen begegnen gesellschaftliche Gleichgültigkeit, Isolation und Diskriminierung, ausländerfeindliche Haltungen. Sie erfahren kaum eine sozialrechtliche Absicherung, die ihnen für die Zukunft mehr Gewißheit in der Situation eines Provisoriums gewährleistet (vgl. Paul VI., PP Nr. 69). Ein deutsches Lexikon beschreibt pessimistisch die Lage der Immigranten so: Sie bilden eine Minderheit, »die sich nicht nur durch äußere Merkmale von der Mehrheit abhebt, sondern auch eine typische Einstellung und Behandlung seitens der Mehrheit erfährt. Stets werden ihr für das Selbstverständnis der Mehrheit bedeutsame Werte abgesprochen bzw. Unwerte zugesprochen; zur Minderheit gehört die behauptete Minderwertigkeit. Das diskriminierende Vorurteil verschafft die Legitimation, um der Minderheit gegenüber ungestraft ansonsten unstatthafte Handlungen begehen zu können: aggressive Affekte, Herabsetzung, Benachteiligung bei der Verteilung von Gütern, Ansehen, Aufstieg, Bildung. Minderheiten sind immer machtlos. Sie erfüllen für die Mehrheit die Funktion, deren Zusammengehörigkeit, Selbstbewußtsein und Normensystem zu stabilisieren.«[11] Gegen solche Meinungen muß man aber auch entschieden sagen, daß sich das Entgegenkommen und Verhältnis zu den Immigranten in den letzten Jahrzehnten positiver entwickelt hat. Mit einem neuen moralischen Bewußtsein humanitärer Prägung zeigt man ihnen mehr Offenheit und unternimmt Initiativen, ihnen die persönlichen und sozialen Rechte und Freiheiten zu schützen, besonders auf dem Gebiet der Arbeit, der sozialen Absicherung, des Zugangs zur Kultur und zu religiösen Praktiken. Es entwickelt sich eine Migrationspolitik in vielen Ländern, die einem kulturellen Pluralismus als dem Hauptprinzip solcher Politik gerecht werden will.

Heute ist man sich mehr im klaren, daß die falschen sozial-pathologischen Aspekte (Umstände), die mit der Migration verbunden sind, ihre Ursache in der Verletzung sozialethischer Prinzipien haben, nach denen eine Migration praktiziert werden müßte. Eine Flucht, Verbannung bzw. Deportierung sei nicht nur deshalb moralisch falsch, weil sie eine Form der Migration ist und in sich Risiken einer kulturellen Entfremdung trägt, sondern vor allem ist sie eine Mißachtung der Menschenrechte. Erst mit einer teleologischen Argumentationsstrategie wird die Migration richtig

---

11 L. Hoffmann, Handbuch der Pastoraltheologie, Bd. 5, Lexikon, hrsg. von F. Klostermann, K. Rahner, H. Schield, Freiburg 1972, 332—333.

bewertet, wenn alle Folgen berücksichtigt werden, nicht nur die negativen, sondern auch die positiven Folgen.[12] Heute will man mehr die positiven Chancen für das persönliche, familiäre und soziale Leben der Migranten betonen. Für viele Menschen ist eine Migration der einzige Weg zur Selbstentfaltung eigener Persönlichkeit, sie bedeutet für sie den Ausstieg aus einer Grenzsituation und den Aufstieg in ein Milieu der Freiheit auf verschiedenen Ebenen. Denn die Migration soll dem Menschen dienen, einen »neuen« Menschen und eine »neue« Gesellschaft zu bilden.[13]

4. Assimilation oder Integration unter wissenschaftstheoretischem und ethischem Aspekt

Wie schon gesagt wurde, ist es schwer, die zwei Theorien von den mitbegleitenden Ideologien zu trennen, denn sie sprechen meist dieselbe Sprache (Terminologie), berufen sich auf dieselben Fakten, machen inhaltlich ähnliche Äußerungen. Unter Assimilation und Integration als *Ideologie* versteht man hier eine Menge von Ideen und Anschauungen über die Welt und das soziale Leben, die unter jeweiligen historischen Bedingungen einer bestimmten Schicht (Klasse) bzw. gesellschaftlichen Gruppe entsprechen, um dadurch eigene Interessen auszudrücken und zu verteidigen und um die existierenden sozialen Verhältnisse entweder zu stärken oder umzugestalten bzw. aufzulösen. Assimilation und Integration als Ideologie ist ein mystifiziertes Abbild der wirklichen Migration. Wiederum wird Assimilation und Integration als *Theorie* verstanden:
— unter empirischem Aspekt als eine Gesamtheit von Aussagen, die das abgegrenzte Phänomen der Migration adäquat beschreiben und kausal erklären, also Aussagen als logische Hypothesen und wissenschaftliche Gesetze, die wertfrei sind und die Bedingung der Verifizierbarkeit und Wiederholbarkeit erfüllen;
— unter axiologischem und normativem Aspekt als Beschreibung in Wertungen und Normen der werthaft-normativen Wirklichkeit des Sittlichen der Migration, also diese in ihrem Bezug zu dem obersten Moralprinzip der Menschenwürde zu explizieren und zu rechtfertigen und dadurch allgemein-gültige Aussagen über die Moral der Migration zu suchen, darzustellen und letztmöglich zu begründen.
Diese wichtige methodologische Unterscheidung wird in den weiteren Überlegungen keine sachliche Trennung der Teilbereiche bedeuten. Die moralischen Handlungsurteile und -normen über menschliches Migrationsverhalten müssen alle Gesichtspunkte berücksichtigen, unter ihnen müssen alle integralen Elemente und empirischen Bestandteile der Praxis zum Tragen kommen, damit es zu inhaltlicher Bestimmung des sittlich Richtigen und dessen Begründung kommen kann.

12 DPMC Nr. 2—3; CMU Nr. 4, 6; PE II Nr. 4.
13 DPMC Nr. 2, 13.

a) Die Theorie der Assimilation

Vor dem Hintergrund der Assimilationstheorie ist das tragische Schicksal der ersten ethnischen Gruppen von Migranten in den Einwanderungsländern und Asylländern zu erkennen und zu verstehen. Sie standen einst und stehen heute vor der Alternative: entweder ein ethnisches Ghetto oder eine Assimilation. Die zweite Alternative, also die Assimilation, gebe, so sagt man, für eine ethnische Gruppe die Vorteile, die die Gefahr einer Isolierung auslöschte.[14]

Was bedeutet der Begriff der Assimilation?
Assimilation bedeutet eine Umwandlung in der ethnischen Gruppe von Immigranten und besteht darin, daß die Gruppe einerseits Werte und Lebensmuster, materielle und geistige Güter der Kultur von der ethnisch alteingesessenen Mehrheit übernimmt; andererseits aber tut sie das auf Kosten eigener Kultur, ihrer scheinbar niedrigeren Werte und Normen, die einer Auflösung unterliegen, und somit verliert diese Gruppe ihre Identifizierung mit dem Herkunftsland. Auf Grund einer so verstandenen Assimilation werden einige rassische, religiöse und kulturelle Gruppen als nicht assimilierbar und für das Aufenthaltsland nicht wünschenswert ausgeschlossen. Assimilation bedeutet Verlust des spezifisch Ethnischen der Gruppe in einer gesellschaftlichen Mehrheit.
Nach M. Gordon[15] sind folgende Charakteristika der Assimilation zu erkennen:
— Assimilation ist ein Bewußtseinszustand einer totalen und exklusiven Zugehörigkeit zum Einwanderungs- und Aufenthaltsland und zur neuen Gesellschaft, der gegenüber alte Vorurteile verschwinden und Konflikte wegen der früheren Machtausübung und Unterschiede im Wertsystem abklingen.
— Sie tritt auf der kulturellen Ebene ein und ereignet sich durch den Eintritt in die Institutionen bzw. Vereine der dominierenden Gruppe der Mehrheit, u.a. entsteht sie durch Schließung von Mischehen.
— Als sozialer Prozeß verläuft sie meistens stufenweise in unterschiedlichen Sphären bis zu voller Ausschaltung eigener Kultur und zum Verfall ethnischer Eigentümlichkeit, immer aber im Namen der anthropologischen und kulturellen Überlegenheit der ethnischen Mehrheit.

Kritische Beurteilung der Assimilationstheorie:

Die Theorie der Assimilation verfügt über eine Begriffsdefinition von Assimilation, die jeweils verschiedene Gebiete und Stufen bestimmt, die also verschiedene Denotationen von Wandlungen in der Kultur bzw. im

---

[14] K. Symonolewicz Symmons, Ze studiów nad Polonia amerykańska, Warszawa 1979, 54.
[15] Assimilation in American Life, New York 1964, 70.

Bewußtsein der ethnischen Gruppen aufzeigt. Mit solcher Unschlüssigkeit und Unklarheit, in der sie die Assimilation einmal als vollständige, ein andermal als partiale Umwandlung, einmal als irreversibler, das andere Mal als reversibler Prozeß, einmal als Schwund der ethnischen Kultur, das andere Mal als Rezeption der herrschenden Kultur usw. beschreibt, ist eine analytische Theorie unhaltbar. Die von ihr angegebene Denotation und Konnotation des Migrationsphänomens als sozial-kulturellen Prozesses besitzt nicht die für eine wissenschaftliche Theorie notwendige Eindeutigkeit. Vielmehr gibt es hier eine Beliebigkeit im Verstehen der Assimilation. Zusätzlich sind ihre inhaltlichen Thesen als nicht sachgerecht umstritten. Hinsichtlich der nächsten Generationen haben sie sich nicht bewiesen. Die assimilatorischen Umwandlungen sind nicht irreversibel, führen nicht unbedingt zum Verlust des kulturellen Erbes, sind keine einseitige Interaktion, was die Assimilationstheorie voraussetzt. Also ist die Assimilation schon aus rein theoretischen Gründen eine unzulängliche Konzeption, d.h. keine adäquate Auffassung in der Beschreibung und Erklärung der Wechselbeziehungen und Wechselwirkungen zwischen einer ethnischen Minderheitengruppe und der gesellschaftlichen Mehrheit.[16]

Auf die Unzulänglichkeit der Theorie der Assimilation wurde bereits in der Zeit der Melting-Pot-Ideologie und -Politik in den USA hingewiesen. Sie stieß damals schon auf Proteste der Immigranten und ist heute aufgrund neuer Forschungen abzulehnen. Zu diesem Ergebnis kommen W.I.Thomas und F.Znaniecki[17], die die Entwicklung innerhalb der polnisch-ethnischen Gruppen nicht in einer Kategorie der individuellen Assimilation erklären konnten. Ihre Analyse des Wertsystems und Verhaltensmodells von polnischen Immigranten (Bauern) hat gezeigt, daß sie nach einer individuellen und sozialen Desorganisationsphase normalerweise eine neue Form der Persönlichkeitsreintegration und sozialen Reorganisation erreicht haben. Der gesamte Prozeß wurde von ihnen mit dem Terminus »Adjustment« bezeichnet.

Unter diesem Begriff des »Adjustment«, im folgenden mit Anpassung wiedergegeben, versteht ein anderer Forscher, J.Zubrzycki[18], einen ganzen Komplex von Interaktionen zwischen der ethnischen Gruppe von Immigranten und der gesellschaftlichen Mehrheit von der native society, inclusive die Effekte solcher Wechselbeziehungen, die zur Assimilation, Akkommodation und Konflikten führen können:

---

[16] J.Turowski, Teoretyczne ujecia problemu integracji grup etnicznych, in: Studia Polonijne (Lublin), Bd. 6, 1984, 29—32;
N. C. Sandberg, Ethnic Identity and Assimilation. The Polish-american Community, New York 1974, 75.

[17] Chlop polski w Europie i Ameryce / Polish Peasant in Europe and America / Warszawa, Bd. 6, 8—12.

[18] Polish Immigrants in Britain, Study of Adjustment, The Hague 1956.

1. Eine Assimilation ereignet sich durch eine vollständige Inkorporation der ethnischen Gruppe — als out-group — in die gesellschaftliche Mehrheit, nicht nur rein äußerlich, sondern vor allem durch eine totale Änderung der Persönlichkeit und Umwandlung des Systems von Werten und Verhaltensmustern, was optimal durch eine Mischehe passiert.

2. Die Akkommodation wiederum bildet auch eine Form der Anpassung, einen Zustand des Modus-Vivendi — zwischen einer ethnischen Gruppe und der Mehrheit, der durch eine Vereinbarung für bestimmte Zeit Konflikte zwischen den Seiten nicht zuläßt. Zu den Bestandteilen solcher Situationen gehört: eine Bewahrung der kulturellen Identität durch die ethnische Gruppe; eine Absonderung (Segregation) der beteiligten Seiten im Hinblick auf Wohnung, Beschäftigung, Freizeit usw.; eine Sorge für Kontakte über die Institutionen; ein Mangel an Desorganisation.

3. Anpassungsprozesse anderer Art führen zu Konflikten zwischen den ethnischen Gruppen, verursachen ein Klima der Entfremdung, Diskriminierung und Ausbeutung, das sich in beiderseitig aggressivem Verhalten ausdrückt. Der einzelne auf der Mikroebene unterliegt einer Desorganisation und Demoralisierung, was auch wieder zur Kumulierung des Negativen bei den Immigranten führt, sowie auch zur Nichtübereinstimmung bzw. zum Widerspruch zwischen den Aspirationen und Handlungen des Individuums und den in der Gesellschaft akzeptierten Werten und Normen.

Die Akulturation wird auch noch der Anpassungstheorie zugerechnet. Als deren Version besteht sie aus Interaktionen von Subkulturen in einem ethnisch komplexen Land, die eine Anpassung und Modifizierung der mitgebrachten Kultur bewirkt, im Sinne einer Umgestaltung der biotischen und sozialkulturellen Umwelt einer ethnischen Gruppe, die sich Werte und Verhaltensmodelle zusammen mit der materiellen Kultur von der native society zu eigen macht. Also, Akulturation ist einerseits eine Absorption von verschiedenen Elementen bzw. Bestandteilen der gesellschaftlich dominierenden Kultur durch die ethnische Minderheitsgruppe, die aber andererseits dabei ihre eigene, heimische Kultur bewahrt und einige ihrer Aspekte weiter entwickelt. Im Falle der polnischen Immigranten in den USA wird deshalb behauptet, sie amerikanisieren sich, aber zugleich depolonisieren sie sich nicht.

Für die Akulturation plädierten einst die Vertreter der Kulturanthropologie[19], heute aber sind die Soziologen schon längst der Überzeugung, daß weder die Anpassungstheorie noch die Assimilationstheorie eine zufrie-

---

[19] z.B. Carpenter und Katz in dem Buch: The Cultural Adjustment of the Polish Group in the City of Buffalo, Social Forces, September 1972;
J. Turowski, a.a.O., 32—35.

denstellende, adäquate Erklärung für die Diffusion (das gegenseitige Durchdringen) der Kultur, für die Weiterentwicklung und gleichzeitige Veränderung der einzelnen Kultur der ethnischen Minderheitsgruppe und der dominierenden Mehrheit innerhalb derselben Gesellschaft liefert. Ihre Unzulänglichkeit als Theorie wurde deutlich genug in den 1960/1970er Jahren, in der Zeit größter Popularität der Ideologie des kulturellen Pluralismus, mit ihrer These: die (amerikanische) Nation sei eine heterogene und nicht eine homogene Ganzheit, wie es die Assimilationstheorie behauptete. Zu jener Zeit aktivierten sich die ethnischen Gruppen innerhalb der pluralistischen Gesellschaft besonders stark. Die verschiedenen Fakten haben erwiesen, daß die Wechselwirkung der ethnischen Gruppen keineswegs einseitig zum Schwund bzw. zur Begrenzung ihrer Kulturelemente geführt hat, sondern im Gegenteil, die Geschichte der Kulturveränderung in USA, Kanada, Australien usw. spricht für eine Harmonisierung und Vereinigung der Kultur, für eine dynamische kulturelle Koexistenz zwischen den ethnischen Gruppen und der gesellschaftlichen Mehrheit, die doch auch Kulturelemente von solchen Gruppen rezipierte.

Die grundsätzliche Infragestellung der Assimilationstheorie und ihrer modifizierten, assimilatorisch-pluralistischen Modelle aus theoretischen, wissenschafts-analytischen Gründen impliziert auch eine ethische Qualifikation der Assimilation als sozialer Prozeß und ideologisch-politische Handlungsweise. Aus ethischen Gründen muß eine Assimilation (Assimilationspolitik) verurteilt werden. Eine radikale und totale Assimilation ist menschenunwürdig. Sie mißachtet die personale Würde des Menschen und seine Grundrechte auf die Selbstentfaltung im eigenen Kultursystem, d.h. auf die Möglichkeit, in der Beziehung zur heimatlichen Kultur zu bleiben. Eine genauere Rechtfertigung dieser ethischen Beurteilung der Assimilation ist hier nicht notwendig. Gründe für eine ethische Disqualifizierung der Assimilation wird uns indirekt die Theorie der Integration liefern. Positive Argumente für diese Theorie werden negativ gegen die Assimilation sprechen.

b) Die Theorie der Integration

Unzulänglichkeiten der Assimilationstheorie haben ihre Überwindung in der Integrationstheorie gefunden[20], indem sie die sozial-kulturellen Prozesse in einer ethnisch-pluralistischen Gesellschaft richtig beschreibt als ein wechselwirkendes Durchdringen und eine interdependente Verbundenheit von Kulturelementen der ethnischen Gruppen und der gesell-

---

[20] Sie ist bereits bei E. Durckheim, P. Sorokin u. T. Pearsons zu finden und hat ihre systematische Darlegung bei W. S. Landecker, Principles of Sociology, ed. R. Freedman and others, New York 1965, 170—200.

schaftlichen Mehrheit in eine komplexe, doch harmonisierte Ganzheit, die auch neue kulturelle Werte zur Folge hat.[21] Es handelt sich um eine sozial-kulturelle Integration im Sinne einer Verbindung von ethnischen Gruppen, die unterschiedliche Kultursysteme vertreten, in eine Ganzheit, die als ein neues Kultursystem funktioniert. Mit anderen Worten, es handelt sich um eine solche Eingliederung der ethnischen Gruppen, ihre Einbeziehung in das bereits existierende Kultursystem, bei der sie in dem System funktionieren *und* dabei ihre soziale und kulturelle Eigenart bewahren könnte. (Bei dieser Bestimmung werden folgende Begriffe vorausgesetzt: Unter dem Begriff der ethnischen Gruppe versteht man eine nationale Volksgruppe, die — bevor sie in die neue Gesellschaft durch einen Migrationsprozeß einbezogen wird — in einem eigenen sozial-kulturellen System steht; denn das Wesentliche bei einer nationalen Bedingung ist ein eigenes, eigenartiges, entwickeltes Kultursystem zu besitzen, das der Gruppe eine sozial- kulturelle Identität gibt. Kultursystem bedeutet hier wiederum einen funktionellen und sozial kohärenten Komplex von Werten, Normen, Symbolen, Verhaltensmodellen und Legitimierungen, den eine soziale Gruppe als ihr Erbe und Gebilde besitzt, wodurch sie ihre Haltungen und Handlungen bestimmt und worauf die Mitglieder der Gruppe ihre Integration und Identifizierung gründen.)[22]

Durch solche Bestimmung des Integrationsbegriffes fällt deutlich auf, daß er kein eindeutiger, aber auch kein vieldeutiger Begriff ist. Er ist ein analoger Begriff, der seine inhaltliche Bedeutung je nach der Etappe eines Integrationsprozesses modifiziert als eines komplexen, fast paradoxen Prozesses, der folgende Koordinaten umfaßt: die Universalität und die Partikularität, die Einheit und die Pluralität, den Eigenwert und das Gemeinwohl, die individuelle Freiheit und die soziale Ordnung. Er bedeutet einen spontanen, dynamischen, kontinuierlichen, langsamen, zwanglosen Prozeß, der die Immigranten und Einheimischen in einer Gemeinschaft dadurch harmonisch vereint, daß die Gruppen sich gegenseitig kennenlernen, sich einander (äußerlich) angleichen, anpassen und mit eigenen ethnischen Werten (innerlich) bereichern, ohne dabei das Anderssein ganz aufzugeben, gleichzeitig aber immer wirklich aktiv und effektiv am Leben der Ortsgemeinschaft teilzunehmen. Integration ist eine kreative soziokulturelle Stufenentwicklung von Individuen und Gruppen, die sich

---

[21] J. Gruszyński, Integracja kulturalna spoleczności polskiej we Francji, Kultura i spleczeństwo 1978, Nr. 4;
ders., Procesy integracyjne trzech pokolen zbiorowości polskich we Francji, Anglii i Szwecji, Studia Polonijne (Lublin), Bd. 6, 1983, 265—276.

[22] J. Majka, Zagadnienie integracji grup etnicznych w świetle katolickiej nauki spolecznej, in: Studia Polonijne (Lublin), Bd. 6, 1983, 45—58; 45;
A.N. Woźnicki, Socio-religious principles of migration movements, Toronto, Ont. 1968.

ethnisch-kulturell unterscheiden, sich aber nicht mechanisch, sondern natürlich in den Lebensbedürfnissen auf die anderen hin öffnen, mit ihnen persönliche und soziale Kontakte aufnehmen und ihre eigenen ethnischen Werte kommunizieren im Klima der Freiheit, Toleranz und Achtung. Dabei kommt es in solchem Integrationsprozeß nicht zur Verschmelzung der Gruppe, zum Verlust des sozialen Selbstbewußtseins und der ethnischen Eigentümlichkeit, vielmehr kennzeichnet ihn eine besondere Sorge um das eigene ethnische Erbe. Sodann funktionieren im Integrationsprozeß zwei scheinbar oppositionelle Mechanismen: der einer existenziellen und kulturellen Vereinigung der Migranten mit den Einheimischen und zugleich einer Bewahrung der eigenen ethnischen Identität. Infolgedessen entsteht in etwa eine neue, harmonisch funktionierende Gesellschaft in einer fundamentalen Einheit und sozialkulturellen Verschiedenheit. Auf der Ebene des einzelnen Individuums geht die Integration gradual voran bis zur Bildung eines neuen Menschen, der seine äußere und innere Zugehörigkeit zu zwei Gemeinschaften bekennt und in sich die Teilnahme an zwei Kultursystemen harmonisiert und ihre Werte organisch verbindet.[23]

Nach W. S. Landecker ereignet sich eine Integration auf verschiedenen Ebenen, und deshalb darf man von einer normativen, funktionellen, kulturellen und kommunikativen Integration sprechen.

1. Eine normative Integration bedeutet, daß in dem Prozeß die Werte, Normen und Verhaltensmodelle einer ethnischen Gruppe und der Mehrheit eine harmonische Ganzheit und Einheit bilden und das sowohl in der Makroskala als auch in der individuellen Persönlichkeitsdimension.

2. Eine funktionelle Integration weist auf den Rang des Engagements von einzelnen Mitgliedern einer ethnischen Gruppe in der Organisationsstruktur der gesamten Gesellschaft hin und besagt, welche Rollen, Ämter und Dienstposten sowohl von ihnen als auch von den Mitgliedern der Mehrheit ausgeübt werden.

3. Eine kommunikative Integration besagt, inwieweit die ethnischen Gruppen die herrschende Sprache der Gesellschaft übernommen haben, wie populär die Sprache der ethnischen Gruppe wurde und inwieweit sie Anteil an der Organisation und Nutzung der kulturellen Massenmedien hat.

---

[23] J. Bakalarz, Integracja migrantow w świetle prawodawstwa kościelnego, Studia Polonijne (Lublin), Bd. 6, 1983, 59—72; 61—62;
Integration of the Catholic Migration Congress, Montreal 1960;
A. Paplauskas-Ramunas, The fundamental principles of integration, in: Integration, 125—127;
K. Olejarczyk, The Cultural Impoverishment of Immigrants, in: Ethnic groups in the City, Toronto-London 1971, 289—293;
G. Ferreto, L'integrazione degli immmigranti cattolici secondo la Constituzione Apostolica »Exsul Familia« e gli insegnamenti dei Sommi Pontifici, Roma 1960.

4. Eine kulturelle Integration meint den Harmonisierungszustand und die Entwicklungsstufe der ethnischen Eigenkulturen mit der Kultur der gesellschaftlichen Mehrheit und inwieweit die Möglichkeit besteht, an diesen Kulturen aktiv teilzunehmen.[24]

Eine Integration bedeutet:
— In der Makroskala: eine zwischen den ethnischen Gruppen bestehende Beziehung, einen Prozeß der Koordinierung zwischen der ethnischen Gruppe und der Mehrheit im Bereich der Kultur und der sozialen Strukturen;
— in der Mikroskala: eine kulturelle Interaktion und Umwandlung der Persönlichkeit eines einzelnen Individuums, die von einem Ethnozentrismus (ethnischen Ghetto) über einen kulturellen Pluralismus bis zu einer totalen Assimilation verlaufen kann.

Die Theorie der Integration — als eine bilaterale Wechselwirkung zwischen den ethnischen Gruppen und der native society — schließt in der Makroskala eine Assimilation ex definitione aus, die aber auf der individuellen Ebene, d.h. in Beziehung zum Einzelnen möglich ist. Im Laufe des Integrationsprozesses von Kulturen in der Makroskala sind einige Entwicklungsstufen feststellbar:
— eine Entwicklung von einer Isolierung im gewissen ethnischen Ghetto über die Phase der Akkommodation und Adaptation bis zu vollständiger Integration.

Im Bereich der Mikroskala aber, im Hinblick auf ein Individuum, verläuft das Modell solchen Integrationsprozesses zwischen zwei Extremen:

1. zwischen dem ethnozentrischen Monismus, der darin besteht, daß der einzelne Mensch sich im eigenen Wert und Verhaltensmustersystem abkapselt und gegenüber der fremden Gesellschaft die Absicht hat, seine eigene ethnische Subkultur zu verabsolutieren;
2. über einen kulturellen Dualismus bzw. Pluralismus von Kulturen sowohl der ethnischen Gruppen als auch der Mehrheit, einen Prozeß, der zur Akkommodation bzw. Adaptation oder zur Integration führt;
3. bis zum Stadium einer Assimilierung im Sinne eines Verlustes der eigenen ethnischen Kultur und Identität zugunsten der Kultur des neuen Wohnlandes.

Auf dieser Mikroskala sind die Entwicklungsphasen reversibel, also ist es möglich, auf ein früheres sozial-kulturelles Stadium zurückzukehren. Somit darf man auch hier von ethnozentrischen, pluralistisch orientierten und assimilierten Persönlichkeiten der Migranten sprechen (siehe das Schema von J. Turowski).

Die Analysen der Integrationstheorie stellen zugleich fest, daß die Stabilität und Intensität einer Integration von verschiedenen Faktoren abhängig ist: von der Integrationsfähigkeit einer ethnischen Migrantengruppe, von

---

[24] J. Turowski, a.a.O., 36—37.

der Art und Form der Migration, von der internen Kohärenz der Gruppe, von den organisierten Fürsorgeinstitutionen, von der Migrationspolitik (Gesetzgebung) des Ansiedlungslandes, von der Motivation einer Migration usw. So begegnen z.b. Zwangsmigranten, die ihre Heimat unfreiwillig verloren haben, einer Integration mit Widerstand, sie öffnen sich langsamer und benötigen mehr Hilfe und Toleranz als andere Migranten, sonst tendieren sie zur Isolierung in ein ethnisches Ghetto. Feststellungen der Theorie der Integration finden heute immer mehr wissenschaftliche Anerkennung. Ihre Akzeptanz beruht auf der sachgerechten Beschreibung und Erklärung des kulturellen Zusammenlebens zwischen der einheimischen Mehrheit und den Migranten, die von einer kulturellen Spaltung gekennzeichnet sind: der Entwurzelung aus dem heimatlichen, sozial- kulturellen Niveau einerseits und dem kulturellen Zusammenstoß und Schock mit dem fremden Milieu andererseits.

Ist die Integrationstheorie eine ethisch richtige Theorie? Entspricht die Integration der Würde des Migranten? Wie können wir feststellen, daß die Integration als kulturelle Interaktion der Würde des Menschen — sowohl des Migranten als auch des Einheimischen — entspricht? Der ethische Begriff der Integration wird durch das Konzept der Kultur mitbestimmt. Integration setzt eine personalistische Auffassung von Kultur voraus, nach der der Mensch als Person sowohl Schaffender als auch Ziel der Kultur ist (vgl. GS Nr.54). Die Kultur hat einen multidimensionalen Charakter: Ihre personale Dimension wird von einer historischen, geographischen und sozialen Dimension ergänzt, und somit bildet sie konkret ein eigenartiges System. Ein konkretes Kultursystem mit allen diesen Dimensionen bedingt notwendig jede Selbstentfaltung des Menschen und jeden Aufbau einer Gemeinschaft von Personen. Daraus folgen Rechte und Pflichten des Menschen, kulturelle Güter mitzuschaffen und an ihnen teilzunehmen. Solche Teilnahme an der Kultur aber muß real dem Menschen als dem Subjekt der Kultur entsprechen. Er nimmt an der Kultur nicht nur allgemein teil, sondern vor allem konkret, d.h. in einem bestimmten Kultursystem. Eine besondere Rolle spielen die nationalen, ethnischen Kultursysteme (vgl. GS Nr.55). Sie beinhalten Überzeugungen gemeinsamer Abstammung, Geschichte und Heimat, gemeinsamer Zugehörigkeit zu der Sprach- und Religionsgemeinschaft, vom Besitz reicher Werte, so daß sie den Teilnehmern an dem ethnischen Kultursystem günstige Bedingungen geben, ein kulturelles Subjektsein zu sein. Das geschieht über eine ethnisch-nationale Gemeinschaft von Personen, die ihren Mitgliedern das Bewußtsein gibt, Subjekt der Kultur zu sein in einem bestimmten Kultursystem, das ihnen Identität gewährleistet und ihre lebenswichtigen Haltungen bestimmt. Kurzum: Der Mensch hat ein Recht auf die Teilnahme an der Kultur, an einem horizontal und vertikal integrierten Kultursystem; horizontal, d.h., daß ein solches adäquates Kultursystem alle Grundbedürfnisse des Menschen stillen müßte; vertikal, d.h., daß es alle Werte umfaßt, eine Ordnung von Werten bildet, eine transzendenzoffene Hierarchie von Werten aufbaut, die dem Menschen eine vollständige Persönlichkeitsentfaltung ermöglicht. Darum auch hat der Mensch im Falle einer Migration das Recht und die Pflicht, sich in ein ethnisches Kultursystem des Wohnlandes zu integrieren. Die Integration ist sein Recht und seine Pflicht, insofern er als Person mit anderen Personen zusammenleben will. Dies wird von einer sittlichen Kontrasterfahrung indirekt bestätigt. Die Migranten erfahren ihr Ethos meistens negativ: einerseits als eine Trennung vom eigenen Kultursystem und seinen Strukturen, die sich unter bestimmten geo-sozialen Umständen im Verlauf einer langen Geschichte ausgebildet haben; andererseits wiederum als einen gewaltsamen Zusammenstoß mit dem neuen Kultursystem, dessen Elemente praktisch nicht immer lesbar sind, insbesondere wenn das frühere Kultursystem zur Abkapselung tendierte. Moralisch negative Folgen für die Migranten sind offenbar. Es kommt bei ihnen zu einer Abwertung oder Ablehnung des ganzen Kultursystems, des alten Norm- und Wertsystems, ohne es durch ein neues System zu ersetzen. Ein moralischer Zusammenbruch im Leben des Migranten (vgl. Paul VI., PP Nr. 10) liegt auf der Hand. Minderwertigkeitsgefühle, psychosoziale Entfremdung und Isolierung sind begleitende Erscheinungen des Migrationsethos. Weil sie auch einen schweren Zugang zum neuen Kultursystem haben, in ihm keine Orientierung finden und seine logischen, psychologischen und moralischen Zusammenhänge nicht verstehen, neigen sie zur Verachtung der »neuen« Grundwerte und zur Verletzung der »neuen« Normen. Ihr Ethos hat eine Untergrabung ihrer personalen Integrität, den Verlust der Identität und eine moralische Entwicklung zur Folge, die in der Flucht in die asozialen und kriminellen Randgruppen das Ende hat.

Die positive Moralität der sittlichen Migrationserfahrung findet ihren Ausdruck im Prinzip der Integration. Basis für die echte Integration ist das fundamentale Prinzip der Einheit der Menschenfamilie mit ihrem universellen Geist brüderlicher Solidarität und Liebe. Für eine Integration spricht die allgemein gültige Bestimmung aller kulturellen Güter und zivilisatorischen Erzeugnisse. Eine Integration der Migranten manifestiert die weltweite, zwischenmenschliche Einheit dadurch, daß sie nicht nur geopolitische, sozial-kulturelle, religiöse Grenzen überschreitet, sondern auch vor allem Verbindung zwischen ethnisch-kulturell verschiedenen menschlichen Gemeinschaften aufstellt. Nur eine Integration beachtet das Recht auf Einheit und Identität der Gesellschaft, ohne die sie nicht existieren kann und ohne deren Existenz es keine Persönlichkeitsentfaltung der Menschen gibt.

Ein anderes Prinzip der Integration ist der sozio-kulturelle Pluralismus, der die oben genannte Universalität garantiert und jeden oppositionellen Uniformismus ausschließt. Eine Integration entspricht dem Pluralismus in der Gesellschaft von freien Menschen, d.h. den Prinzipien der Wahrheit, Gerechtigkeit, Liebe und Freiheit und begründet die Rechte und

Pflichten der Migranten: das Recht auf Bewahrung und Entwicklung des eigenen Kultursystems und die Pflicht, kulturelle Kontakte mit der eigenen ethnischen Gruppe und mit der alten Heimat zu pflegen; das Recht auf Teilnahme am neuen Kultursystem der neuen Heimat und die Pflicht, dieses Kultursystem weiterzuentwickeln als eigene Identifizierungsgrundlage; das Recht auf Gründung eigener Verbände und Institutionen, auf eigene Seelsorge, die insgesamt die Pflichten der Migranten zu erfüllen erleichtern. Die Einheimischen sind verpflichtet, die Rechte der Migranten zu respektieren und zu ihrer Verwirklichung zu verhelfen, die Migranten als Personen (Brüder) anzuerkennen und für ein konkretes, den Bedürfnissen entsprechendes kulturelles Integrationssystem aktiv zu sorgen.

Letztes Prinzip der Integration — last but not least — ist der Personalismus, also die Akzeptanz, daß der Mensch Migrant einen Eigenwert und eine personale Würde hat, ein Subjekt mit Rechten und Pflichten ist, das Recht auf Freiheit, auf Leben, auf Selbstentfaltung usw. hat. Dieses Prinzip wird von egoistischen Interessen in den Migrationspolitiken in Frage gestellt, indem sie dem Wohl der einzelnen Personen nicht den Vorrang gibt und sie zum Opfer einer Assimilation (bzw. sozialer Isolierung) macht. Das personalistische Prinzip begründet das Menchenrecht auf Emigration und Immigration (vgl. PT Nr.25; PP Nr.77; OA Nr.17), entscheidet über die Richtigkeit eines Integrationsprozesses, der auf die Würde des Migranten achtet und ihre Rechte und Pflichten bestimmt (vgl. PE II Nr.6, III Nr.2; GS Nr.59—60). Dem Personalismus entspricht wiederum das Prinzip des Gemeinwohls (der Solidarität) und das Subsidiaritätsprinzip, das die Migration und die Integration in Beziehung auf das Herkunfts- und Ankunftsland regelt. Gegenüber der alten Heimat hat der Emigrant weitere Verpflichtungen, geistig und kulturell mit ihr in Verbindung zu bleiben, sie geistig und materiell zu unterstützen, sogar in bestimmten Fällen zurückzukehren (vgl. DPMC Nr.6—8; PE I Nr.5; GS Nr.65). Gegenüber der neuen Heimat ist er verpflichtet zum aktiven Zusammenleben mit anderen ethnischen Grupen und gemeinsam mit ihnen das Gemeinwohl der ganzen Gesellschaft zu fördern. So kann Solidarität und Subsidiarität in einem reif entwickelten sozial-kulturellen Integrationssystem die Verwirklichung finden, die gerade der Verschmelzungstiegel der Assimilation mißachtet.

5. Die Grenzen des argumentativen Hinweises auf die Menschenwürde in der Migrationsethik

Wir dürfen uns hier nicht täuschen lassen, wenn man in der Migrationsdiskussion sehr schnell mit dem Begriff der Menschenwürde zur Hand ist in der Überzeugung, die Menschenwürde stelle ein für jedermann rational einsichtiges, rechtfertigungsfähiges und verständliches Grundprinzip und einen Maßstab, durch welchen die heutige Weltgesellschaft als eine humane und pluralistische existiert. Man will die Menschenwürde für das ethisch, gesellschaftlich-politisch geordnete Zusammenleben der Migranten und Einheimischen als allgemeines, für alle Menschen gültiges Prinzip anwenden. Der Konsens in Sprache und Argumentationsstrategie bedeutet noch nicht Akzeptanz von gleichen inhaltlichen Thesen und Begründungen.

Das gilt auch im Falle der Assimilationstheorie und Integrationstheorie, wenn sie sich auf der normativen Ebene als Migrationsethik der Menschenwürde bezeichnen.

Mit guten Gründen darf man die Meinung vertreten, daß die Theorie der Assimilation und die entsprechende Migrationspolitik für eine empirische Ethik plädiert, nach der die Menschenwürde eine empirische Eigenschaft sei. Der Mensch als individueller Migrant habe diese empirische Eigenschaft, eine persönliche (keine personale) Würde nur dann, wenn er sich selbst achtet, d.h. »würdevoll« benimmt. Natürlich kann diese Achtung verloren gehen und somit sozial-kulturelle Folgen für den Migranten haben. Letzten Endes würde das bedeuten, der Migrant beziehe seine Würde von der Würde der gesellschaftlichen Mehrheit. Er bekäme sie verliehen nach dem Maßstab des Nutzens bzw. der Leistung für das Wohl der Gesellschaft. Sie würde z.b. nach dem WASP-Prinzip an der native society gemessen. Die empirische Eigenschaft »Menschenwürde« könne demzufolge von der Mehrheit her erworben oder verloren werden, je nach dem (un)würdigen Verhalten. Die Menschenrechte des Migranten wären in diesem Kontext das gesellschaftlich Herausstellende und nicht das ontisch-anthropologisch Vorgegebene.

Die Befürworter der Assimilation von Migranten, die sich auf die Menschenwürde berufen, neigen meist zu einem akognivistischen Dezisionismus und distanzieren sich von der soeben angedeuteten empirischen Ethik. Für sie ist die Menschenwürde kein objektiver, vorgegebener Wert, kein vorgegebenes Kriterium des sittlich Richtigen. Aus der deskriptiven Feststellung, daß der Mensch ein Exemplar der Spezies »Mensch« ist und daß der Migrant ein solcher Mensch ist, lasse sich nicht ableiten, wie er zu behandeln ist. Ein Hinweis auf empirische Eigenschaften, deren Träger der Migrant als Mensch und Gattungswesen ist, könne kein befriedigendes Argument zur Rechtfertigung seiner Würde und Rechte sein. Ihrer Meinung nach lasse die Menschenwürde sich nicht beweisen oder widerlegen, sondern entweder glauben oder leugnen. Sie werde erst aus eigener freier Entscheidung kreiert, indem die Menschen sich die Menschenwürde zusprächen.

Die empirischen Eigenschaften nämlich seien faktisch in verschiedenen Abstufungen vertreten, und damit käme die Würde nicht allen Menschen, nicht jedem Migranten zu. Sie wäre wiederum verlierbar bzw. zu erwerben. Man könnte sie auch jemandem absprechen. Wollte man aber keinem Menschen die Würde absprechen — was etwa auch der Sorge um das Wohl eines obdachlosen Flüchtlings entspricht —, dann wäre jede argumentative Verbindung der Würde mit den dem Menschen zukommenden empirischen Eigenschaften irrelevant in der Migrationsdiskussion.

Das angeführte »Argument« der Menschenwürde und Menschenrechte übt in der Migrationsdiskussion eine recht persuasive, auf die Überzeugung ausgerichtete Funktion aus, enthält einen evokativen Appell an alle Beteiligten, an die ethnischen Gruppen verschiedener Kulturen und an die gesellschaftliche Mehrheit, daß sie eine Gemeinsamkeit emotionaler Nähe bilden. Man hofft darauf, ein regulativ verbindliches, universelles Weltethos aufbauen zu können, wonach gewisse Werte der ethnischen Gruppen als Grundwerte aller Menschen als verbindlich erklärt werden, die einen Assimilationsprozeß legitimieren.

Diese antinaturalistische und emotivistische Auffassung der Menschenwürde könnte grundsätzlich eine Sinnorientierung geben, eine gesellschaftliche Verantwortung herausfordern und eine sinnvolle Verwirklichung menschlicher Freiheit der Migranten ermöglichen — genausogut für die Integration wie für die Assimilation. Aber ist dieser allgemeine Konsens und gemeinsame Nenner, den die Menschenwürde deklarativ darstellen will, allgemeingültig und grundlegend genug für gegenwärtig alle objektiven Forderungen nach Humanität in den Migrationsfragen? Erlaubt es die uns so verbriefte Menschenwürde, mit den Rechten und Pflichten aller hier Beteiligten objektiv umzugehen? Die Fragen an die emotivistische Auslegung der Menschenwürde haben ihren common sense und sind berechtigt aufgestellt, solange dieser Grundsatz des Grundgesetzes von Juristen und Politikern als »das ideologische Trojanische Pferd«, »Fluchtburg der Moraltheologie« oder »Notbremse« in Hinsicht auf Probleme der Genmanipulation, Biotechnologie, Abtreibung, Euthanasie, Ökologie, ABC-Waffen-Aufrüstung usw. bezeichnet wird. Es darf allerdings bezweifelt werden, ob die emotive Magie des schon leicht angestaubten Begriffes noch ausreicht, die menschenwürdige Aufnahme der Flüchtlinge und die Belastungsgrenze der Gemeinden bestimmen zu können.

Die sozialethische Theorie der Integration, die in der kirchlichen Soziallehre und von der katholischen Sozialethik vertreten ist, hat ihre Grundlage in der personalistischen Auffassung der Menschenwürde. Die Würde des Menschen ist jedem Menschen als einem Erkenntnissubjekt objektiv und unmittelbar *vor*gegeben und ihm als einem Freiheitssubjekt unbedingt *auf*gegeben. Das objektive Kriterium der »wahren Würde« (LE Nr. 7) ist die ontologische Wahrheit über den Menschen: die Wahrheit, daß er eine Person ist, ein mit Rationalität und Freiheit ausgestattetes Subjekt, das über sich entscheidet. Die Menschenwürde ist also jedem Menschen zu eigen. Man kann sie nicht erwerben oder verlieren, je nach der individuellen Herkunft oder dem individuellen Verhalten. Sie bleibt unabhängig vom würdevollen oder würdelosen Benehmen des Menschen, von seinem Erfolg oder Mißerfolg. Sie bleibt unberührt von den anderen. Diese »wahre Würde« des Menschen ist der Grund und der Maßstab einer menschenwürdigen Migration. (Der Migrant darf nicht nur funktional, unter dem Gesichtspunkt einer Verzweckung betrachtet werden.)

Eine solche Migrationsethik, in der die Menschenwürde als oberstes Moralprinzip fungiert, ist fähig, die Menschenrechte und -pflichten der Migrationsbeteiligten ontologisch in der Würde des Personseins zu begründen. Beachtenswert ist aber für die ethische Integrationstheorie folgender Hinweis: Die Achtung der Menschenwürde ist ein notwendiger Bestimmungsgrund für das sittlich Gute, aber kein zureichender für das sitlich Richtige einer Migrationshandlung. Die Ausformulierung dieser Bemerkung ist in einer Erläuterung der deutschen Bischöfe auf der Herbst-Vollversammlung 1986 zu finden: Einerseits stellen sie fest: »Die Menschen aller Rassen und Völker sind Kinder Gottes und durch Christus erlöst. Trotz ihrer Verschiedenheit nach Hautfarbe und Volkstum sind sie durch dieselbe *Menschennatur* miteinander verbunden. Sie bilden — unabhängig von Vereinbarung und Zustimmung — in geistig-sittlicher, rechtlicher und wirtschaftlicher Hinsicht eine ursprüngliche, *vorgegebene* Einheit. Christen sind verpflichtet, sich verfolgter Menschen anzunehmen ...« Andererseits aber geben sie zu: »Die menschenwürdige Aufnahme der Flüchtlinge muß staatlicherseits sichergestellt werden ... Es ist anzuerkennen, daß — wie in jedem Bereich der Humanität und Solidarität — so auch bei der Aufnahme der Flüchtlinge eine Belastungsgrenze erreicht werden kann. Ihre Feststellung ist eine schwerwiegende sittliche Frage für unser Volk« (aus: Unsere Verantwortung für die Flüchtlinge, Pressedienst der Deutschen Bischofskonferenz — Dokumentation 25.09.1986, S. 2—3). Darauf muß hingewiesen werden, denn auch hier kann eine Ideologie der Integration in Verbindung mit einer »Menschenwürde-Ideologie« zustandekommen. Eine solche »Menschenwürde-Ideologie« kann schuld daran sein, daß das gegenwärtige Migrationsethos von einer egalitären Massenmoral bzw. von individualistischen Anspruchserhebungen gekennzeichnet ist. Sie führt zur Überschätzung der eigenen Person, zur Überheblichkeit, indem sie nicht für das Gemeinwohl denkt, sondern lediglich zu Ansprüchen um des Werts der eigenen Person willen motiviert.

Die aus dieser Motivierung entstandenen »würdigen« Haltungen melden Rechte des einzelnen Menschen bzw. einzelner ethnischer Gruppen auf Kosten der Verpflichtungen gegenüber der ganzen Gesellschaft an, so daß von anderen mehr als von sich selbst verlangt wird. Daraus können sich auch defensive Haltungen ergeben, die die anderen als Gegner verachten. Migranten können dadurch ein zugespitztes Selbstbewußtsein entwickeln, bei ihren Positionen beharren, keine Erniedrigung zulassen. Ihnen bleibt die Würde nur dann unverletzt, wenn sie jedem äußeren Druck hartnäckig standhalten. Zugleich aber steht der Grad ihrer Dignitätsempfindlichkeit in direkter Proportion zum Grad der Verachtung der Gegner, d.h. der gesellschaftlichen Mehrheit.

Die hier vertretene ethische Theorie der Integration als einer (metaphysisch-philosophischen und theologischen) Ethik der Menschenwürde — mit ihrem personalistischen Prinzip der Solidarität und Subsidiarität — widerspricht solcher endozentrischen Motivierung und Anspruchshal-

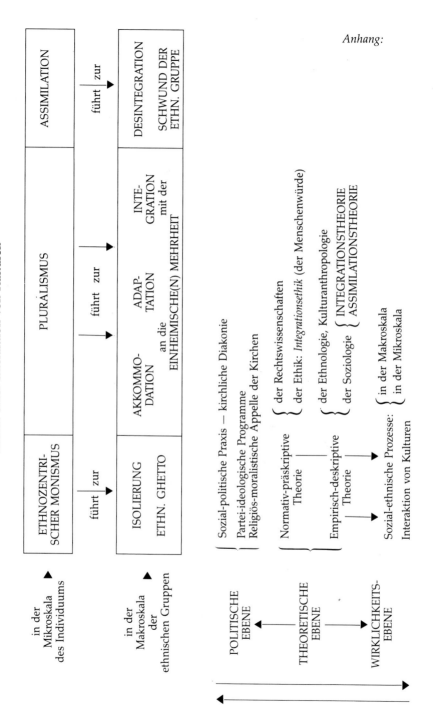

Verlauf einer Interaktion von Kulturen

Anhang:

ETHNOZENTRI-SCHER MONISMUS	PLURALISMUS		ASSIMILATION
führt zur	*führt zur*	*führt zur*	*führt zur*
ISOLIERUNG ETHN. GHETTO	AKKOMMO-DATION an die	ADAP-TATION EINHEIMISCHE(N) MEHRHEIT	DESINTEGRATION SCHWUND DER ETHN. GRUPPE
		INTE-GRATION mit der	

in der
Mikroskala
des Individuums

in der
Makroskala
der
ethnischen Gruppen

Sozial-politische Praxis — kirchliche Diakonie

Partei-ideologische Programme
Religiös-moralistische Appelle der Kirchen

Normativ-präskriptive Theorie — { der Rechtswissenschaften
der Ethik: *Integrationsethik* (der Menschenwürde)

Empirisch-deskriptive Theorie — { der Ethnologie, Kulturanthropologie
der Soziologie { INTEGRATIONSTHEORIE
ASSIMILATIONSTHEORIE

Sozial-ethnische Prozesse:
Interaktion von Kulturen — { in der Makroskala
in der Mikroskala

POLITISCHE
EBENE

THEORETISCHE
EBENE

WIRKLICHKEITS-
EBENE

tung. Als Migrationsethik plädiert sie entschieden für die Achtung den *anderen* gegenüber, für die gegenseitige Achtung, für Rechte und Pflichten, sowohl der Immigranten als auch der ganzen ethnischen Gesellschaft.

Abkürzungen

CMU — Pontificia Commissio de Spirituali Migratorum atque Itinerantium Cura, Lett. »Chiesa e mobilità« (AAS 79, 1978, 357—378).

DPMC — S. Congr. Episcopis Instructio »De pastorali migratorum cura« (AAS 61, 1969, 614—643).

EF — Constitutio Apostolica »Exul Familia« (AAS 44, 1952, 649—704).

GS — Vaticanum II, Pastoralkonstitution »Gaudium et spes«.

LE — Johannes Paul II., Enz. »Laborem exercens«.

OA — Paul VI., Enz. »Octogesima adveniens«.

PE — Pontificia Commissio de Spirituali Migratorum atque Itinerantium Cura, Instructio »Pastorali degli emigranti« (On the Move 8, 1978, Nr. 1, 73—94).

PP — Paul VI., Enz. »Populorum progressio«.

PT — Johannes XXIII., Enz. »Pacem in terris«.

Jan Pryszmont

Die Gnade im Leben des Christen
Die orthodoxe Lehre nach Feofan
dem Klausner

S. Pinckaers erinnert in seinem Abriß der Geschichte der Moraltheologie
(1985) daran, daß der hl. Augustinus die Rolle der Gnade im christlichen
Leben besonders hervorgehoben hat.[1] Diese Feststellung ist nichts Unge-
wöhnliches, wenn man bedenkt, daß dieser große Kirchenlehrer, doctor
gratiae genannt, die Grundlagen einer Theologie der Gnade geschaffen
hat, wobei er besonders die Notwendigkeit und die Gratuität der Gnade
unterstrich. Wie Pinckaers weiter vermerkt, überließen die westlichen
Moraltheologen, überdrüssig der spekulativen Streitigkeiten über die
Gnade im 17. und 18. Jahrhundert, das Problem der Gnade, seit dieser
Zeit, den Dogmatikern. Die Moraltheologen hatten sich darauf einge-
stellt, praktische Entscheidungen aufzuzeigen, die bei der Spendung des
Bußsakramentes behilflich sind, während sie sich mit der Gnade nur ver-
einfacht und am Rande befaßten. Daher stellt Pinckaers die Frage, ob es
nicht angebracht sei, dem hl. Augustinus zu folgen, und der Problematik
der Gnade in der Moraltheologie wieder mehr Aufmerksamkeit zu
schenken.[2]
Diese Anfrage ist von großer Dringlichkeit geprägt. Zwar tauchen in letzter Zeit interessante Publikationen auf, in denen gefragt wird:»Was bedeutet es, im 20. Jahrhundert christlich zu leben?«, oder:»Was heißt
Christ sein in unserer Zeit?«, oder:»Wie kann ich das Evangelium leben?«.
Es sind Versuche, das Wesen und die grundlegenden Elemente des christlichen Lebensprozesses herauszustellen. Dennoch bleibt ein Zweifel,ob in
diesen Publikationen — ganz zu schweigen von früheren Entwürfen der
Moraltheologie — der Gnade die gebührende Bedeutung beigemessen
wird. Man darf nämlich nicht vergessen, daß schon der hl. Thomas ausdrücklich erklärte, die Gnade sei das Wesen des Neuen Gesetzes.[3]

---

[1] Vgl. S.Th. Pinckaers, Les sources de la morale chrétienne, Fribourg-Paris 1985,
214.
[2] Vgl. ebd., 214f.
[3] Vgl. Sth, I-II, q 106, a 1 und 3.

Auf diesem Hintergrund ist der Entwurf von J.G. Ziegler bedeutsam. In seinem Modell der christozentrischen Darlegung der Moraltheologie wird der Gnade eine Schlüsselrolle zugewiesen. In diesem Kontext dürften die Anschauungen orthodoxer Theologen über die Gnade Interesse wecken. In vorliegendem Beitrag soll die Lehre eines bedeutsamen russischen Moraltheologen aus dem 19. Jahrhundert, Bischof Feofans des Klausners, über die Rolle der Gnade im Leben des Christen, dargelegt werden.

Feofan der Klausner (mit weltlichem Namen Govorov, 1815-1894) gehört zu den führenden Gestalten des russischen Christentums des 19. Jahrhunderts und das aus vielen Gründen: wegen seiner Heiligkeit, die er 28 Jahre lang in einem strengen gottgefälligen Leben als Einsiedler verwirklichte, nachdem er auf die Leitung der Diözese verzichtet hatte, — wegen seiner außergewöhnlichen wissenschaftlichen Bildung, — wegen seines großen Fleißes und seines unermüdlichen, literarischen Schaffens im Bereich der Biblistik, — wegen seiner asketisch-moralischen Doktrin und seiner Arbeiten über die Meister der Spiritualität, vor allem auch an der »Philokalia«, die er ins Russische übertrug, erweiterte, ergänzte und mit Einführungen versah.

Feofan der Klausner genoß in der orthodoxen Kirche sehr großes Ansehen. Er ist eine besonders anziehende Gestalt. Das sei auch im Hinblick auf die ökumenische Bewegung gesagt.

1. Die allgemeinen Grundsätze der Lehre Feofans des Klausners

Die Werke Feofans des Klausners, die eine systematische Darlegung seiner Moral und Spiritualität enthalten, sind nicht umfangreich und stammen aus der Frühzeit seines Schaffens. In seinem gesamten schriftstellerischen Nachlaß tritt immer wieder seine deutlich formulierte Grundidee auf, die seiner gesamten Theorie des christlichen Lebens zugrunde liegt und den Grundstock und Ausgangspunkt für moralische Hinweise bildet. Es scheint also angebracht, den Leser in gebotener Kürze mit den Grundthesen seiner Idee bekanntzumachen, denn das ist auch notwendig, um seine Lehre über die Gnade zu verstehen.

Feofan geht von der Grundthese aus, daß die wichtigste und einzig wichtige Aufgabe des Menschen, der alles untergeordnet sein muß, darin besteht, das Heil zu verwirklichen. Für dieses Anliegen steht der im russischen Christentum allgemein bekannte Ausdruck »pasatsja«. Diese Aufgabe resultiert mit aller Notwendigkeit aus dem Wesen des Menschen, der nach dem Ebenbild Gottes geschaffen ist, also als ein auf Gott zugewandtes Geschöpf, bestimmt für einen engen Umgang mit Ihm, ja sogar für die Vereinigung mit Gott.

Die Möglichkeit des Umgangs mit Gott verlor der Mensch durch die Sünde der Stammeltern. Er büßte das Wohlwollen Gottes ein. Das harmonische Zusammenleben mit anderen Menschen wurde zerstört. Die innere Struktur des Menschen verfiel. Sein Anteil wurde die moralische Unordnung. Das bedeutete, daß der Mensch die Ähnlichkeit mit Gott, d.h. die Fähigkeit, Ihm ähnlich zu werden, verlor, während Gottes Ebenbild in ihm stark beschädigt wurde. Der Geist — das grundlegende Element der Ebenbildlichkeit — wurde seiner führenden Rolle beraubt. Die Oberhand gewannen der Leib und die »psychische« (nicht geistige) Seele (Feofan übernahm aus den Paulusbriefen die Trichotomie Leib-Seele-Geist), sowie die Triebe und Leidenschaften, die im Leib und in der Seele ihren Sitz haben. Der »leibliche«, oder wie Feofan zuweilen sagte »psychische« Mensch trachtete nach der Lust, sowie nach irdischen, äußerlichen Dingen. Der Egoismus wurde zum Prinzip seines Handelns, das Feofan als egoistische Moral bezeichnete.

Aus diesem hoffnungslosen Zustand konnte nur Gott den Menschen erretten. Das Erlösungswerk vollbrachte Gottes Sohn durch seine Heilstat (Heilsökonomie-domostroitielstwo spasenija, oder Inkarnationsökonomie). Er heilte die Menschheit in seiner Person; indem er zu einem wahrhaft vollkommenen Menschen, zu einem neuen Adam wurde, führte er sie zum Urzustand zurück. Da er die Sünde, den Tod und den Teufel besiegte, wurde er zum Urquell (principium, archè) der Erneuerung für die ganze Menschheit, zu ihrem Haupt und neuem Stammvater (Protoplasten). Dank den Früchten seiner Heilstat erhielten alle Menschen die Möglichkeit, sich innerlich zu erneuern, geistige Menschen zu werden und dadurch ihr Heil zu verwirklichen. In diesem Licht wird die Grundthese Feofans verständlich: »Das Christentum ist die Heilsökonomie im Herrn Jesus Christus«[4], oder: »Die Wurzel des Christentums steckt in der Inkarnationsökonomie«.[5]

Was also macht das Wesen des christlichen Lebens aus? Nach Feofan besteht es darin, »den gefallenen Menschen zum Urzustand zurückzuführen«[6], d.h. das geistige Wesen in ihm wiederherzustellen.[7] Das aber vollzieht sich durch die zunehmende Beherrschung der Triebe des Körpers und der Seele, also durch die Bezähmung der Leidenschaften und ihre Unterordnung unter die Vorherrschaft des Geistes. Der Prozeß einer inneren Umwandlung kann sich durch das Wirken Gottes im Menschen vollziehen — dank seiner Gnade und der Zusammenarbeit des Menschen mit ihr. Diese Umwandlung vollzieht sich in der Einheit mit Christus, also

---

[4] Episkop Feofan (der Klausner, in der Welt Govorov, künftig: Feofan), Načertanie christianskog nravoučenija (Abriß der christlichen Moral), Moskau ²1895 (künftig: Načertanie), 5.

[5] Ebd., 9.

[6] Ebd., 7.

[7] Näheres dazu im Beitrag: J. Pryszmont, Die Wiederherstellung der gefallenen menschlichen Natur — Der Grundgedanke der orthodoxen Moraltheologie, in: J. Piegsa/H. Zeimentz (Hg.), Person im Kontext des Sittlichen. Beiträge zur Moraltheologie, Düsseldorf 1979, 96-109.

in Christus und mit Christus. Dieser Aspekt der Beziehung zum Erlöser wird in den Schriften Feofans stark hervorgehoben und verleiht seiner Lehre ein ungewöhnlich starkes, christozentrisches Merkmal.[8] Die innere Wandlung, die bis zur Vergöttlichung des Menschen führt, soll sich nach der Ordnung vollziehen, die zu diesem Zweck von Christus aufgestellt wurde und die Feofan die »Heilsordnung« nennt. Die Pflicht des Christen besteht darin, diese Ordnung zu akzeptieren und in ihr sein Heil zu verwirklichen. Diese Ordnung ist die Kirche, in der das Heilswerk Christi fortgesetzt wird. Sie ist, dem orthodoxen Bischof zufolge, »eine Schatzkammer der Gnaden und Gemeinschaft der Erlösten und sich Erlösenden«[9], ein »Gotteshaus, in dem Christus zusammen mit Gottvater und dem Heiligen Geist herrscht«[10], »ein Tempel, in dem sich die Heilung des Menschen vollzieht«.[11] Zuweilen vergleicht Feofan die Kirche mit der Arche Noah und betont auf diese bildliche Weise die einzige Möglichkeit, durch sie das Heil zu finden.[12] Er bezeichnet die Kirche auch als Laboratorium, in das Rohmaterial gelangt und nach himmlichen Vorbildern umgestaltet wird.[13] Schließlich vergleicht er die Kirche mit einer Heilstätte, in der Christus als Arzt heilt, während er die Zubereitung der Arzneimittel den Engeln und jenen anvertraut hat, die in seinem Namen die göttlichen Geheimnisse verwalten.[14]

Nach Feofan ist also die Kirche die Verwalterin der Gnade und ihre einzige Verteilerin. Die Gnade wird durch die Sakramente erteilt, die — wie Feofan ungewöhnlich stark betont — die einzigen Mittel sind, um Gnade zu erhalten, also auch der einzige Weg, der zum Heil führt, oder — wie der russische Theologe auch sagt — die Sakramente sind »die Wurzel der ganzen Angelegenheit«.[15] Feofan legt die Rolle aller Sakramente im christlichen Leben dar, schreibt jedoch eine besondere Rolle dem Sakrament der Taufe zu, das die Getauften in Christus und in die Kirche ein-

---

8 Vgl. J. Pryszmont, Christus im Leben des Christen nach Feofan dem Klausner, in: P. Hauptmann (Hg.), Unser ganzes Leben Christus unserm Gott überantworten. Studien zur ostkirchlichen Spiritualität, Göttingen 1982, 371-382.

9 Feofan, Načertanie, 427; vgl. ebd., 412.

10 Feofan, Tolkovanie poslanij sv. Apostola Pavla k Kolossjanam i k Filimonu (Kommentar zum Brief des hl. Paulus an die Kolosser und an Philemon), Moskau 1892, (künftig: Kol), 79.

11 Feofan, Načertanie, 412.

12 Feofan, Slova k Tambowskoj pastve (Predigten an die Herde von Tambov), Bd. II, Moskau 1867, 87.

13 Feofan, Mysli na kazdyj den goda po cerkownym čtenijam iz Slova Božija (Gedanken für jeden Jahrestag nach den Kirchenlesungen aus dem Wort Gottes), Domašnjaja Beseda 14 (1871) 919.

14 Feofan, Sobranie pisem (Gesammelte Briefe), Bd. 6, Moskau 1900, 6.

15 Feofan, Pis'ma k raznym licam o raznych predmetach very i žizni (Briefe an verschiedene Personen über unterschiedliche Gegenstände des Glaubens und des Lebens), Moskau ²1894 (künftig: Pis'ma k raznym licam), 72.

bindet, sowie der Eucharistie. Die Eucharistie verleiht dem Christen Leben und Kraft; in der Eucharistie erneuert Christus die geistigen Kräfte des Gläubigen und vollzieht eine besonders enge Vereinigung mit ihm.

2. Das Wirken der Gnade

Die Form des göttlichen Wirkens im Menschen ist die Gnade. Gnade nennt Feofan zuweilen alle Wohltaten, die Gott dem Menschen erweist.[16] Meist jedoch bezeichnet er mit Gnade die übernatürliche Ausstattung des Menschen zu einem christlichen Leben in der Ordnung der Heilsökonomie. In dieser Bedeutung bildet die Gnade die größte Gabe der Heilstat Christi.

Feofan unterscheidet im Prinzip nicht zwischen heiligmachender (habitueller) und aktueller Gnade. Im »Abriß der christlichen Moral« schreibt er über die »mitwirkende« Gnade, an anderer Stelle wieder spricht er von der »weckenden« Gnade. Gewöhnlich spricht er einfach von der Gnade und erfaßt sie entweder als Faktor, der den Menschen in einen übernatürlichen Stand versetzt und in ihm ein neues Leben in Gott hervorbringt (das vollzieht sich vor allem in der Taufe), oder als Kraft, dank der das Leben in Gott gewahrt und entwickelt werden kann. Wir begegnen bei Feofan nicht der Definition der Gnade im strengen Sinn des Wortes; er stellt sie oft aus etymologischer Sicht dar und erklärt, sie sei das, was vom Wohlwollen Gottes stammt. Meist jedoch bezeichnet er die Gnade als göttliches Wirken im Menschen oder als Heilskraft.[17]

Wenn Feofan von der Gnade als dem Heilswirken Gottes im Menschen spricht, so hebt er hervor, daß es sich um das Wirken der gesamten Hl. Dreifaltigkeit handelt. Gewöhnlich behandelt er die Gnade jedoch als Frucht der Heilstat Christi. Christus, der die gesamte Heilsökonomie vollendet hat, verwirklicht sie in jedem Gläubigen. Er ist der Spender und die Quelle der Gnade, als Haupt des Leibes verteilt er sie nach seinem Ermessen. Das Leben in der Gnade ist also nach Feofan »eine allseitige Applikation aller Dinge in Christus, der die Fülle aller Dinge ist«.[18]

Am stärksten betont Feofan, daß die Gnade das Wirken des Heiligen Geistes sei, den Christus als Ergebnis der Erlösung herabgesandt hat. Der Heilige Geist bringt im Menschen das göttliche Leben hervor. Er erleuchtet den Menschen und leitet ihn. Er verwandelt den Gläubigen innerlich und vollzieht in ihm eine vollständige Erneuerung und Umwandlung.

---

[16] Vgl. Feofan, Kol., 20f.; Tolkovanie poslanija sv. Apostola Pavla k Galatam (Kommentar zum Galaterbrief), Moskau ²1893 (künftig: Gal), 57.

[17] Vgl. Feofan, Tolkovanie poslanija sv. Apostola Pavla k Filipijcam (Kommentar zum Philipperbrief), Moskau 1883, 285.

[18] Feofan, Tolkovanie poslanija sv. Apostola Pavla k Efesjanam, (Kommentar zum Epheserbrief), Moskau ²1893, (künftig: Eph), 148.

Alle Etappen dieser Umwandlung, bis zur Vereinigung mit Christus, sind ein Werk des Heiligen Geistes. Daher ist der Christ ein Mensch, der im Heiligen Geist lebt; der Christ ist Träger und Tempel des Heiligen Geistes; der Christ ist vom Heiligen Geist gesalbt und trägt Sein Siegel.[19] Auf dem Hintergrund dieser Aussagen ist die von Feofan gebrauchte Bezeichnung der Gnade als göttliche Kraft, als »Heilskraft«, als »Kraft zum Heil«, verständlich; sie befähigt den Menschen zu einem wahrhaft christlichen Leben.[20] Die Gnade als Kraft Gottes, die Christus von den Toten auferstehen ließ, ist imstande, die Schwäche des Menschen, der die Heilsordnung Christi angenommen hat, zu überwinden und zu heilen. Wenn es um die Art und den Verlauf der gnadenhaften Heilswirkung auf den Menschen geht, so ist die Anschauung Feofans darüber Ausdruck seiner Lehre über die Erneuerung des Menschen in der Heilsordnung. Die dem Menschen gewährte Gnade wirkt direkt vor allem auf den durch die Sünde geschwächten Geist und übt durch ihn einen heilenden Einfluß auf den ganzen Menschen aus. Dank der Gnade »aufersteht« der Geist, er lebt auf und mit ihm seine Wirkkräfte: »Die Gottesfurcht, das Empfinden der Pflicht, Gott zu gefallen, der Wunsch nach einem besseren Leben«.[21] Das Wirken des Heiligen Geistes, der auf den Gläubigen herabsteigt, erfolgt also über den menschlichen Geist, den der Heilige Geist zu diesem Zweck stärkt und die nötige Kraft verleiht, den Egoismus und die Leidenschaften zu beherrschen. Die Gnade ist somit das Prinzip göttlichen Wirkens im Menschen, das ihm den Zustand wiedergibt, den er gemäß seiner Natur bei der Schöpfung erhalten hatte, und ihm ermöglicht, die rechte Ordnung in seine innere Struktur wie auch in sein Verhalten einzuführen.

Als wesentlicher und absolut notwendiger Faktor im christlichen Leben bedingt die Gnade die Heilsverwirklichung. Ohne sie gibt es und kann es kein Leben mit Gott, keine Vereinigung mit Christus geben. Ohne die Gnade ist der Mensch nicht imstande, sich zu einer fruchtbaren Zusammenarbeit bei der Verwirklichung des Heils, auf welcher Stufe auch immer, aufzuschwingen. Die Gnade trägt die Trennwand ab, die durch die Sünde zwischen Gott und dem Menschen errichtet wurde. Sie macht es dem Menschen möglich, das Wohlwollen Gottes wiederzuerlangen, von Gott angenommen, d.h. in einen übernatürlichen Zustand versetzt zu werden. Die Gnade weckt die geistige Dynamik des Gläubigen, bewirkt die Entstehung solcher Gesinnungen wie Gottesfurcht, Empfindsamkeit des Gewissens und das Empfinden von der Unzulänglichkeit geschaffener Dinge. Die Gnade ermöglicht es dem Menschen, »in sich einzukehren«, die göttlichen Geheimnisse kennenzulernen und sie in über-

---

[19] Vgl. ebd., 355.
[20] Feofan, Gal, 382.
[21] Vgl. ebd., 392f.

natürlichen Kategorien zu verstehen.[22] Sie steht am Anfang einer bewußten Annahme der Heilsordnung, d.h. der Umkehr, denn indem sie die Erkenntniskräfte erleuchtet, bewegt sie zugleich den Willen dazu, sich für den Weg des Heils zu entscheiden. Die Wirksamkeit der Gnade manifestiert sich besonders deutlich im Bruch mit der Sünde. Das ist der Ausgangspunkt der Heilsverwirklichung. Der leibliche Mensch verbleibt nämlich unter der Macht der Sünde, und die Überwindung dieser unheilvollen Macht ist für ihn die größte Schwierigkeit.[23] Zu diesem Zweck erhält der Christ die Gnade als Kraft, die aus dem Tode Christi fließt. Die Gnade bezieht den Gläubigen in den Tod und die Auferstehung Christi ein, der die Sünde und alles Übel besiegt hat; sie verleiht ihm die Kraft, die Herrschaft der Sünde in sich zu bezwingen und völlig mit ihr zu brechen. Daher darf man sagen, daß die Gnade den Menschen aus dem »Gesetz der Sünde« befreit und ihre Bande zerreißt, indem sie das menschliche Herz reinigt. Die Gnade und die Sünde sind Kategorien, die sich gegenseitig ausschließen. Das Wirken der Gnade ist nicht auf die Befreiung von der Sünde beschränkt; sie heilt auch den Boden, aus dem die Sünde hervorwächst, indem sie hilft, den Egoismus zu überwinden und die Leidenschaften zu zügeln. Ebenso wirksam ist die Hilfe der Gnade bei der Herausbildung positiver Haltungen des Christen. So wie das gesamte christliche Leben auf übernatürliche Weise geboren wird und sich formiert, so vollzieht sich auch durch die Gnade seine positive Einstellung zu geistigen Werten und die Einführung in die Sphäre des geistigen Lebens mit Gott. Leitet sie doch das Handeln des Christen, erteilt ihm Anregungen, Gutes zu tun, bringt entsprechende Gesinnungen und Fähigkeiten hervor, deren natürliche Frucht die Erfüllung der Gebote ist. Wir können hier die Lehre Feofans nicht nur über das Eingießen der theologischen Tugenden, des Glaubens, der Hoffnung und der Liebe — deren göttliche Herkunft er besonders oft betont, insbesondere des Glaubens — , sondern auch der moralischen Tugenden wiederfinden. Führt doch die Gnade, seiner Auffassung nach, in das Leben nach den Grundsätzen des Geistes ein und vollzieht im Menschen eine Umwandlung des Herzens, des Verstandes, der gesamten Psyche und macht ihn zum geistigen Menschen, indem sie »ihn mit dem Leben in Christus« erfüllt.[24] Eine Gabe der Gnade ist auch die beständige Wachsamkeit, die den Gläubigen zu einer ausdauernden Anstrengung, zur Kontinuität in der Arbeit an sich selbst befähigt und die Standhaftigkeit in der christlichen Haltung gewährleistet. Die Gnade führt Har-

---

[22] Vgl. Feofan, Tolkovanie IX-XI glav poslanija sv. Apostola Pavla k Rimljanam (Kommentar zum Römerbrief), Bd. II, Moskau ²1890, 143.

[23] Vgl. Feofan, Čto est duchovnaja žizń i kak na ne nastroitsja (Was spirituelles Leben ist und wie sich darauf einstellen), Moskau ⁵1904, (künftig: Čto est duch. žizń), 135.

[24] Vgl. Feofan, Kol 285.

monie und Frieden im Menschen ein, und dieser Frieden ist ein Frieden mit Gott in Christus. Der Friede und die Harmonie macht den Menschen in allen Lebenslagen, durch die zuverlässige Hoffnung auf das ewige Glück, froh.

Die Ausstattung mit der Gnade hält Feofan für das Merkmal, das das Christentum am stärksten von anderen Religionen unterscheidet.[25] Nicht die Morallehre — trotz ihrer unumstrittenen Erhabenheit, — sondern eben die Gnade ist das Merkmal, das die tiefgreifendste Eigenart des Christentums darstellt. Sehr deutlich zeichnet sich hier der Einfluß des hl. Paulus ab, der schließlich Feofan zufolge »sein ganzes Augenmerk auf die Gnade konzentrierte«.[26]

3. Das Zusammenwirken mit der Gnade

Bei der Betonung der Rolle der Gnade geht Feofan zuweilen so weit, daß es scheinen mag, daß er nichts oder nicht viel der Initiative und der Anstrengung des Menschen überläßt. Indessen zeigt der orthodoxe Theologe mit der gleichen Entschiedenheit die Notwendigkeit menschlicher Anstrengung und menschlichen Zusammenwirkens mit der Gnade. »Das Heil wurde vorbereitet, man muß nur kommen und es erlangen«.[27] Das Christentum ist, seiner Meinung nach, nicht nur eine schöne Theorie, sondern verlangt konkrete Mühe. Ein Christ ist ein Mensch der Tat, der sich abmüht, mit sich ringt und handelt und in keinem Fall im Zustand eines geistigen Schlafes bleiben darf.

Zwar »wird die Gnade umsonst zuerkannt, aber nicht umsonst erteilt«, und ohne die Zusammenarbeit des Menschen läßt sie das menschliche Herz unberührt. In der Taufe erhält der Mensch den Keim des neuen Lebens, doch verbleiben in ihm die Elemente (stichii) des alten Menschen, die die Quelle des Chaos und der Unordnung sind. Sie bilden, neben dem göttlichen Element, den zweiten grundlegenden Faktor im menschlichen Handeln, auf das sie einen gewaltigen Einfluß ausüben. Allein eine beständige, konsequente Anstrengung kann dem Wirken der Gnade, bei der Umwandlung des Menschen in ein geistiges Wesen, Erfolg gewährleisten.

Um die menschliche Anstrengung im Heilswerk zu charakterisieren, bedient sich Feofan oft der Bezeichnung »podwig«, d.h. Heldentat; gemeint ist eine besonders schwierige Leistung, eine außerordentliche Anstrengung. Zwar bezieht sich der Terminus »podwiznik« im orthodoxen Schrifttum auf die Helden der Askese, die sich ganz und gar Gott gewid-

---

25 Vgl. Feofan, Gal 248; Tolkovanie vtorogo poslanija sv. Apostola Pavla k Korinfjanam (Kommentar zum 2. Korintherbrief), Moskau ² 1893, 97.

26 Feofan, Gal 223f.

27 Feofan, Pis'ma k raznym licam, 158.

met haben, dennoch lehrt Feofan, daß sich jeder Christ zu einer solchen Tat aufschwingen sollte. Das gesamte christliche Leben, wenn es ernst genommen wird, sollte das Merkmal des Heroismus tragen. Es ist unvereinbar mit Halbheiten und »Lauheit«.[28] Feofan unterstreicht zugleich den dramatischen Charakter des christlichen Lebenswandels. Er ist ein Sichabmühen voller Spannungen. Daher bezeichnet er das christliche Leben oft — zweifellos in Anknüpfung an die Aussagen der Kirchenväter — als Kampf. Dieser muß entschieden ausgetragen werden, denn es ist »ein Kampf auf Leben und Tod«[29] im buchstäblichen Sinn. Neben dem Eifer bildet die Entschiedenheit »das Wesen und die Wurzel des christlichen Lebens«. Charakteristisch für das christliche Handeln sollten auch Beständigkeit, Ausdauer und Unnachgiebigkeit sein. Also keine einmalige Anstrengung, die der Mensch in einem Anfall von Eifer beginnt und dann aufgibt. Das betrifft alle Etappen des christlichen Lebens. Es beginnt — dem Klausner aus Wyscha zufolge — »bei der Umkehr und Buße, reift im Kampf gegen die Leidenschaften und erlangt Vollkommenheit durch die Mitkreuzigung des gereinigten Menschen mit Christus und durch die innere Versenkung in Gott.«[30] In einem so verstandenen christlichen Leben kann keine Rede davon sein, daß man sich selbst gegenüber nachsichtig ist, denn das würde bedeuten, daß es an Redlichkeit und Konsequenz bei der Heilsverwirklichung mangelt. Unvereinbar mit dem Geist des Christentums sind eine quietistische Einstellung, sowie die Suche nach »süßem Frieden« und Glückseligkeit im Leben. Die aktive Haltung des Christen muß alle Bereiche des moralischen Lebens betreffen, also die Annahme des Glaubens und ein Leben nach seinen Geboten, den Empfang der Sakramente und die Teilnahme an der Tätigkeit der heiligenden Kirche. Am nachdrücklichsten betont Feofan jedoch die Notwendigkeit der Aktivität bei der inneren Umwandlung, beim »Ablegen des alten und Anziehen des neuen Menschen«. Es geht eigentlich weniger darum, sich von der Sünde loszusagen, was den ersten Schritt bedeutet, als vielmehr darum, den Egoismus zu beherrschen und die Leidenschaften auszurotten, also den Boden zu reinigen, dem die Sünde erwächst. Letzteres bringt eine Menge dramatischer Spannungen mit sich, doch ohne dies gibt es kein Leben in Christus oder, um mit Feofan zu sprechen, keine »Belebung in Christus«. Das gesamte Heilsgeschenk, die dem Christen gewährte Gnade, dient dazu, daß er sich zum Tun und Handeln in seinem Leben aufschwingen kann. Für die Notwendigkeit einer aktiven Haltung im Leben des Christen spricht die Tatsache,

---

[28] Vgl. ebd., 163f.
[29] Ebd., 191.
[30] Feofan, O pokajanii, pričaščenii sv. Christovych tain i ispravlenii žizni (Über die Buße, die hl. Kommunion und die Besserung des Lebens), St. Petersburg 1858, 213.

daß Christus sein Heilswerk ebenfalls durch eine Tat, und zwar durch die vollkommenste Tat, nämlich durch das Opfer der Leiden und des Todes, vollbracht hat. Also nur durch Anstrengung und Mühe, als Ausdruck des Zusammenwirkens mit der Gnade, kann der Christ sein Heil verwirklichen. Feofan befaßt sich in seinen Werken sehr genau mit dem Prozeß und den Formen des christlichen Lebens. Hier ist nicht der Ort, diese Lehre ausführlich darzustellen. Es dürfte jedoch von Interesse sein, einige kurze Bemerkungen anzuführen, die für seine Anschauungen besonders charakteristisch sind.

Das christliche Leben findet seinen Ausdruck im tugendhaften Leben. Feofan behandelt die entsprechenden Haltungen, die kennzeichnend sind für die einzelnen Abschnitte des moralischen Lebens[31], widmet dem jedoch nicht allzu viel Augenmerk, und ist überhaupt dagegen, sich mit Stufen oder Etappen beim Tugenderwerb zu befassen. Seiner Meinung nach ist die Tugend eine allgemeine Haltung des Christen, die sich aus seiner natürlichen Ausrichtung auf Gott ergibt. Sie bestimmt den ganzen Lebensweg des Christen und kommt sowohl darin zum Ausdruck, daß sich der Gläubige in die »christliche Ordnung des Lebens« einfügt, wie auch darin, daß er die in dieser Ordnung geltenden Grundsätze einhält und die in ihr zugänglichen Mittel benutzt.[32] Dabei unterstreicht Feofan die Bedeutung der Beständigkeit und der steten, inneren Bereitschaft (Disposition), die zusammen den Boden bilden, aus dem gute Taten erwachsen.[33] Diese allgemeine Haltung des Christen bezeichnet Feofan als Heiligkeit, die den Lebensinhalt und den Lebensstil des Gläubigen darstellen soll, und zu der alle Christen verpflichtet sind.[34]

Das bezeichnendste Merkmal der Tugend, oder wie Feofan manchmal sagt, die Haupttugend des Christen, ist der Eifer oder die Inbrunst. Das ist nicht nur die grundlegende und wichtigste Haltung, sondern der ganzheitliche Ausdruck einer christlichen Einstellung.[35] Im bildhaften Stil seiner Äußerungen bezeichnet Feofan den Eifer als die Mutter und Quelle aller anderen Tugenden, als die Wurzel, der sie entspringen. Der Eifer beruht darauf, daß sich der Christ vom Heilsgedanken ganz durchdringen läßt, sich vollständig für seine Verwirklichung einsetzt und dementsprechend in seinem Leben alles dem unterordnet, was »einzig notwendig« ist. Ein so verstandener Eifer ist die Triebkraft des christlichen Handelns, die dazu führt, daß der Christ Gott immer mehr gefällt.[36] Der

---

31 Vgl. Feofan, Kol, 189.
32 Vgl. Feofan, Načertanie, 116; Pis'ma o christianskoj žizni (Briefe über das christliche Leben), St. Petersburg 1888 (künftig: Pis'ma o christ. žizni) 204.
33 Vgl. Feofan, Načertanie, 126.
34 Vgl. Feofan, Eph, 58, 159, 375.
35 Feofan, Čto est duch. žizń, 148f.
36 Vgl. Feofan, Načertanie, 123.

Eifer ist ein so unverzichtbares und typisches Merkmal, daß dort, wo er fehlt, ein wahrhaft christliches Leben nicht möglich ist, mehr noch, sein Fehlen ist ein Zeichen für den geistigen Schlaf, wenn nicht sogar für den geistigen Tod.[37] Daß Feofan die Notwendigkeit der menschlichen Mitwirkung so stark betont, verdient besondere Aufmerksamkeit auf dem Hintergrund der orthodoxen Spiritualität, der nicht selten Passivität zugeschrieben wird.

4. Die Gnade und die Willensfreiheit

Es stellt sich die Frage, ob und wie Feofan, der sowohl das Wirken der Gnade als auch die Notwendigkeit menschlicher Mitwirkung entschieden hervorhebt, diese beiden Elemente in der Praxis des menschlichen Lebens zu vereinbaren versucht. Wir finden bei ihm keine spitzfindigen Erörterungen zu diesem Thema, die den westlichen Disputen aus der Zeit des Gnadenstreites entsprechen, besonders über die hinreichende und wirksame Gnade. Diese Streitigkeiten fanden fast keinen Widerhall in der Orthodoxie und bleiben ihrem Geist fremd. Feofan befaßt sich jedoch mit dem Problem des Verhältnisses zwischen Gnade und Willensfreiheit. Vor allem spricht er von der Notwendigkeit, die beiden Elemente des christlichen Handelns »in dem einen Werk der Errichtung des christlichen Lebens« harmonisch zu verschmelzen.[38] Diese Verschmelzung ist etwas Wesentliches.»Kann doch weder die Gnade, ohne den Willen zu bewegen, noch der Wille allein, ohne Stärkung durch die Gnade, den Erfolg gewährleisten«.[39]

Die Freiheit ist — nach Feofans Meinung — ein wesentliches und charakteristisches Merkmal des Menschen. Dank der Freiheit ist er der Herr seiner Gedanken, Wünsche und Taten; er kann mit sich und seinen Kräften tun, was ihm beliebt. Das Wesen der Freiheit besteht darin, als Antwort auf innere und äußere Anregungen eine bewußte Entscheidung zu treffen. In der Freiheit der Wahl kommt die Unabhängigkeit des Menschen zum Ausdruck, die jedoch nicht unbeschränkt ist. Die Rolle der Freiheit ist im moralischen Leben eine Grundfrage.[40]

Der Schöpfer beschenkte den Menschen mit der Freiheit, damit sein Umgang mit Gott sich auf würdige Weise vollzieht. Der Mensch, der die Möglichkeit hat, über seine Taten zu verfügen, darf diese Freiheit nicht nach seiner Willkür nutzen und sie mißbrauchen. Er gebraucht die Freiheit richtig, wenn er sie freiwillig dem Willen Gottes, dem höchsten und

37 Feofan, Psalom sto-vos'mnadca tyj istolkovannyj (Der interpretierte Psalm 118), Moskau ²1891, 489.
38 Feofan, Pis'ma o christ. žizni, 98.
39 Feofan, Načertanie, 97.
40 Vgl. ebd., 38ff.

einzig verbindlichen Prinzip des Handelns, unterordnet. Als der göttliche Wille die Ordnung erstellte, legte er das Gesetz für das gesamte Weltall fest, darunter auch für den Menschen. Wenn der Mensch sich diesem Gesetz unterstellt, erweitert er den Horizont seines Handelns fast ins Unendliche. Handelt er jedoch dem Willen Gottes zuwider, so setzt er sich einer Kollision mit sich selbst und seiner Umwelt aus. Das führt nicht nur zur Beschränkung der Freiheit, sondern zu ihrem Verlust. Der Mensch erliegt den Faktoren, die dem grundlegenden Wohl des Menschen widersprechen und ihn zum Sklaven der Leidenschaften, der Sünde und des Satans machen.[41] Wenn wir uns dem Willen Gottes beugen, wozu uns vor allem das Bewußtsein unserer Abhängigkeit von Gott bewegt, so ordnen wir unsere Freiheit dem göttlichen Gesetz, dem moralischen Gesetz unter, was nach Feofan dazu führt,»Gesetz und Freiheit zu vereinigen«.[42] Für den Christen bedeutet das die Anerkennung der Heilsordnung im Akt des Glaubens und ihre Annahme aus freiem Willen. Aufgrund dieser freien Entscheidung ordnet sich der Christ Gott unter und Seinem Wirken in Form der Gnade. Damit bahnt er der Gnade den Weg, denn ohne diese Entscheidung kann die Gnade weder ein neues Leben hervorbringen noch durch ihre Kraft entwickeln und stärken. Von diesem Augenblick an beginnt Gott sein allmächtiges Wirken. Die menschlichen Kräfte fügen sich in den Strom göttlicher Macht ein und die Taten des Gläubigen werden »gottmenschlich«.[43] Diese Harmonisierung von Freiheit und Gnade im Handeln vollzieht sich dann, wenn der Mensch seine Freiheit der Gnade unterordnet und die Gnade sie zutiefst durchdringt. Das ist kein mechanischer Prozeß, sondern ein Akt, der das Zeichen der Freiheit des Menschen trägt, der es für richtig erachtete, Gott anzunehmen und sich seinem Gesetz zu unterwerfen. Die Vereinigung von Gnade und Freiheit im Handeln vertieft sich in dem Maß, in dem sich der Mensch immer bewußter anstrengt, mit Gott zusammenzuwirken und sich ihm immer vollkommener ergibt.[44] Die Kräfte des Menschen werden zu einem immer geeigneteren Werkzeug für das Wirken der Gnade; der Mensch vereint sich immer mehr mit Gott und geht immer näher mit Ihm um, denn er erlaubt, daß »Gott immer vollständiger in ihm wirkt«.

Der Christ, der sich Gott freiwillig unterordnet und sich der Gnade öffnet, erhält die wahre Freiheit. Die Gnade befreit ihn von der Sünde, vom bösen Geist und den Verirrungen der Welt. Der Gläubige wird wahrhaft

---

41 Vgl. ebd., 40f.
42 Vgl. ebd., 83.
43 Feofan, Pis'ma k raznym licam, 445.
44 Vgl. Feofan, Načertanie, 44-48; Eph 160; Tolkovanie pervogo paslanija sv. Apostola Pavla k Korinfjanam (Kommentar zum 1. Korintherbrief), Moskau ²1893, 268f.

»frei in Christus« (svobodnik Christov), denn indem er die »natürliche« Freiheit opfert, gewinnt er die »Übernatürliche« — die Freiheit des Gotteskindes — zurück. Das ist der rechte Gebrauch der Freiheit, der mit der wesentlichen Bestimmung des Menschen übereinstimmt. Die lebendige Bindung an Gott zerstört weder die Selbständigkeit noch die Freiheit des Menschen. Auch wenn der Mensch eng mit Gott umgeht und vom Wirken Seiner Gnade durchdrungen ist, hört er nicht auf, ein vernunftbegabtes und freies Wesen zu sein. Der Mensch, der seine Freiheit Gott unterordnet, hat die Garantie, sie in Dimensionen zu wahren, die der inneren Struktur seines Wesens entsprechen, das von Natur aus auf die Gemeinschaft mit Gott ausgerichtet ist. Das ist also keine Beschränkung der Freiheit des einzelnen, sondern vielmehr ihre Ausdehnung zu den Dimensionen der göttlichen Bestimmung des Menschen.[45]

Feofan unterstreicht also sehr stark den untrennbaren Charakter des Zusammenwirkens von Gnade und menschlicher Freiheit, die sich gegenseitig bedingen. In jeden heilswirksamen Akt fließt die Gnade und die Freiheit des Willens ein. Ihr Zusammenwirken ist harmonisch und erfolgt gleichzeitig. Zuweilen sagt der Bischof jedoch, daß die Freiheit der Gnade vorausgehen muß. Das ist, seiner Auffassung nach, ein Vorrang in »logischer«, nicht in zeitlicher Ordnung, den er, wie er selbst sagt, aus polemischen Gründen eingeführt hat, um die Wahrheiten, die er verkündete, deutlicher zu schildern. Feofan betont nämlich stets die Tatsache, daß der Mensch, der bei seiner Heilsverwirklichung mit Gott zusammenwirkt, frei bleibt und sofern auch nicht die Möglichkeiten einbüßt, sich frei zu entscheiden.

Feofan der Klausner schrieb klar und kommunikativ. Viele seiner Schriften tragen den Charakter langer Briefe, die manchmal an eine konkrete Person gerichtet waren. Seine Bücher, die seinerzeit viel gelesen wurden, enthalten die grundlegenden christlichen Wahrheiten, vor allem jedoch praktische Hinweise für das Leben. Man kann sagen, daß er eine »narrative Theologie« betrieb, die weite Kreise ansprach und nicht nur Interesse weckte, sondern auch akzeptiert wurde und starken Einfluß auf die Leser ausübte.

Das Werk Feofans ist ein Beispiel einer lebensnahen Auslegung evangelischer Inhalte, verbunden mit der Lehre aus den Werken der Kirchenväter. Feofan bietet ein gutes und zugänglich dargestelltes Bild christlichen Lebens. Sein Schaffen fordert uns auf, über den Inhalt der christlichen Moral, wie auch über die Art ihrer Verkündigung nachzudenken, damit sie den heutigen Menschen erreicht.

Jan Kowalski

Christozentrismus im polnischen moraltheologischen Denken

Das II. Vatikanische Konzil fordert von der Moraltheologie, die Heilige Schrift stärker zu berücksichtigen und die Erhabenheit der Berufung der an Christus Glaubenden aufzuweisen.[1] Es wird also nicht nur eine stärkere Ausrichtung an der Bibel empfohlen, sondern auch der christozentrische Charakter. Das ist kein neues, bisher unbekanntes oder nicht realisiertes Postulat in der Moraltheologie. Seit der Hälfte des 19. Jahrhunderts wiesen nicht wenige Verfasser von Handbüchern darauf hin, daß die Moraltheologie die Wahrheit vom mystischen Leib Christi verloren hat (J.B. Sailer, J.B. Hirscher[2], J. Mausbach). Nachdem sich die Moraltheologie von der Dogmatik losgelöst hatte, überließ sie dieser theologischen Disziplin die Person und das Lebenswerk Jesu Christi. Die Moraltheologen beschränkten sich auf die Kasuistik, insbesondere im Bereich des zum Seelenheil unbedingt Notwendigen.

F. Tillmanns Werk »Die katholische Sittenlehre. Die Idee der Nachfolge Christi«[3] brachte eine Wende in der Verwirklichung des Postulats des Christozentrismus in der Moraltheologie, indem es konsequent auf der Person und dem Werk Jesu Christi aufbaut. Für Tillmann ist die Nachfolge Christi der Ausgangspunkt, der Wege für die Moraltheologie aufweisen soll. Nachfolge Christi ist bei Tillmann nicht das Endziel, sondern das Mittel zum Ziel. Mit anderen Worten, die Nachfolge ist ein Ideal, und zwar ein personales Ideal. Daher werden in der Idee der Nachfolge Christi zwei Hauptpostulate der Moral verwirklicht, nämlich der Personalismus und der Christozentrismus. Für Tillmann besitzen alle moralischen Phänomene einen personalen Charakter, daher muß auch die Zentralidee der katholischen Moral einen personalen Charakter haben, und zwar in der Person Jesu Christi, des Gottmenschen, in seinem historischen Leben auf Erden.

---

[1] Vaticanum II, Optatam totius 16.

[2] J.B. Hirscher, Die christliche Moral als Lehre von der Verwirklichung des Göttlichen Reiches in der Menschheit, Tübingen 1845.

[3] F. Tillmann, Die katholische Sittenlehre. Die Idee der Nachfolge Christi (Handbuch der katholischen Sittenlehre Bd. III), Düsseldorf 1934.

Das Ideal, Jesus Christus, zugleich Gott und Mensch, verkörpert somit einen normativen Faktor, besitzt aber doch eine weit größere Bedeutung für das menschliche Handeln, als eine Norm, nämlich eine suggestive Kraft, die mitreißt und ermutigt. Diese Eigenart bewirkt, daß der Christ die Norm umfassender wahrnimmt, größeren Gefallen an ihr findet und sie bereitwilliger in seinem Leben verwirklicht. Die personale Norm entspricht der sinnlich-geistigen Natur des Menschen, die sich nicht mit nur theoretischen Vorstellungen moralischer Forderungen begnügt, sondern ihre Verkörperung in konkreten Gestalten sucht. Bei dieser Auffassung des moralischen Ideals ist für Tillmann der Christozentrismus nur eine notwendige Konsequenz. Da in objektiver Ordnung Christus alle Lebensbereiche des Menschen, seine Existenz und seine Werke, durchdringt, kann und sollte er der Mittelpunkt der Moral werden.

Nachfolge Christi wird nie vollkommen realisiert werden können, da es im Leben Jesu Taten gibt, die kein Mensch nachvollziehen kann. Zudem ergeht an jeden Menschen ein eigener Ruf von Gott. Für Tillmann ist Christus ein Vorbild in doppelter Bedeutung, nämlich in seinen konkreten Taten, besonders in denen, die er speziell nachzuahmen empfiehlt, und, zweitens, in der vollkommenen Erfüllung des Willens Gottes. Tillmann zieht jedoch nicht genügend in Erwägung, daß eine tiefe, innere Verwandtschaft zwischen dem gerechtfertigten Menschen und Christus besteht. Wenn dem so ist, muß der Christozentrismus in der Moraltheologie auf der Wahrheit von der göttlichen Sohnschaft des Menschen durch die heiligmachende Gnade aufbauen. Die Nachfolge Christi, im tiefsten Sinne des Wortes, ist die Konsequenz der Lehre von der Gnade. Die Moraltheologen sind sich darin einig, besonders seit der Enzyklika Papst Pius XII.»Mystici Corporis Christi« (1943). Vor allem G. Ermecke[4] und B. Häring[5] betonen diese Wahrheit. In der Einführung zu seinem Handbuch der Moral schreibt Häring:»Christus ist das Vorbild, der Mittelpunkt und das Ziel der Moraltheologie. Das Recht des Christen ist nichts anderes, als eben Christus selbst ... Das christliche Leben ist Nachahmung Christi, nicht nur äußerliche Nachahmung Seiner Liebe und Seines Gehorsams, sondern vor allem das Leben in Christus ... Der grundsätzliche Ausgangspunkt der Moraltheologie sind › die Geheimnisse der Kinder Gottes ‹, unsere wirkliche Einverleibung in Christus durch die heiligen Sakramente, durch Göttliches Leben in uns ... Leben in Christus heißt, Glied Seines Leibes zu sein, zu Seinem Königreich gehören.«[6]

---

[4] G. Ermecke, Die katholische Moraltheologie heute, in: Theologie und Glaube 41 (1951) 127-142. Vgl. auch E. Mersch, Morale et Corps Mystique, Paris 1937.
[5] B. Häring, Das Gesetz Christi. Moraltheologie für Priester und Laien, Freiburg/Br. 1953.
[6] Ebd., S. 4.

I.

Die polnischen Moraltheologen haben die in Westeuropa verbreitete Idee der Erneuerung der Moraltheologie und des Christozentrismus früh aufgenommen. Das ist bemerkenswert, wenn man berücksichtigt, daß Polen und seine theologischen Zentren bis 1918 unter fremder Herrschaft standen und keine günstigen Entwicklungsmöglichkeiten besaßen. Eine Ausnahme waren die theologischen Fakultäten der Universitäten in Krakau und in Lemberg (Lwow), die unter österreichischer Herrschaft eine weitgehende Autonomie besaßen. Die Lehrbeauftragten der Moraltheologie stützten sich hauptsächlich auf die »Medulla theologiae moralis« von H. Busenbaum, sowie auf das Handbuch von Collete. Später, an der Wende des 19. und 20. Jahrhunderts, erreichte das Handbuch des heiligen Alfons von Liguori[7] großen Einfluß.

Die politische Unabhängigkeit Polens, nach 1918, brachte auch für die Entwicklung der theologischen Wissenschaften bessere Bedingungen. Viele Priester fuhren ins Ausland, um ein Spezialstudium zu absolvieren, darunter nicht wenige Moraltheologen. Anschließend übernahmen sie Lehrstühle an den theologischen Universitätsfakultäten, sowie in den Priesterseminarien. Dazu einige Beispiele aus dem Bereich der Moraltheologie: Der Dominikaner J. Woroniecki übernahm den Lehrstuhl der Moraltheologie an der Lubliner Katholischen Universität, die im Jahr der Unabhängigkeit Polens (1918) gegründet wurde. Er hatte in Fribourg (Schweiz) studiert und auch die theologischen Universitäten in Rom und in Frankreich besucht. An der Theologischen Fakultät in Krakau wurde zuerst S. Zegarlinski († 1918), und nach seinem Tod W. Wicher, Absolvent der Universität in Innsbruck († 1968), zum Professor ernannt. In Warschau übernahm A. Borowski die wissenschaftliche Forschung im Bereich der Moraltheologie an der dortigen Universität. Er hatte in Louvain, bei Professor A. Cozzi, studiert. Z. Kozubski hatte in Innsbruck seinen Doktortitel erworben. In Lemberg (Lwow) dozierte A. Gerstmann († 1940) Moraltheologie an der dortigen Universität. In Innsbruck hatte auch Sz. Sobalkowski († 1959), der langjährige Professor der Moraltheologie im Priesterseminar in Kielce, studiert. Alle Genannten kehrten nach Polen zurück, überzeugt von der Notwendigkeit, die Moraltheologie zu erneuern. In diesem Geiste übernahmen sie ihre Vorlesungen und betrieben ihre Forschung. Woroniecki stellte seine Postulate zur Erneuerung der Moraltheo-

[7] Vgl. M. Rechowicz, Dzieje polskiej nauki teologicznej (1772-1918), in: Historia Kosciola w Polsce (Die Geschichte der Kirche in Polen, B. II/1, Poznan-Warszawa 1979, S. 678; vgl. S. Olejnik, Teologiczno-moralna spuscizna pisarska sw. Alfonsa Liguori z perspektywy naszych czasow, in:Sluzyc prawdzie i milosci (der moraltheologische schriftliche Nachlaß des hl. Alfons Liguori aus der Perspektive unserer Zeit, in: Der Wahrheit und Liebe dienen) Czestochowa 1984, S. 281-297.

logie im Buch »Methode und Programm des Unterrichts der Moraltheologie« (Metoda i program nauczania teologii moralnej)[8] dar. Er betonte die Notwendigkeit einer Rückbesinnung auf die göttliche Offenbarung, speziell auf das Evangelium. Er begründete die Zeitschrift »Die Schule Christi« (Szkola Chrystusowa) mit asketisch-moralischem Charakter (1930). Woroniecki war leider zu sehr dem Einfluß des Neuthomismus erlegen. Das gleiche gilt für A. Borowski. Er bemühte sich, die thomistischen Gedanken mit der Idee vom Königreich Gottes, in Anlehnung an J. Mausbach, zu vereinen.[9] Der Idee der Nachfolge Christi, wie sie F. Tillmann hervorgehoben hat, scheint in Polen Z. Kozubski († 1949) am nähesten gekommen zu sein. Er veröffentlichte einige Artikel über die Rolle Christi im christlichen Leben.[10] Diese Idee findet man bei W. Wicher († 1969) nicht.[11] Der Ausbruch des 2. Weltkrieges (1939) machte es leider den polnischen Moraltheologen unmöglich, ihre inzwischen ausgereiften, wissenschaftlichen Überlegungen zu publizieren. Sie waren auf der Höhe ihrer schöpferischen Kraft und hörten, trotz großer Schwierigkeiten, nicht auf, sich wissenschaftlich zu beschäftigen und zu veröffentlichen, vor allem als die berühmte Enzyklika Papst Pius XII. »Mystici Corporis Christi« (1943) erschien. Sie faszinierte die polnischen Theologen und war für die Moraltheologen ein Anstoß, das Problem des Christozentrismus in der Moral zu überdenken. Wahrscheinlich damals schon entstanden zwei Artikel, die den Christozentrismus betreffen, die aber erst nach dem Krieg veröffentlicht werden konnten, als die Möglichkeit zu publizieren günstiger wurde. J. Woroniecki veröffentlichte in der Zeitschrift »Ateneum kaplanskie« (Priester-Athenäum) den Artikel »Programm der integralen katholischen Pädagogik« (Program integralnej pedagogiki katolickiej)[12]. Dem Verfasser ging es um Richtlinien für die katholische Erziehung, insbesondere auch zur Lehre der katholischen Theologie. Demnach sollte der Kernpunkt der Theologie in der Abhandlung über die Menschwerdung

---

8 J. Woroniecki, Metoda i program nauczania teologii moralnej (Methode und Programm für die Lehre der Moraltheologie), Lublin 1922.

9 A. Borowski, Uwagi o podreczniku ks. J. Mausbacha, p.t. »Katholische Moraltheologie«, in: Pamietnik II Zjazdu Zakladow Teologicznych w Polsce. (Bemerkungen zum Handbuch von J. Mausbach mit dem Titel »Katholische Moraltheologie«, in: Gedenkbuch des 2. Kongresses der Theologischen Institute in Polen), Wloclawek 1924, S. 147-161.

10 Vgl. Z. Kozubski, Krolestwo Chrystusowe i Akcja Katolicka (Das Königreich Christi und die katholische Aktion), in: Przewodnik katolicki 69 (1931) 645-646.

11 Vgl. W. Wicher, Czy teologia moralna ma szukac nowych drog (Soll die Moraltheologie neue Wege suchen), in: Polonia Sacra 5 (1952) 238-253 und 7 (1955) 206-218.

12 Vgl. J. Woroniecki, Program integralnej pedagogiki katolickiej (Programm einer integralen katholischen Pädagogik), in: Ateneum kaplanskie (Priester-Athenäum) 39.47 (1947) 28-36; 165-174 und 272-281.

Jesu Christi und die Erlösung nach der Lehre des hl. Paulus sein, meister- haft dargelegt im Galaterbrief. Woroniecki schreibt:»Wie das ganze Leben des Christen, so soll auch der theologische Unterricht christozentrisch sein. Er soll die Notwendigkeit einer bewußten Anstrengung zeigen, um unsere Natur, die durch die Sünde des ersten Adam verwundet wurde, zu heilen und auf die vom zweiten Adam, dem Erlöser der Welt, erho- bene Ebene, durch engste Verbindung mit Ihm selbst zu bringen.«[13] Ebenso bedarf der Berücksichtigung die Problematik der Gnade, die man in der Bindung zu Christus erlangt.[14] Zur Begründung seiner Postulate beruft sich Woroniecki u.a. auf die Lehre der Enzyklika»Mystici Corporis Christi« von Papst Pius XII.[15] Unter dem Eindruck der gleichen Enzyklika stand auch Sz. Sobalkowski und sein Artikel»Moraltheologie und ihr christozentrischer Standpunkt in der Gesamtheit der theologischen Wissenschaften«(Teologia moralna i jej stanowisko chrystocentryczne w calosci nauk teologicznych).[16] Der Titel beweist bereits, daß dem Autor die Christozentrik der Moral- theologie am Herzen liegt. Diese theologische Disziplin wendet sich, sei- ner Meinung nach, an jeden Christen. Ein Christ aber»ist derjenige, der › in Christus ‹ eine › neue Schöpfung ‹ ist. › Das Alte ist vergangen, Neues ist geworden ‹ (2 Kor 5,17).«[17] Daher darf die Moraltheologie nicht nur gelegentlich des zentralen Problems, des Lebens in Christus Jesus, geden- ken. Sie soll es entfalten helfen, indem sie an die übernatürlichen Reser- ven und Kräfte anknüpft, die jedem Christen zur Verfügung stehen.[18] Sobalkowski faßt seine Postulate, die den Christozentrismus in der Mo- raltheologie betreffen, im folgenden Satz zusammen:»Den Ausgangs- punkt, den Grundton, die Richtlinie bei der Behandlung der Moralpro- bleme in der übernatürlichen katholischen Ethik bilden das übernatürli- che Ziel des Menschen, die übernatürlichen Lebenskräfte, sowie die übernatürliche Inspiration des Handelns, das ... › esse et vivere in Chri- sto ‹. Das alles ist notwendig, um sich erfolgreich vom illusionären Ratio- nalismus und gemeinen Naturalismus zu lösen.«[19] Sobalkowski erläutert seine Idee am Beispiel der Taufe. Die Aufgabe der Moraltheologie, ge- stützt auf das Dogma, besteht in der Entwicklung der ganzen Fülle der sakramentalen Realität der Einverleibung in Christus und der Wiederge- burt aus Gott, also des ganzen Geheimnisses»der neuen Schöpfung«,

---

[13] Ebd., S. 171.
[14] Ebd., S. 171.
[15] Ebd., S. 275.
[16] Vgl. Sz. Sobalkowski, Teologia moralna i jej stanowisko chrystocentryczne w ca- losci nauk teologicznych (Die Moraltheologie und ihre christozentrische Position im Gesamt der Theologie), in: Ateneum kaplanskie 40.49 (1948) 313-331.
[17] Ebd., S. 324.
[18] Vgl. ebd., S. 318.
[19] Ebd., S. 319.

des Geheimnisses des Todes und der Auferstehung mit Christus. Durch die Taufe wird der Christ Teilnehmer dieses Geheimnisses. Die Pflichten aus diesem »neuen Sein in Christus« soll die Moraltheologie darstellen. Die Hauptpflicht besteht in fortwährendem Sterben und Auferstehen mit Christus. Die Taufe ist nicht nur eine vollendete Tatsache, sondern auch eine Verpflichtung.[20] Einige Jahre später (1952-1965) vertrat die Idee des Christozentrismus in der Moraltheologie der junge polnische Moraltheologe S. Olejnik, Professor der Akademie für Katholische Theologie (Akademia Teologii Katolickiej) in Warschau. Er schrieb eine Reihe von Artikeln zur Erneuerung der Moraltheologie.[21] Anfangs referiert er die christozentrischen Ideen, die u.a. von F. Tillmann und G. Thils[22] vorgetragen wurden. Später fügte er die Differenzierung hinzu, daß man Christus als kausale, formelle und teleologische Ursache der christlichen Moralordnung anerkennen sollte. Der Christ kann sich nämlich auf die von Christus eingesetzten Quellen des übernatürlichen Lebens und der übernatürlichen Kraft stützen, auf die Sakramente.[23] Seiner Meinung nach kann die Persönlichkeit Jesu mit ihrem Reichtum, ihrer Ausstrahlung und Harmonie, »größeren Anklang in den Seelen finden, als Sein Kerygma«. Daher muß Christus, als höchstes personales Vorbild, den entsprechenden Platz im Gesamt der Moraltheologie finden.[24]

---

[20] Vgl. ebd., S. 319-320.

[21] Vgl. S. Olejnik, Wspolczesne kierunki, zagadnienia i postulaty teologii moralnej (Zeitgenössische Richtungen, Probleme und Postulate der Moraltheologie), in: Collectanea theologica 23 (1952) 66-114; vgl. ders., O nowe drogi dla teologii moralnej (Über neue Wege der Moraltheologie), in: Collectanea theologica 23 (1954) 575-596; vgl. ders., Zasadnicze plaszczyzny wspolczesnej problematyki teologiczno-moralnej (Grundsätzliche Ebenen der zeitgenössischen moraltheologischen Problematik), in: Roczniki Teologiczno-Kanoniczne (Kanonisch-theologische Jahrbücher) 9 (1962) 45-65; vgl. ders., Postulaty przedmiotowo-metodyczne dotyczace wykladu teologii moralnej (Sachlich-methodische Postulate zur Lehre der Moraltheologie), in: Roczniki Teologiczno-Kanoniczne 9 (1962) 61-94; vgl. ders., Kierunki rozwoju teologii moralnej, in: Pod tchnieniem Ducha Swietego. Wspolczesna mysl teologiczna (Die Entwicklungsrichtungen der Moraltheologie, in: Unter dem Hauch des Heiligen Geistes. Zeitgenössisches theologisches Denken), Poznan 1964, 457-487.

[22] Vgl. G. Thils, Tendences actuelles en théologie morale, Gembloux 1940.

[23] Vgl. S. Olejnik, Problem ostatecznego kryterium dobra w moralnosci chrzescijanskiej, in: O Bogu i czlowieku (Das Problem des endgültigen Kriteriums des Guten in der christlichen Moral, in: Über Gott und den Menschen), Warszawa 1969, S. 184.

[24] Vgl. S. Olejnik, Znamiona humanistyczne etyki katolickiej (Humanistische Merkmale der katholischen Ethik), in: Collectanea Theologica 26 (1955) 239-247.

Olejnik ist zudem Verfasser eines Handbuches[25], das in drei Fassungen erschienen ist. Die erste basiert auf dem thomistischen Konzept der Tugenden.[26] Die Struktur der zweiten Fassung ist die von J. Mausbach, O. Schilling und F. Tillmann angenommene Aufteilung in drei Lebensbereiche bzw. Verhältnisse, und zwar zu Gott, zu sich selbst und zum Nächsten.[27] Diese Bemerkungen betreffen die spezielle Moraltheologie. Hingegen ließ der Autor die allgemeine Moraltheologie unverändert. Der Leser erkennt ohne Schwierigkeit, daß die Idee des Christozentrismus hier deutlicher erscheint, als in der ersten Fassung des Handbuchs. In der dritten Ausgabe einer moraltheologischen Synthese[28] treten »deutlich die Konzilsrichtlinien der Erneuerung« hervor. Wenn man die Schwierigkeiten bedenkt, ein moraltheologisches Handbuch mit der christozentrischen Idee zu durchdringen, so ist der Versuch S. Olejniks in der dritten Fassung zweifellos gelungen.[29] Zwar kommt nicht immer diese Idee mit gleicher Kraft zur Geltung. Aber sie ist die Grundidee in der Darlegung von Problemen wie die Überwindung des Bösen[30], die Realisierung der Liebe[31], und anderen.

In Polen entstehen in den Jahren 1968-1972 noch zwei andere, voneinander unabhängige Versuche einer Synthese der Moraltheologie in Form von Handbüchern. Der eine Autor ist S. Witek[32]. Er folgt nicht dem Postulat des Zweiten Vatikanischen Konzils und dem Hinweis von Papst Paul VI., daß die Moraltheologie als Zentrum Christus haben sollte und den Menschen; einbezogen in die Erlösungsgeschichte.[33] Der andere Versuch einer Synthese der Moraltheologie ist ein Sammelwerk einiger polnischer Moraltheologen. Sie gaben ihrem Werk den Titel »Christliche Berufung. Kompendium der Moraltheologie«. Der erste Band ist bereits in drei Ausgaben erschienen. Er enthält die Probleme der allgemeinen Moraltheologie, vor allem das Wesen der göttlichen Berufung, die an uns

[25] Vgl. S. Olejnik, Teologia moralna ogolna (Allgemeine Moraltheologie), Warszawa 1957; Teologia moralna szczegolowa (Spezielle Moraltheologie, Bd. 1-4), Warszawa 1958-1961.

[26] Vier Seiten.

[27] Vgl. S. Olejnik, Chrzescijanin wobec Boga (Der Christ vor Gott) 2 Bände; katolicka etyka zycia osobistego (Die katholische Ethik des individuellen Lebens) 2 Bände; Moralnosc zycia spolecznego (Die Moral des sozialen Lebens), Warszawa 1969-1970.

[28] Vgl. S. Olejnik, W odpowiedzi na dar i powolanie Boze. Zarys teologii moralnej (Antwort auf Gottes Gabe und Berufung. Abriß der Moraltheologie), Warszawa 1979.

[29] Vgl. ebd., S. 73.

[30] Vgl. ebd., S. 420-438.

[31] Vgl. ebd., S. 455-510.

[32] Vgl. S. Witek, Teologia moralna fundamentalna (Fundamentale Moraltheologie), Lublin, Bd. 1, Teil 1 1974, Teil 2 1976.

[33] Vgl. Ebd., Bd. 1, Teil 1, S. 12.

Menschen erging, und zwar in Christus. »Denn in ihm (Christus) hat er uns erwählt vor der Erschaffung der Welt« (Eph 1,4). Der zweite Band des Sammelwerks, der die Problematik der speziellen Moraltheologie betrifft, trägt den Titel »Verwirklichung der christlichen Berufung«[34]. Der geschichtliche Aspekt der christlichen Berufung weist auf Christus hin. Er setzte sakramentale Zeichen ein, die den neuen Stand des Menschen und seine Bestimmung aufweisen und ihn zugleich befähigen, bestimmte Aspekte der christlichen Berufung zu erkennen und zu erfüllen. Die in den Sakramenten enthaltene übernatürliche Gabe konkretisiert diese Berufung und verpflichtet moralisch zu ihrer Ausführung. Zu den Sakramenten der Initiation zählen die Autoren die Taufe, die Firmung und die Eucharistie. Sie widmen ihnen die ersten drei Kapitel und zeigen ihre Rolle im Erkennen dieser Berufung und der Erfüllung durch Tugenden und Taten. Sie fördern zudem die Dauerhaftigkeit und das Wachstum bis zur Fülle der Liebe zu Gott und den Menschen. Diese besonderen Aspekte der christlichen Berufung und die Wege zu ihrer Verwirklichung werden in den nachfolgenden Kapiteln besprochen, zunächst die Berufung zum priesterlichen Dienst und die Berufung zur Mitwirkung an der schöpferischen Liebe Gottes in der Ehe, dann, in den zwei letzten Kapiteln (6 und 7), die Erfüllung der persönlichen Berufung und der mit ihr untrennbar vereinten gemeinschaftlichen Berufung. Die Problematik der menschlichen Arbeit schließt den Band.

Wenn man den Christozentrismus in der polnischen Moraltheologie schildert, kann man nicht übergehen, was J. Pryszmont im Artikel »Über das Problem des Christozentrismus in der Moraltheologie« dargelegt hat.[35] Interessant sind Hinweise, die die Spezifik der christozentrischen Auffassung einiger Probleme betreffen. Das erste Beispiel bildet ein Traktat über den Glauben. Zweifellos sollte im Glauben eine volle Annahme der christologischen Wahrheiten stattfinden. Der Glaube ist aber nicht nur das Erkennen Christi, sondern die Anerkennung Seiner Wirkung in uns und unsere Begegnung mit Ihm. Der Glaube ist die positive Antwort auf seine Erlösung und drückt sich in der Zugehörigkeit zu Christus durch die ganze menschliche Lebenshaltung aus. Somit ist der Glaube nicht nur eine unerläßliche Bedingung der Erlösung, sondern durch ihn gefallen wir Gott, und das christliche Leben wird zur Funktion des Glau-

---

34 Vgl. F. Greniuk, B. Inlender, H. Juros, S. Podgorski, H. Poplatek, J. Pryszmont, S. Smolenski (Hrsg.), Powolanie chrzescijanskie. Zarys teologii moralnej (Christliche Berufung. Kompendium der Moraltheologie); tom I: Istota powolania chrzescijanskiego (Bd. 1: Das Wesen der christlichen Berufung); tom II: Urzeczywistnianie powolania chrzescijanskiego (Die Verwirklichung der christlichen Berufung), Opole ²1978.

35 Vgl. J. Pryszmont, Wokol zagadnienia chrystocentryzmu w teologii moralnej (Über das Problem des Christozentrismus in der Moraltheologie, in: Collectanea Theologica 40 (1970) 13-32.

bens.[36] Für J. Pryszmont besitzt zudem das Problem des ekklesialen Charakters des christlichen Lebens eine grundsätzliche Bedeutung in der Moraltheologie, die christozentrisch orientiert ist. Das bedeutet auch, sich der Verantwortung für die Mitbrüder bewußt werden und im Einklang mit ihr »die Früchte der Erlösung der Welt bringen«.[37] J. Pryszmont ist der Meinung, daß man wertvolle Elemente, die den Christozentrismus betreffen, in der orthodoxen Theologie finden kann.[38] Diese allgemeinen Hinweise auf die Arbeit polnischer Moraltheologen sollen genügen. Auf monographische Abhandlungen konnten wir nicht mehr eingehen, obwohl erst ihre Berücksichtigung ein lückenloses Bild über den Stand des Christozentrismus in der polnischen Moraltheologie ergeben würde.

---

[36] Vgl. ebd., S. 26.
[37] Vaticanum II, Optatam totius 16.
[38] Vgl. seinen Beitrag im vorliegenden Sammelwerk: J. Pryszmont, Die Gnade im Leben des Christen. Die orthodoxe Lehre nach Feofan dem Klausner.

Remigiusz Sobański

»Persona« und *»christifidelis«* im CIC 1983

Rechtsanthropologische Erwägungen

Der moraltheologische Entwurf Zieglers wird von ihm selbst[1] und von
den sein Werk analysierenden Autoren[2] im Begriff »Gnadenmoral« zu-
sammengefaßt. Die zusammenfassende Würdigung der von Ziegler ver-
tretenen Moraltheologie gipfelt in folgender Feststellung:

> Das neue »Sein in Christus« erscheint als das eigentliche
> Grundprinzip, aus dem er ein wirklichkeitsgemäßes, einheitli-
> ches Verständnis der christlichen Sittlichkeit zu gewinnen ver-
> sucht[3].

Die Ausführungen, die hier vorgelegt werden sollen, möchten auf analoge Probleme und Anstrengungen innerhalb der Kanonistik aufmerksam
machen. Auch sie versteht sich — wie es Ziegler für die Moraltheologie
begründet hat[4] — als Glaubenswissenschaft. Auch die Kirchenrechtler
lassen schon nicht mehr die Tatsache aus den Augen, daß die Kirche eine
Gnadenwirklichkeit ist — es sei hier an das große Werk Hans Dombois'[5],
aber auch an andere Beiträge erinnert, die dieser Tatsache schon im Titel
ihrer Abhandlungen Ausdruck geben.[6]
Der Ausgangspunkt, den Ziegler für die Moraltheologie in der »Mitte des
Evangeliums ... die enthalten (ist) in der Botschaft von der nova creatura,
der Neuschöpfung in Christus, der Inexistenz des Christen in Chri-

---

[1] J.G. Ziegler, Lex nova sive evangelica. Präliminarien zu einer Gnadenmoral, in:
H. Weber/D. Mieth (Hrsg.), Anspruch der Wirklichkeit und christlicher Glaube.
Probleme und Wege theologischer Ethik heute, Düsseldorf 1980, 225-242.

[2] J. Reiter, Modelle christozentrischer Ethik. Eine historische Untersuchung in systematischer Absicht (Moralth. St. Hist. Abt. 9), Düsseldorf 1984, 175-196.

[3] Ebd., 195.

[4] Moral, in: Die heißen Eisen von A-Z. Ein aktuelles Lexikon für Christen, hrsg.
J.B. Bauer, Graz 1972, 251.

[5] Das Recht der Gnade. Ökumenisches Kirchenrecht, I: Witten 1961 (²1969), II:
Bielefeld 1974, III: Bielefeld 1983.

[6] K. Demmer, Ius Ecclesiae — ius gratiae. Animadversiones ad relationem inter
ius canonicum et ethos christianum, PerMCL 66 (1977), 5-46.

stus«,[7] sieht, ist auch für die Kanonistik stichhaltig. Deswegen wollen wir in dem dem Jubilar gewidmeten Beitrag unsere Aufmerksamkeit den anthropologischen Vorgegebenheiten des Kirchenrechts schenken.

I. Die kirchenrechtlichen Auswirkungen der Taufe nach dem CIC

Die Frage nach den anthropologischen Voraussetzungen des Kirchenrechts wurde erneut im Zusammenhang mit seiner neuen Kodifikation aufgeworfen und wird im Rahmen ihrer ekklesiologischen Analyse erwogen.[8] Im Codex von 1917 hatten diese Voraussetzungen ihren Niederschlag in dem Buch »De Personis« gefunden. Im Codex von 1983 finden wir ein so betiteltes Buch nicht mehr, an seiner Stelle steht das Buch »De Populo Dei«[9]. Unsere Aufmerksamkeit erregt jedoch der VI. Titel des ersten Buches, der über die physischen und juristischen Personen handelt und das erste Kapitel der Rechtsstellung physischer Personen widmet. Die erstaunliche Trennung des Kapitels über die Personen vom Buch über das Volk Gottes wurde dadurch begründet, daß im II. Buch von den Personen als Gliedern des Volkes Gottes und nicht im rechtlichen Aspekt die Rede ist[10]. Zwar drängt sich da gleich die Frage auf, ob die Weisungen des II. Buches des Codex nicht einen rechtlichen Charakter tragen, doch vorerst ist diese von einer Dissoziation des kirchlichen Rechtsdenkens zeugende Erklärung anzunehmen und nach dem sich im Codex widerspiegelnden rechtlichen Verständnis des Gläubigen zu fragen. Dem die Plazierung des Kapitels über die Personen begründenden Hinweis folgend, suchen wir die Antwort zunächst in den allgemeinen Normen des Codex. Antwort auf die Frage, wer in der Kirche als Person zu verstehen ist, gibt der C. 96:

---

[7] Moraltheologie nach dem Konzil. Moraltheologie heute und die Erneuerung der Kirche, ThGl 59 (1969), 181.

[8] E. Corecco, Die kulturellen und ekklesiologischen Voraussetzungen des neuen CIC, AfkKR 152 (1983), 3-30 (vor allem 15-17 und 21); R. Sobanski, Rechtstheologische Vorüberlegungen zum neuen kirchlichen Gesetzbuch, ThQ 163 (1983), 178-188 (vor allem 186f.); ders., L'Ecclesiologie du nouveau Code du droit canonique, Actes du Ve Congrès International de Droit Canonique; H. Müller, Communio als kirchenrechtliches Prinzip im Codex Iuris Canonici von 1983, in: Im Gespräch mit dem Dreieinen Gott, Festschr. zum 65. Geburtstag von W. Breuning, hrsg. M. Böhnke, H. Heinz, Düsseldorf 1985, 481-498 (vor allem 488-491).

[9] Diese Tatsache sei hier nur festgestellt, ohne sie ekklesiologisch und rechtssystematisch zu ventilieren. Vgl. darüber W. Aymans, Ekklesiologische Leitlinien in den Entwürfen für die neue Gesetzgebung AfkKR 151 (1982) 39.

[10] Communicationes 14 (1982), 127.

Durch die Taufe wird der Mensch der Kirche Christi eingegliedert und wird in ihr zur Person mit den Pflichten und Rechten, die den Christen unter Beachtung ihrer jeweiligen Stellung eigen sind, soweit sie sich in der kirchlichen Gemeinschaft befinden und wenn nicht eine rechtmäßig verhängte Strafe entgegensteht.

Der kirchlichen und guten kanonistischen Tradition gemäß wird in diesem Canon die konstitutive Bedeutung der Taufe betont[11]. Durch sie wird der Mensch der Kirche eingegliedert, und zwar in eine bestimmte Rituskirche (c. 111f.). Soweit er sich in der kirchlichen Gemeinschaft befindet und wenn nicht eine rechtmäßig verhängte Strafe entgegensteht, hat er in der Kirche »Pflichten und Rechte, die den Christen unter Beachtung ihrer jeweiligen Stellung eigen sind«. Allerdings fehlt den im Kapitel über die Rechtsstellung physischer Personen in der Kirche aufgezählten Faktoren jedwede kirchliche Prägung. Die Rechtsstellung wird nämlich bestimmt durch Alter (c. 97f.), Vernunftgebrauch (c. 98f.), Wohnsitz (c. 100; 102), Herkunftsort (c. 101), wobei für Angehörige von Ordensinstituten, Eheleute und Minderjährige noch weitere, detaillierte Bestimmungen gelten (c. 103-105). In anderen Kapiteln der allgemeinen Normen erfahren wir, daß eine Person einen Verwaltungsakt (c. 47), Verwaltungsbefehl (c. 49), ein Dekret (c. c. 52; 54 §1), ein Reskript (c. 66) oder ein Privileg (c. 76 §1; 78 §2; 80 §2) erhalten kann, auch kann sie Rechtshandlungen vornehmen (c. 124f.), Zustimmung erteilen (c. 127 §2), delegierte Leitungsgewalt übertragen (c. 131 §1), ständige Vollmachten erhalten (c. 132 §2), sie kann aber auch als rechtlich unfähig erklärt werden (c. 10), ihre Rechte können eingeschränkt werden (c. 36 §1). Personen können schließlich zusammenkommen (c. 95 §1) und Gesamtheiten bilden (c. 94 §1; 114 §1,3; 115-117; 121). Natürlich sind Personen auch dann gemeint, wenn sie durch Pronomina wie »diejenigen« (c. 11) oder substantivisch gebrauchte Adjektive wie »Fremde« (c. 13 §2) gekennzeichnet werden. In all diesen canones ist es jedoch nicht möglich, ausfindig zu machen, worin denn die dem Christen eigenen Rechte und Pflichten beruhen. Wenn man von einigen canones absieht (c. 1; 2; 87 §1; 96; 129; 134; 145; 199), könnte man sagen, daß das Recht des Volkes Gottes — also der Kirche — wirklich erst mit der Überschrift des zweiten Buches anfängt. Tatsächlich fängt dieses Recht mit einer legalen Realdefinition der Gläubigen an (c. 204 §1). Diese knüpft selbstverständlich an die Taufe an und

---

[11] In Bezug zur neuen Formulierung des c. 96, der den Inhalt des c. 87 CIC 1917 übernommen hat, verweist E. Corecco mit Recht auf die Folgen des Verzichtes auf den Begriff »obex«, nämlich auf die »nichtadäquate Unterscheidung hinsichtlich des Sachverhaltes ... nicht in der kirchlichen ›communio‹ zu stehen und von einer Strafsanktion betroffen zu sein« — Die kulturellen und ekklesiologischen Voraussetzungen, 21.

deckt sich der Sache nach mit dem c. 96. Es wurde ihr bestätigt, daß sie nicht der theologischen Dimension entbehrt[12]. Aber gerade die Tatsache, daß dasselbe zweimal gesagt wird, zuerst »rechtlich« und dann »theologisch«, beweist, daß das »rechtliche« Denken immer noch vom »theologischen« oder gar »ekklesiologischen« getrennt bleibt. Nur durch diese Dissoziation läßt sich eine solche, nicht zufällige Wiederholung erklären. Allerdings vermögen wir nicht der Ansicht beizupflichten, daß in diesem Kontext auf den Begriff »Persona« zu verzichten sei[13]. Die romanistische Herkunft zwingt nicht zu einem Vorurteil über seine Unbrauchbarkeit im Kirchenrecht. Im Gegenteil, er scheint geeignet zu sein, die aktive Stellung der Gläubigen in der Kirche klarzulegen, die Tatsache nämlich, daß sie Subjekte der Rechte und Pflichten — also des Handelns der Kirche — sind. Es geht nur darum, den Begriff der Person in der Kirche von den Verengungen, die er im Codex erfährt, zu befreien und den ekklesialen Inhalt der Rechte und Pflichten in der Kirche — also des kirchlichen Personenseins — hervorzuheben.[14] Die Person in der Kirche ist der Gläubige (christifidelis), und der Gläubige ist Person in der Kirche. Der ekklesiale und der rechtliche Aspekt sind nicht zu trennen. Die im Codex von 1983 noch immer vorhandene rechtssystematische Trennung der Person und des Gläubigen überwindend wollen wir jetzt das sich in den Kapiteln über die Pflichten und Rechte der Gläubigen im Buch über das Volk Gottes abzeichnende Bild des Gläubigen erkunden. Über diese Kapitel — ihrer Überschrift und ihrem Inhalt nach ohne ihresgleichen in der bisherigen kirchlichen Gesetzgebung — wurde schon viel geschrieben, sie scheinen ja das meistbesprochene Thema zu sein. Trotz aller Einwände kann man nicht bestreiten, daß sie ekklesiologisch einen Fortschritt darstellen.

12 Ebd., 17.
13 So am stärksten H. Müller, Communio als kirchenrechtliches Prinzip?, 488.
14 Dasselbe läßt sich vom Begriff der persona moralis sagen, der anwendbar ist, die Tatsache, daß die Kirche Subjekt des Handelns ist, zu erfassen. Der richtige Weg liegt nicht in der Abschaffung kommunikativer Begriffe, sondern in der Prüfung ihrer Tauglichkeit für das Erfassen und Ausdrücken der ekklesialen Wirklichkeit. Nur dann, wenn die juristischen Begriffe so fixiert sind, daß sie wegen der heute untrennbar mit ihnen verbundenen Vorstellungen ein theologisch verkürztes oder gar irreführendes Bild der Kirche assoziieren, sind sie durch andere, der kirchlichen Wirklichkeit adäquatere zu ersetzen. So ist es bestimmt im Falle des societas-Begriffes, der heute nicht mehr fähig ist, die Aussagekraft zu erlangen, die er in den Schriften der Kirchenväter hatte. Sein im ius publicum ecclesiasticum festgelegter Gebrauch führt zu einer dychotomischen und verkürzten Sicht der Kirche. Diese verengenden Assoziationen scheinen nicht auf den Begriff der Person zuzutreffen, der — im Bezug zur Kirche — neben solchen personifizierenden Begriffen wie mater, sponsa stehen und auf eine anschauliche Weise »das Wesen der Kirche näherbringen kann. Freilich ist die theologische Brauchbarkeit verschiedener — auch juristischer — Begriffe historisch bedingt.

Von Bedeutung ist vor allem der schon erwähnte c. 204 §1, der die Gläubigen in Anknüpfung an die Taufe und anhand der Teilnahme am priesterlichen, prophetischen und königlichen Amt Christi definiert. Noch mehr Beachtung fand c. 208, der über die auf der Wiedergeburt in Christus beruhenden »wahren Gleichheit« der Gläubigen »in ihrer Würde und in ihrer Tätigkeit« aussagt. In diesen Canones haben wir es mit einer dynamischen Sicht der Gläubigen zu tun, die als Subjekte der kirchlichen Aktivität erscheinen. Es sind grundlegende Ansätze für eine ekklesiologisch fundierte gesetzliche Erfassung der Rechte und Pflichten der Gläubigen, auf die im c. 96 hingewiesen wird. Die Ansichten darüber, ob und inwiefern die anschließenden Weisungen diesen Ansätzen folgen, gehen noch weit auseinander. Ohne auf die einzelnen Canones einzugehen und ohne die betreffenden positiven oder negativen Einschätzungen zu würdigen, kann man wohl sagen, daß es einerseits nicht an Weisungen fehlt, die die aktive Stellung der Gläubigen und ihre Aufgabe des Mitwirkens am Aufbau des Leibes Christi konkretisieren, andererseits aber unverkennbar sich Tendenzen abzeichnen, die Aktivität der Gläubigen in die »richtigen« Grenzen zu leiten. Vor allem die vielen assekuratorischen Klauseln beweisen, daß die Anerkennung der aktiven Stellung der Gläubigen in der Kirche nicht frei ist von der Befürchtung einer Bedrohung ihrer hierarchischen Verfassung[15]. Damit legt sich das Urteil nahe, daß das Heilsgeschehen der Taufe in den Bestimmungen über die Rechte und Pflichte der Gläubigen nicht gebührend zur Sprache kommt[16]. Diese Annahme wird auch durch die konsequent im Kodex gebrauchte Reihenfolge »Pflichten und Rechte« erhärtet[17].

---

[15] R. Sobanski, Les idées maîtresses du nouveau Code de Droit canon, in: Raccolta di scritti in onore di Pio Fedele, Perugia 1984, 289 f.

[16] Vielleicht liegt das daran, daß die Aufzählung der Rechte und Pflichten (der im Codex angewandten Methode folgend muß man sagen: Pflichten und Rechte in den c. 208 — c. 231 zu sehr unter dem Druck der Diskussion über die Menschenrechte in der Kirche steht. Es kann keinen Zweifel geben, daß die Menschenrechte in der Kirche anerkannt und geschützt werden müssen, doch geht es nicht um eine bloße Übertragung dieser Problematik in die Kirche. Die Gefahr einer verbalistischen Proklamation ist nicht zu übersehen, die die Aufmerksamkeit von der wirklich kirchenrechtlichen Problematik abwenden könnte. Wichtig ist eine ekklesiologische Durchdringung der Grundrechte, damit sie in der Kirche in einen lebendigen Kontext gelangen, zusammen mit den typisch kirchlichen, in der Taufe fundierten Rechten und Pflichten der Christen. Vgl. die Studie von P. Hinder, Grundrechte in der Kirche. Eine Untersuchung zur Begründung der Grundrechte in der Kirche, Freiburg (Schweiz) 1977 (St. Friburg. N.F. 54).

[17] R. Sobański, Rechtstheologische Vorüberlegungen, 186 f. Mit Recht wird auch bemängelt, daß der Glaubenssinn des ganzen Volkes, dem das II. Vaticanum erhebliche Bedeutung zugeschrieben hat, im neuen Codex »recht stiefmütterlich« behandelt wird — H. Müller, Communio als kirchenrechtliches Prinzip?, 493. Auch das Fehlen des Begriffes Charisma ist bemerkenswert, das doch »ein We-

Trotz zweimaliger Erwähnung der konstitutiven Rolle der Taufe könnte man schwerlich behaupten, daß für die Redaktion des Codex die Tatsache der Inexistenz des Gläubigen in Christus ausschlaggebend war[18]. Bei der Lektüre der dem c. 96 und dem c. 208 nachfolgenden Canones fällt es schwer, sich des Eindrucks zu erwehren, daß mit der Eingliederung in die Kirche die Rolle der Taufe erschöpft sei. Indessen bewirkt dieses Sakrament nicht nur das »fieri« des Christen, sondern wirkt sich auch auf sein »esse« aus. Der grundsätzlichen Relevanz dieser Tatsache für das Kirchenrecht wollen wir uns im folgenden zuwenden.

II. Die rechtliche Relevanz des Heilsgeschehens in der Taufe

Nach der Lehre der Kirche wird der Mensch durch die Taufe wiedergeboren, er erhält die Kindschaft Gottes, die heiligmachende Gnade, die Tugenden und Gaben des Heiligen Geistes. Durch die innere Erneuerung wird der Mensch zum Kind und Erben Gottes und Miterben Christi gemacht (R 8,161).»Was da geschieht ist nicht nur Verbesserung des Bisherigen, sondern eine wirkliche Neuschaffung, freilich im Sinne der Umschaffung. Der Mensch wird zu seiner Vergangenheit frei, er gewinnt eine neue Gegenwart und, was noch wichtiger ist, eine neue Zukunft«.[19] Im Neuen Testament werden die Christen »Heilige« genannt (Apg 11, 26) — nicht als ob sie sündlos wären, sondern weil sich in ihnen die Heiligkeit Gottes widerspiegelt.[20] Christus ist zwar Haupt der ganzen Schöpfung, die deswegen eine christozentrische Struktur hat, doch im Getauften wirkt sich die Christusbildlichkeit auf eine spezielle Weise aus.[21]
Das Heilsgeschehen, dessen der Mensch in der Taufe teilhaftig wird, darf nicht in einer individualistischen Perspektive gesehen werden. Die christ-

senselement der kirchlichen Verfassung« darstellt — E. Corecco, Die kulturellen und ekklesiologischen Voraussetzungen, 261. Die böse Begierlichkeit, die auch im getauften Menschen fortlebt und die zur recht schmerzlichen sozialen Erfahrung führt, verdrängt zu sehr die Gnadengaben als Ansatzpunkt des Kirchenrechts.

[18] Mit Recht bemerkt E. Corecco, daß die Befähigung der Gläubigen, von der in c. 228 die Rede ist, nicht von »Wissen, Klugheit und Ansehen«, sondern von der Taufe abhängt — Die kulturellen und ekklesiologischen Voraussetzungen, 25, Anm. 36.

[19] M. Schmaus, Der Glaube der Kirche. Handbuch katholischer Dogmatik, München 1970, II, 587.

[20] DS 1561.

[21] Eine Untersuchung über das Wesen des übernatürlichen Seins des Christen hat neuerdings G. Ermecke unternommen: Sein und Leben in Christus. Über die Seinsgrundlagen der katholischen Moraltheologie, Paderborn—München—Wien—Zürich, 1985, 80-123.

liche Existenz vollzieht sich im mystischen Leib Christi, sie hat wesentlich einen gemeinschaftlichen Charakter. Das »zum Volke Gottes gemacht« steht nicht neben dem »durch die Taufe Christus eingegliedert« (c. 294 §1), die rechtlichen Auswirkungen der Taufe stehen nicht neben den theologischen, sondern sie bilden eine Realität: dank ihrer Wiedergeburt wachsen die Menschen zu einem Leib Christi zusammen. Der Gläubige ist ein neuer Mensch, der seine Existenz in Christo hat, und damit auch in der Gemeinschaft der Christus Angehörenden. »Sein Christenleben wird getragen von dem großen › Wir ‹ und dessen persönlichem, verantwortlichem, aktivem Mitvollzug und Mitleben zur Auferbauung dieser Gemeinschaft in Christus, um so zur immer größeren Teilhabe an der Erlösungswirklichkeit und Herrlichkeit in Christus emporzuwachsen«.[22] Die Überzeugung, daß mit dem den Menschen in die Kirche eingliedernden Geschehen etwas Fundamentales und Wesentliches am Menschen geschieht[23] ist auch für das Recht in der Kirche relevant. Deswegen obliegt es der Kanonistik, die Tatsache, daß das Subjekt des Kirchenrechts der neugeborene Mensch ist, kirchenrechtstheoretisch zu durchdringen und nach den sich daraus ergebenden kanonischen Konsequenzen zu fragen.

Um etwas Licht in das durchaus schwierige Problem zu bekommen, ist zuerst zu sagen, daß die übernatürliche Wirklichkeit, deren der Mensch durch die Taufe teilhaftig wird, kein auf seiner Natur aufgestellter Überbau ist. Der Mensch wird nämlich durch die Teilhabe an Christus vollendet[24]. Man sollte also die Existenz des Christen nicht auf zwei Ebenen — in zwei Ordnungen —, der natürlichen und der übernatürlichen sehen. Es ist nicht zu verhehlen, daß die Theologie eine solch dichotomische Sicht der christlichen Existenz bis heute nicht ganz überwunden hat. Eine der Konsequenzen der die zwei Ordnungen exponierenden Lehre ist die scharfe Trennung zwischen dem Recht und der Gnade. Das Recht konnte nach dieser Lehre nur in der Ordnung der Natur eingebettet sein. Weil diese Ordnung auch in der Kirche ihre Autonomie bewahrt, wurde das Kirchenrecht nach den Prinzipien dieser Ordnung gedeutet, die andere Ordnung interessierte den Kirchenrechtler gar nicht. Kindschaft Gottes, Tugenden und Gaben des Heiligen Geistes, all das, was die Person in der Kirche konstituiert, wurde nicht zur Kenntnis genommen und wenn, dann wurde es durch entsprechende Differenzierungen aus dem kanonistischen Horizont herausrangiert.[25]

22 Ebd. 117.
23 H. Schlier, Ekklesiologie des Neuen Testaments, in: MySal IV, 1, 172.
24 G. Ermecke, ebd., 82.
25 Vgl. z.B. die Unterscheidung zwischen der mystischen, konstitutiven und rechtskanonischen Persönlichkeit bei D. Corposta, La Chiesa visibile. Lezioni di una teologia di diritto, Roma 1976, 951.

Das Wahrnehmen der Tatsache, daß der Mensch in der Taufe wiedergeboren und mit Tugenden und Gnadengaben ausgestattet wurde, läßt die ihrem Wesen nach aktive Stellung des Gläubigen in den Kirche verstehen. Die Sendung, von der im c. 104 §1 und c. 20 gesprochen wird, hat nicht nur einen formalen Charakter, es ist nicht eine dem Christen auferlegte Sendung — sie gehört zum Christ-sein, so wie zu diesem auch die Befähigung zu ihrer Ausübung gehört. Befähigung und Sendung — das sind konstitutive Elemente des Gläubigen[26]. Dieser Sendung geht der Gläubige nach und aktualisiert seine Befähigungen, indem er an Handlungen teilnimmt, durch die die Kirche »das Sakrament, das heißt Zeichen und Werkzeug für die innigste Vereinigung mit Gott wie für die Einheit der ganzen Menschheit« ist (Vat II LG 1). Die ganze Aktivität der Kirche konzentriert sich auf die Vermittlung der Heilsfrüchte und auf den Aufbau des Reiches, das hier auf Erden schon im Geheimnis da ist und beim Kommen des Herrn seine Vollendung erreichen wird (Vat II GS 39,3). In diese Aktivität ist das Kirchenrecht eingebettet.

Aus diesem Grund ist die Dynamik des Kirchenrechts hervorzuheben. Hans Dombois bezeichnete einst das Kirchenrecht als ius processuale[27] — nicht daß er es zum Prozeßrecht reduzierte, sondern um zu betonen, daß es alle Handlungen der pilgernden Kirche umfaßt. Diese Bezeichnung mag zwar irreführend sein, weil ja »Prozeß« eine fixierte Bedeutung hat, sie scheint jedoch auf ein wesentliches Merkmal des Kirchenrechtes hinzuweisen. Es sollte nämlich in erster Linie nicht mit festgelegtem, stabilem Status, sondern mit Befähigungen und Aufforderungen zum Handeln assoziiert werden. Die Behauptung, daß auf den statischen Strukturen die dynamischen aufgebaut sind[28] sollte man umkehren, weil die Sendung zum Wesen der Kirche gehört. Jede Rechtslage in der Kirche beruht auf den zum Handeln befähigenden Gaben, und nur von diesem Gesichtspunkt aus ist sie zu begreifen. Der Sinn der (subjektiven) Rechte in der Kirche betrifft nicht den »unbestrittenen Besitz«, sondern das Entfalten entsprechender Aktivität.[29] Die statische Idee des »unbestrittenen Besitzes«, die in verschiedenen Ausgaben und Anwendungen so viel kanonistische Energie in Anspruch nimmt, leitet sich aus einem anderen

---

26 Wenn man als Person im juristischen Sinn ein Subjekt der Rechte und Pflichten — also des Handelns — versteht, muß man sagen, daß der Gläubige in der Kirche eine persona par excellence wird. Er wurde zur Person nicht durch einen »automatischen« Ereignisablauf (etwa Geburt, Erlangen der Volljährigkeit), sondern durch eine ontische, zum Handeln befähigende und auffordernde Ausstattung.

27 Observationes quaedam circa naturam theologicam iuris ecclesialis, PerMCL 66 (1977), 619.

28 So z.B. D. Composta, La Chiesa visibile, 30-46.

29 Dasselbe wäre zu sagen hinsichtlich solcher Begriffe wie Privileg, Interesse.

Rechtsgebiet heraus, in dem es um die Sicherstellung der Anrechte geht, die eine friedliche Existenz in dieser Welt verbürgen sollen. Im Kirchenrecht dagegen handelt es sich um die Verwirklichung und die Aktualisierung der Gaben, die die Menschen zum Volk Gottes machen und ihre Aktivität anregen. Die »Stände« oder andere stabile Einrichtungen, die sich im Rahmen der Aktivität der Kirche entwickeln, finden Begründung in dem Maße, in dem sie der Entfaltung der Aktivität dienen. Sie haben jedoch einen sekundären Charakter in dem Sinne, daß sie im Lichte des Handelns der Kirche gedeutet werden sollen und nicht umgekehrt.

III. Die Verwurzelung des Rechts im Heilswirken der Kirche

Die dynamische Sicht der Gläubigen und — konsequenterweise — des Kirchenrechts läßt den Zusammenhang des kirchlichen Rechts mit den übernatürlichen Gaben erkennen. Freilich bleibt jedes Recht im Bezug zu sozialen Werten, deren Förderung durch das Recht angestrebt wird. Doch ist zu betonen, daß es im Falle des Kirchenrechts um die Werte geht, die die Kirche als Kirche konstituieren, die also nicht aus der sozialen Veranlagung des Menschen resultieren, sondern Ausdruck des Heilswillens Gottes sind.

Der Zusammenhang des Kirchenrechts mit den übernatürlichen Werten unterlag in der Kanonistik nie einem Zweifel. Sie unterzog sich auch der Mühe, den übernatürlichen Charakter des Kirchenrechts zu erläutern. In der traditionellen Kanonistik wurde dieser Charakter mit der Berufung auf die Gründung der Kirche durch Christus dargelegt: die Hirten der Kirche erlassen Gesetze, weil sie eine solche Vollmacht von Christus, dem göttlichen Gesetzgeber erhalten haben.[30] Zu dieser genetischen Erklärung kam noch die teleologische hinzu: dem Recht der Kirche steht die übernatürliche Eigenschaft zu, weil ihm ein übernatürliches Ziel vorschwebt, nämlich das Heil der Seelen.[31]

Die Schwäche solch formaler Deutung trat besonders stark hervor, als innerhalb der sich entwickelnden Grundlagenproblematik auch das Thema des Seelenheiles als Ziel des Kirchenrechtes angeschnitten wurde. Die in den dreißiger Jahren initiierte Diskussion entblößte eine recht große Ratlosigkeit der Kanonisten, als sie mit Begriffen konfrontiert wurden, für die sie in den Rechtswissenschaften keine Äquivalenten fanden. Es war für sie schwer zu begreifen, wie das Übernatürliche die Rechtsordnung durchdringen könnte, auch der Zusammenhang des Rechtes mit dem Heil war nicht einzusehen. Um der tausendjährigen Tradition, die das

---

[30] Vgl. A. Ottaviani, J. Damizia, Institutiones iuris publici ecclesiastici, I: Ius publicum internum, Pol. Vaticanis ⁴1958, 193.
[31] Ebd., 143.

Kirchenrecht zum Seelenheil bezog[32], gerecht zu bleiben, wurde zwischen dem direkten und indirekten, oder auch anders ausgedrückt kanonischen und metakanonischen Ziel unterschieden.dadurch jedoch wurde aus der kanonistischen Optik all das entfernt, was nicht einen rechtlichen Charakter im Sinne der Rechtswissenschaften aufwies. Die rechtliche Qualität des Kirchenrechts wurde scheinbar bewahrt, doch von der übernatürlichen Wirklichkeit der Kirche wurde es streng isoliert. Dieser Weg konnte diejenigen nicht befriedigen, die das Kirchenrecht nicht nur als ein juristisches und kulturelles Phänomen, sondern als Ausdruck der Verwirklichung der Kirche verstehen.

Im Rahmen des theologischen Denkens versuchte noch in den vierziger Jahren Wilhelm Bertrams den Zusammenhang zwischen dem Recht und dem übernatürlichen Leben der Kirche zu erläutern.seine Erwägungen gipfelten in der Feststellung, daß das übernatürliche Leben nicht in Rechtskategorien zu erfassen ist, erfaßbar sind jedoch die äußeren Akte als Ursache, Folge oder auch als Hindernis des inneren Lebens. Da eben sieht Bertrams den Berührungspunkt zwischen dem Recht und dem übernatürlichen Leben. Wegen der Verbindung des inneren und äußeren Lebens der Kirche ist nach Bertrams das Recht ein Faktor der Aktualisierung des inneren Lebens der Kirche.[33]

Bertrams' Ausführungen bahnen den Weg zu einer Konzentration der Rechtspraxis der Kirche an ihren Lebensvorgängen. Doch auch in seiner Sicht bleibt der Zusammenhang des Rechts mit dem übernatürlichen Leben periphär, denn das Recht wird bei ihm philosophisch begründet anhand des Axioms »ubi societas ibi ius«: es ist notwendig, um dem übernatürlichen Leben entsprechende Bedingungen zu schaffen. Den theologischen Ansatz, den Bertrams in den Handlungen der Kirche sieht, aufgreifend versuchen wir also der gestellten Frage weiter nachzugehen.

Auf die Frage danach, was sich im Handeln der Kirche ereignet, gibt uns die Pastoraltheologie (also die Disziplin, die sich ex professo mit dem Handeln der Kirche befaßt) folgende Antwort: Gott selbst gibt sich den Menschen. Die Kirche vollzieht sich dort, wo der Mensch sich auf die Selbstgabe und Selbstzusage Gottes öffnet.[34] Dies ereignet sich vor allem durch die fundamentalen Funktionen der Kirche: Verkündigung des Wortes, Liturgie, christliches Leben, kirchliche Disziplin und Caritas. Subjekt

---

[32] »Omnis institutio ecclesiasticarum legum ad salutem referenda sit animarum« — Ivo von Chartres, Epistula 60 (PL 162,74).

[33] Das Privatrecht der Kirche, Gregorianum 25 (1944), 283-320 (= Quaestiones fundamentales iuris canonici, Roma 1969, 10 ff); De constitutione Ecclesiae simul charismatica et institutionali, PerMCL 57 (1968), 281-330 (= Quaestiones fundamentales, 293 ff).

[34] K. Rahner, Ekklesiologische Grundlegung, in: Handbuch der Pastoraltheologie. Praktische Theologie der Kirche in ihrer Gegenwart, hrsg. F.X. Arnold, K. Rahner, V. Schurr, L.M. Weber, F. Klostermann, I, Freiburg—Basel—Wien ²1970, 121-152.

des Handelns der Kirche sind alle Gläubigen, was jedoch eine Differenzierung der von verschiedenen Gläubigen zu vollziehenden Funktionen nicht ausschließt. Alle Gläubigen sind Subjekte der Verwirklichung der Kirche, eines Heilsprozesses, der sich in ihrem Leben abspielt. Wie schon gesagt, entstammt ihre Subjektivität ihrer Berufung und Beschenkung durch Gott. Die Gaben, deren sie teilhaft wurden, sind mannigfaltig, aber alle nehmen ihren Ursprung in derselben Quelle und streben dasselbe Ziel an, nämlich die Teilnahme aller Menschen an der Wahrheit und Liebe. Sie fügen sich zusammen zur gemeinsamen Sendung der ganzen Kirche. Ihre Mannigfaltigkeit und die sich daraus ergebende Differenzierng der Funktionen der Kirche steht dieser Gemeinsamkeit nicht im Wege, im Gegenteil, die Wirksamkeit jeder Funktion hängt vom Vollzug und von der Wirksamkeit anderer Handlungen ab, z. B. hängt die Wirksamkeit der Handlung des Sakramentenspenders von den Handlungen des Empfängers des Sakramentes ab. Die in der Kirche vollzogenen Handlungen tragen einen wesentlich gemeinschaftlichen Charakter — sie sind in der Gemeinschaft eingebettet, sind auf den anderen Menschen ausgerichtet, was wiederum die Heiligung des Handelnden bedingt. Weil die Sendung des Christen in der Gnadenausstattung begründet ist, tritt er an andere Menschen mit einem Angebot des Heils, einer Einladung zum Eingehen oder tieferen Hineindringen in eine neue, gemeinschaftliche Lage. Es ist ein Anerbieten des Glaubens — der Annahme der Offenbarung, die uns die göttliche Wahrheit und Liebe mitteilt.

Das Handeln der Kirche respektiert die Freiheit. »Es ist ein Hauptbestandteil der katholischen Lehre, in Gottes Wort enthalten und von den Vätern ständig verkündet, daß dementsprechend niemand gegen seinen Willen zur Annahme des Glaubens gezwungen werden darf« (Vat II DH 10). Gott ruft den Menschen, aber die Berufung wird erst wirksam, wenn sie wahr und freiwillig angenommen und durch die Lebensführung bekannt wird. Deswegen spricht man gegenwärtig soviel vom Dialog. Paul VI. erinnerte daran, daß die Heilsgeschichte ein langes und inhaltsvolles, von Gott initiiertes und geführtes Gespräch mit den Menschen ist[35]. Niemand darf zum Dialog gezwungen werden. Man soll ihn anbieten, die Möglichkeiten, ihn anzuknüpfen, geben. Weil jedoch im Dialog ein der Liebe entstammender Anruf angeboten wird, legt er dem Berufenen eine ernste Verantwortlichkeit auf. Sie wird bewirkt durch die Autorität Gottes — als aus der Güte und Weisheit Gottes strömender Aufruf, sich ihm zu überantworten und die Einladung in die Gemeinschaft anzunehmen. Deswegen hat dieser Dialog keinen theoretischen Charakter, sondern bildet einen instituierenden Prozeß, einen Ablauf des Überlieferns und des Annehmens, des Hineinziehens in die Wirklichkeit des Heils. Durch ihn werden die, die an Christus glauben, »schließlich gemacht zu › einem auserwählten Geschlecht, einem königlichen Geschlecht, einem

---

[35] Enz. Ecclesiam suam 77 — AAS 56 (1964), 642.

königlichem Priestertum ..., einem heiligen Stamm, einem Volk der Erwerbung ... Die einst ein Nicht-Volk waren, sind jetzt Gottes Volk ‹ (1 Petr 2,9-10)« (Vat II LG 9,1).

Durch das Handeln der Kirche werden die Menschen in eine Lage versetzt, die schon in der Bibel nach rechtlichen Begriffen aufgefaßt werden, wie Rechtfertigung (Mk 16,16; Röm 1,18; 5,21; 10,6; 1 Kor 6,11), an Sohnes Statt annehmen und Adoption (J 1,12; Röm 8,15; Gal 3,27; 4,5), Erbschaft (Gal 4,7; Röm 8,17). Sie bezeichnen die Annahme des Anspruchs Gottes, der in den angebotenen Gaben seinen Ausdruck fand. Es ist die Lage der Rechtfertigung Gott gegenüber, der vollzogenen Filiation und des Zulassens zu seiner Erbschaft. Gleichzeitig aber und auf diese Weise konstituieren sich auch soziale Zustände — die soteriologischen und ekklesiologischen Folgen sind untrennbar, die Gemeinschaft mit Gott ist gleichzeitig Gemeinschaft mit Menschen, denn »die an Christus glauben« beschloß Gott »in der heiligen Kirche zusammenzurufen« (Vat II LG 2). So werden durch das innere Leben der Kirche, das vor allem in der Verkündigung des Wortes und der Feier der Sakramente pulsiert und durch das der Mensch die Rechtfertigung vor Gott erlangt, interpersonale Beziehungen verursacht, deren Gestalt durch die sie begründenden Gaben bestimmt wird. Die Rechtfertigung, die der Mensch erfahren hat, verpflichtet ihn dazu, sich in die Aktivitäten der Kirche einzuschalten, er wird zum Subjekt ihres Handelns.

Man kann also sagen, daß im inneren Leben der Kirche ihre rechtlichen Strukturen keimen. Der Zusammenhang zwischen dem Recht und dem übernatürlichen Leben der Kirche ist nicht nur äußerlich oder periphär, sondern im übernatürlichen Geschehen selbst begründet. Dort vollzieht sich der typisch kirchliche Rechtsvorgang. Der ist nicht nur und nicht erst in der Promulgation des kirchlichen Gesetzes oder in der Ausführung dessen, was die sacri canones präzise vorschreiben, zu finden, sondern in den Handlungen der Gläubigen, zu denen sie sich aufgrund der zum Dienst der Liebe und Wahrheit befähigenden Berufung verpflichtet fühlen. Diese Handlungen vollziehend erwartet der Christ eine entsprechende Haltung des anderen — nicht passiv auf das zu befolgende Recht hinweisend, sondern aktiv zum Glaubensakt anregend. Auf eben diese Weise wird die Kirche gebaut und ihr Recht gestaltet.

Ohne Einsicht in seinen Zusammenhang mit dem inneren Leben der Kirche ist ihr Recht schwer zu verstehen. Die Rechtsaktivität der Kirche scheint dann ihres Rückgrates zu entbehren. Das Verkennen der Verwurzelung des Kirchenrechtes im Heilswirken der Kirche zieht die Notwendigkeit seiner Begründung und des Aufweisens, warum es überhaupt existiert, nach sich. Unsere exogen geprägten Rechtsvorstellungen erschweren das Vordringen zu den Schichten, auf denen nicht nur das Volk Gottes immer wieder zusammenwächst, sondern auch sein Recht ansetzt.

Es ist schon merkwürdig, daß gerade das »katholische Denken«, das sich doch im Leben und in den Erfahrungen der Kirche, die ihre Rechtsstrukturen ausgebildet hat und ihnen große Bedeutung beimißt, vor dem Assoziieren des Rechts mit dem übernatürlichen Leben sträubt[36]. Das beweist, wie stark das kirchliche Rechtsdenken unter dem Einfluß exogener Modelle steht. Die für die heutige Ekklesiologie charakteristische Anstrengung, sich von den durch die Strukturen und das Funktionieren anderer sozialer Gebilde determinierten Vorstellungen zu lösen, findet im kirchlichen Rechtsdenken noch immer ein zu schwaches Echo. Das Rechtsdenken scheint immer noch vom theologischen und religiösen getrennt zu sein[37]. Das Recht wird dadurch zum Äußerlichen und Formalen reduziert. Infolgedessen bedarf es nachher einer theologischen Begründung — wenn das immanente rechtliche Ausmaß des (übernatürlichen) Lebens nicht wahrgenommen wird und die Rechtsvorgänge ohne Berücksichtigung des für ihren Sinn entscheidenden übernatürlichen Inhalts gedeutet werden, dann müssen Brücken gebaut werden, durch die wenigstens auf eine formelle Weise das verbunden wird, was von seinem Wesen her eine Einheit und ein Ganzes bildet. Das Hervorheben dieser Einheit, der Aufweis der Verwurzelung des Rechts im Heilsgeschehen, das Klarlegen der rechtlichen Strukturen des Lebens der Kirche und das Andeuten des übernatürlichen Inhaltes der kirchlichen Rechtsvorgänge gehören zu den dringenden Aufgaben der Theorie des Kirchenrechts.

---

[36] H. Dombois hatte festgestellt, daß schon der Titel seines Werkes — Das Recht der Gnade — für manchen Theologen eine ausreichende Ursache war, es überhaupt nicht zu lesen. — Das Recht der Gnade, II, Bielefeld 1974, 11.
[37] Vgl. die in Anmerkung 9 angezeigte Antwort.

Andrzej Szostek MIC

Teleologismus und Anthropologie

1. Der Streit zwischen Deontologismus und Teleologismus, den die Philosophen seit langem ausfechten, wurde in den letzten Dutzend Jahren aufs neue aufgegriffen, diesmal von katholischen Theologen. Es sei daran erinnert, daß der Teleologist, der die Güte einer Tat (ausschließlich auf die Absicht des Täters bezogen) von ihrer Richtigkeit (die objektive Zweckmäßigkeit der Tat betreffend, die vom Wissen und von der Absicht des Täters unabhänig ist) unterscheidet, der Meinung ist, das *einzige* Kriterium der Richtigkeit einer Tat seien deren Auswirkungen. Der Deontologist dagegen, der nicht immer geneigt ist, die Güte von der Richtigkeit so scharf zu unterscheiden, meint, der Wert einer Tat dürfe *nicht ausschließlich* an ihren Wirkungen gemessen werden. Der extreme Deontologist schreibt den Folgen keinerlei sittliche Bedeutsamkeit zu, während der gemäßigte Deontologist die Wertbilanz neben einem anderen, für ihn nicht weiter reduzierbaren Faktor zuläßt, der wesentlichen Einfluß auf den sittlichen Wert der Tat hat[1]. Das besondere Interesse der Theologen am erwähnten Streit begann mit dem Erscheinen der Enzyklika »Humanae vitae« (fortan zitiert als HV) im Jahre 1968. Viele Theologen, die auf den in HV formulierten Standpunkt recht unwillig reagierten, richteten die Schneide ihrer Kritik vor allem gegen die darin benutzte Argumentationsweise, die ein klassisches Beispiel für den gemäßigten Deontologismus zu sein scheint. Papst Paul VI., der sich der Anwendung künstlicher Methoden der Geburtenregelung kategorisch widersetzt, beruft sich nicht nur auf die verhängnisvollen Folgen einer solchen Praxis (HV p. 17), sondern zuerst und vor allem auf die Natur des ehelichen Aktes sowohl in philosophischer

---

[1] Vgl. T. Styczeń, ABC etyki, Lublin 1981; S. 23-26. Mehr über die beiden Standpunkte und ihre Varianten vgl. W.K. Frankena, Ethics, Englewood cliffs 1973², S. 12-33. Unter den Theologen widmete B. Schüller der teleologischen und deontologischen Normenbegründung die meiste Aufmerksamkeit; vgl. insbesondere seine Arbeit: Die Begründung sittlicher Urteile. Typen ethischer Argumentation in der katholischen Moraltheologie, Düsseldorf 1973. Vgl. auch: F. Böckle, Fundamentalmoral, München 1977, S. 310-315; F. Scholz, Glosić normy to je uzasadniać. Przyczynek do zagadnienia obowiazywania bezwzglednego wtórnych operatywnych norm zakazujacych, in: RF 22 (1974) Heft 2, S. 63-82; Ch. Curran, Der Utilitarismus und die heutige Moraltheologie. Stand der Diskussion, in: Concilium 12 (1976) 671-681.

als auch in theologischer Hinsicht (HV p. 11—13) und hält dieses Argument für ausreichend, das erwähnte Verbot auszusprechen (HV p. 14), noch ehe er über die Auswirkungen spricht.

Die Umstände, in denen sich die Theologen mehr als bisher für den Streit zwischen Deontologismus und Teleologismus interessieren, sowie die Tatsache, daß gerade katholische Theologen zu Diskussionspartnern wurden, modifizierten und komplizierten diesen Streit selbst etwas. *Erstens* konzentrierten die Teilnehmer ihre Aufmerksamkeit auf die Art der deontologischen Begründung, die der traditionellen Moraltheologie zu eigen ist und auch in HV widergespiegelt wurde. Vor allem beruft man sich dabei auf die Natur der Handlung und im Zusammenhang damit auch auf die Natur des Menschen (auf das Naturrecht).

Zweitens ging es, obwohl sich die Reaktion der Theologen hauptsächlich gegen die deontologische Argumentation richtete, eigentlich darum, ob und wie man die Existenz der sog. Detail-(Inhalts-)normen begründen kann, die in der Ethik überhaupt und in der katholischen Theologie insbesondere gelten. Die traditionelle Moraltheologie erkannte die Existenz einer Reihe von solchen Normen an (auch ausnahmslose, absolute bzw. kategorische Normen genannt), insbesondere im Zusammenhang mit dem 5., 6. und 7. Gebot des Dekaloges[2]. Beachten wir jedoch, daß genau genommen ein Unterschied besteht zwischen dem ethischen Problem der Existenz absoluter Inhaltsnormen und der metaethischen Frage nach der Angemessenheit der deontologischen Argumentation. Zwar ist es kein Zufall, daß gerade die Deontologisten gewöhnlich die Existenz solcher Normen verteidigen und die Teleologisten dem widersprechen (zu den Gründen dafür später), aber nicht weniger möglich scheint sowohl ein deontologisches System zu sein, das ihre Existenz verneint (ein Beispiel dafür wird gegen Ende dieser Ausführungen gegeben), als auch um so mehr die Ansicht, daß man die Ausnahmslosigkeit einiger Detailnormen teleologisch begründen kann. Man darf also nicht vergessen, daß die zeitgenössischen Theologen, die manchmal als Teleologisten bezeichnet werden[3], gleichzeitig *zwei* Ansichten verteidigen: den Teleologismus und den Relativismus[4]. Ich denke, daß die Verbindung dieser beiden Standpunkte von den am Streit interessierten Autoren nicht wahrgenommen und nicht so analysiert wird, wie sie es verdiente.

---

[2] Allgemeingültige Detail-(Inhalts-operative) Normen sind solche, die bestimmte Bereiche des menschlichen Verhaltens im allgemein negativ regulieren und zu den sog. äußeren natürlichen (»innerweltlichen«) Akten gehören, welche für jedes Subjekt gelten, und zwar immer und überall. Mehr über diese Normenkategorie im Vergleich mit anderen siehe: A. Szostek, Normy i wyjatki, Lublin 1980, S. 14-15; S. 41-47.

[3] Vgl. z.B. F. Scholz, Innere, aber nicht absolute Abwegigkeit, in: Theologie der Gegenwart 24 (1981) 164.

[4] Unter Relativismus verstehe ich hier also die Ansicht, die die Existenz absoluter sittlicher Inhaltsnormen verneint; die Gegenansicht nennen wir Absolutismus.

Der (dritte) Faktor, der die hier besprochene Diskussion der Theologen von der bisherigen Geschichte des Streits zwischen Deontologismus und Teleologismus unterscheidet, besteht in der gemeinsamen Überzeugung aller daran Teilnehmenden, daß das über den sittlichen Wert — also auch über die Richtigkeit — einer Handlung entscheidende Kriterium in der Berücksichtigung des Wohls der Person besteht; im Falle äußerer, natürlicher Handlungen ist es das Wohl der menschlichen Person. Für den Eudaimonisten wird es das Wohl des Handlungssubjektes sein, für den Personalisten das Wohl des Adressaten der Handlung (»Person-Gegenstand«)[5]. Wie auch immer, die *Axiologie* lassen die katholischen Theologen in der Anthropologie wurzeln, zumindest auf dem durch den hier besprochenen Streit abgesteckten Gebiet. Hier also, in der »normativ bedeutsamen« Konzeption des Menschen, müssen sowohl die Grundlagen des Relativismus bzw. Absolutismus als auch des Teleologismus bzw. Deontologismus gesucht werden. Denn obwohl wie erwähnt, die Entscheidung für einen der metaethischen Standpunkte nicht unvermeidlich zur Akzeptierung oder Infragestellung der Existenz absoluter Inhaltsnormen führt, ist doch die Wahl eines jeden von ihnen mit gewissen anthropologischen Implikationen verbunden.

In den folgenden Bemerkungen versuche ich zunächst einige dieser Implikationen aufzuzeigen und danach — im Kontext einer kritischen Sicht auf die gegenwärtige Diskussion unter den Theologen — zu erörtern, welche anthropologischen Grundlagen unumgänglich sind, um den »teleologischen Objektivismus« zu garantieren, den — zumindest verbal — die Wortführer des Teleologismus in der zeitgenössischen Theologie verteidigen. Diese Probleme könnten das Thema ausführlicherer und gründlicherer Analysen bilden. Hier beschränken wir uns auf einen skizzenhaften Abriß. Dem Titel des Artikels entsprechend wird uns mehr die anthropologische Begründung des Teleologismus als die des Deontologismus interessieren, und das erstens deshalb, weil dem Autor dieser Bemerkungen die Grundintuitionen des Teleologismus als treffend erscheinen, und zweitens, weil die meisten zeitgenössischen katholischen Moralisten ihn teilen, wenn auch nicht immer konsequent genug. Diese Inkonsequenzen ergeben sich wie ich vermute, aus der Annahme solcher anthropologischer Voraussetzungen, die mit dem Teleologismus nur scheinbar harmonieren. Die folgenden Erörterungen tragen vielleicht etwas zur Überwindung der Sackgasse bei, die im hier besprochenen Streit sichtbar wird und die ihren Grund u. a. eben in der nicht zu Ende geführten Ausarbeitung der anthropologischen Voraussetzungen beider Standpunkte zu haben scheint[6].

[5] T. Styczeń, ABC etyki, a.a.O., S. 20-22; T. Styczeń/A. Szostek, Uwagi o istocie moralnosci, in: RF 22 (1974) Heft 2, 22-27; A. Szostek, Pozycja osoby w strukturze moralnoci, in: RF 24 (1976) Heft 2, S. 44-56.
[6] Diese Sackgasse versuchen in letzter Zeit u.a. zu überwinden: P. Knauer, Fun-

103

2. Beide Standpunkte setzen axiologisch-anthropologische Grundannahmen voraus, aber jeder andere und anders.

Die Deontologisten betonen die sittliche Bedeutsamkeit der inneren Struktur der einzelnen Arten menschlicher Akte (der Natur der Handlung); diese Bedeutsamkeit ist so groß, daß Handlungen von der Natur (innerlich) des Bösen durch keinerlei Umstände noch durch die beste Absicht des Täters gerechtfertigt werden können[7]. Die Betonung des Ranges der Natur der Handlung erweckt den Eindruck, als ob die neothomistischen Deontologisten sie als Norm der Stittlichkeit unabhängig vom Wohl des Menschen und seiner Natur behandeln würden. Dieser Eindruck schwindet jedoch, wenn man sich an die Systemstellung des Traktats von der Struktur und Sittlichkeit der menschlichen Akte erinnert. Nicht ohne Grund begannen die traditionellen Lehrbücher der Moraltheologie gewöhnlich mit dem Traktat »De fine ultimo hominis« oder »De beatitudine«. Erst nach der Präzisierung des letztendlichen Zieles des Menschseins, sowie nach der Anerkennung der vernünftigen Natur des Menschen als nähere objektive Norm der Sittlichkeit (in der die letztendliche Norm, die Göttliche Vernunft, zum Ausdruck kommt), wurde die Problematik der sittlichen Bedeutung der Natur der Tat besprochen. T. Ślipko z. B. präzisiert die traditionelle Auslegung der thomistischen Ethik genauer und sieht in der Natur der menschlichen Person, der integralen und in Ordnung gebrachten, das konstitutive Prinzip der sittlichen Werte[8]. Dieser Systemzusammenhang läßt sich auch unschwer aus Pauls VI. Berufung auf die Natur des ehelichen Aktes herauslesen[9].

damentalethik: Teleologische als deontologische Normenbegründung; in: Theologie und Philosophie 55 (1980) Heft 3, 321-360, sowie F. Scholz in seinem zitierten Artikel (siehe Anm. 3), in dem er u.a. an meinen Artikel »Rola natury czynu w argumentacji etycznej«, in: RF 27 (1979) Heft 2, 97-112, anknüpft. Vorliegender Artikel enthält eine Präzisierung und teilweise Weiterentwicklung des dort formulierten Standpunktes (sowie des früheren in der zitierten Arbeit »Normy i wyjatki«).

7 Vgl. die Ansicht des hl. Thomas: »Ea, quae secundum se mala sunt, nullo fine bene fieri possunt« (S Th I-II q 88, a 6, ad 3).

8 T. Ślipko, Etos chrzecijanski, Kraków 1974, S. 176-182. Ich berufe mich deshalb auf Slipkos Ansichten, weil dieser Autor von F. Scholz einige Male zitiert und — manchmal indirekt — kritisiert wird. Vgl. z.B. dessen: Wege und Auswege der Moraltheologie, München 1976, S. 75-79; ders., »Kauft den Kairos aus«. Zur ethischen Beurteilung von Handlungen, in denen Wohl und Übel unlösbar verwoben sind, in: Theologie der Gegenwart 23 (1980) 32; Objekt und Umstände, in: Christlich glauben und handeln, Düsseldorf 1977, S. 246; »Innere ...« (zit. Art.), S. 168.

9 »Denn der eheliche Akt, der Mann und Frau aufs engste verbindet, befähigt diese in seinem tiefsten Wesen zugleich, neues Leben zu gebären, gemäß den Gesetzen der Natur von Mann und Frau selbst. Wenn daher diese beiden Wesenselemente des ehelichen Aktes erhalten bleiben, also Einheit und Elternschaft, dann behält er völlig seine Bedeutung gegenseitiger und echter Liebe

Daß der Natur (der inneren Struktur) einiger Handlungen eine solche sittliche Bedeutsamkeit zuerkannt und zugleich die These respektiert wird, daß der den sittlichen Wert des Verhaltens des Menschen determinierende Faktor sein letztendliches Ziel ist, zeigt von der Anerkennung des besonders »starken« Zusammenhanges zwischen der Erfüllung dieser Handlungen und der Möglichkeit der Erfüllung sowohl ihres Täters als auch ihres Adressaten (wenn auch eines jeden in anderer Beziehung). Die Feststellung, daß die Tötung von Unschuldigen ein innerlich böser Akt ist, drückt also die Überzeugung aus, daß der Vollzug einer solchen Handlung unvermeidlich die sittliche Ordnung antastet; jene wiederum drückt die der menschlichen Person eigene Struktur des Seins und Handelns aus, daß ihre Beachtung den einzigen Weg darstellt, auf dem der Mensch — nicht nur der Adressat dieser Handlung (was selbstverständlich ist), sondern auch ihr Subjekt selbst — seine Erfüllung (seine Vollkommenheit, sein Glück) erlangen kann. Mit anderen Worten, die Anerkennung, daß das Verbot »Du sollst nicht (unmittelbar) Unschuldige töten«! eine allgemeingültige Norm darstellt, kommt der Zuerkennung des Ranges der Unantastbarkeit des menschlichen Lebens gleich, der angetastet werden kann (insofern das möglich ist; das Problem der Todesstrafe erörtern wir hier nicht) nur infolge eines vorhergehenden und entsprechend schweren Verschuldens seines Subjekts. Ähnlich drückt das Verbot der künstlichen Geburtenregelung — in der Absicht des Autors von HV — eine solche Verbindung des integral verstandenen Sinnes der ehelichen Gemeinschaft mit der personalen Erfüllung der Ehepartner durch diesen aus, so daß seine Antastung diese Erfüllung unvermeidlich erschwert. Die im Dokument der Kongregation für die Glaubensdoktrin »Persona Humana« eindeutig negative Einschätzung homosexueller Praktiken setzt die wesentliche Abhängigkeit der authentischen Entwicklung des Menschen von einer bestimmten Art der Behandlung des Sexualtriebs voraus.

Beachten wir, daß diese und ähnliche Verbote der traditionellen Moraltheologie sowie des kirchlichen Lehramtes Handlungen betreffen, die nicht nur den geistigen, sondern auch den leiblichen Bereich des Menschen betreffen. Die Deontologisten können sich natürlich irren, ihre Ansichten modifizieren etc., immer jedoch wird ihren Ansichten wie auch deren eventuller Korrektur die Überzeugung zugrunde liegen, daß der Weg der Entwicklung des Menschen grundsätzlich von seiner geistig-

sowie seinen Bezug auf die erhabene Aufgabe, zu der der Mensch berufen wird — zur Elternschaft«, in: HV p.12 (zit. nach: Notificationes e curia metropolitana Cracoviensi 1-4 (1969) 83; »Man darf nicht zum Objekt des Willensaktes machen, was in seinem Wesen die sittliche Ordnung antastet — und was dadurch als menschenunwürdig angesehen werden muß —, selbst dann nicht, wenn das in der Absicht der Erhaltung oder Mehrung des Wohls einzelner Menschen, Familien oder der Gesellschaft geschieht« (HV p. 14).

leiblichen Struktur (Natur) her bestimmt ist. Die Geistigkeit des Menschen steht mit seiner Leiblichkeit in einem so tiefen Zusammenhang, daß das Ignorieren bestimmter Gesetzmäßigkeiten jener das Erreichen völliger, integraler Vollkommenheit (des Glücks) unmöglich macht bzw. beträchtlich erschwert. Wenn die Deontologisten allgemeingültige Inhaltsnormen formulieren, müssen sie auch eine genügende Beständigkeit und Erkennbarkeit der menschlichen Natur voraussetzen; anders ist es nicht möglich, diese Normen zufriedenstellend zu begründen. Auf diesen Aspekt lege ich hier jedoch weniger Gewicht, denn er ist bekannt und selbstverständlich, darüber hinaus — wie wir sehen werden — für die Teleologisten nicht weniger wichtig als für die Deontologisten. Bezeichnend für letztere scheint eher der so starke Zusammenhang einiger äußerer und natürlicher Akte des Menschen mit seiner Natur zu sein, daß er ihnen erlaubt, die Ethik bezüglich der Anthropologie gewissermaßen zu autonomisieren; sie brauchen sich, jenen Zusammenhang vorausgesetzt, danach in vielen Fällen nur noch auf die Natur der Handlung als auf die nähere Norm der Sittlichkeit zu berufen.

Anders die Teleologisten. Indem sie die Bilanzierung des durch eine gegebene Handlung bewirkten Guten zur einzigen Grundlage für die Beurteilung ihrer Richtigkeit nehmen, liquidieren sie gleichsam jegliche mittelbaren und zweitrangigen Kriterien derselben. In gewisser Hinsicht ist der Teleologist in der Annahme anthropologischer Grundvoraussetzungen zurückhaltender als sein Gegner; er muß keine so deutlich und so weit ausgedehnte Beständigkeit der menschlichen Natur annehmen und auch keinen wesentlichen Zusammenhang zwischen bestimmten Handlungen und der Möglichkeit der Respektierung der Würde ihres Adressaten bzw. der Selbstverwirklichung des Subjekts anerkennen. Indem er alle anderen Arten der ethischen Argumentation mit Ausnahme der Güterkalkulierung verwirft, wahrt er gleichsam Neutralität; weder suggeriert er direkt noch negiert er die Existenz jenes »starken« Zusammenhanges der einzelnen Handlungen mit dem, was die Grundlage zur Beurteilung ihrer Richtigkeit bildet.

Andererseits verlangt eine jegliche Kalkulation jedoch, daß ihr Kriterium u. a. drei Bedingungen erfüllt: Berechenbarkeit, Homogenität und Adäquatheit dem gegenüber, was mit seiner Hilfe gemessen wird. Im klassischen Utilitarismus der Neuzeit (J. Bentham) war dieses Kriterium der Genuß. Den Anhängern dieses Standpunktes schien es, daß dieser die genannten Bedingungen in ausreichendem Grade erfüllt (wenn auch noch weit entfernt von der Präzision in den physikalischen Wissenschaften angewandten Maßstäbe), um die auf Genußbilanzierung gegründete Ethik in den Rang einer Wissenschaft zu erheben. Schon bald jedoch wurden die Mängel des hedonistischen Utilitarismus wahrgenommen. Die Unterschiede im individuellen Erfahren des durch die gleichen Reize bewirkten Genusses erschweren die Formulierung allgemeiner Regeln (Normen) des Verhaltens. Die Ungleichartigkeit des Genusses ließ schon J. S. Mill — auch im axiologischen Sinn — verschiedene Arten des

Genusses unterscheiden[10]. Die ernsthafteste Unzulänglichkeit des Hedonismus jedoch besteht in seiner Grundvoraussetzung, daß der Genuß Quell und Kriterium der sittlichen Richtigkeit des menschlichen Verhaltens sei (Voraussetzung der Adäquatheit). Es nimmt also nicht wunder, daß der heutige Utilitarismus weit vom Hedonismus seiner neuzeitlichen Klassiker abgegangen ist. Um so verständlicher ist, daß die zeitgenössischen Theologen, die die utilitaristische Güterbilanzierung akzeptieren, diese auf eine völlig andere Grundlage stellen wollen. Wenn jedoch schon der Genuß die genannten Bedingungen nicht zufriedenstellend erfüllt, die eine effektive Anwendung der Güterbilanzierung möglich machen sollen, dann wird es noch schwieriger sein, die Richtigkeit einer Handlung auf der Grundlage der tiefer verstandenen Natur des Menschen zu berechnen[11]. Nichtsdestotrotz muß der Teleologist, der die Möglichkeit einer Anwendung der Güterbilanzierung anerkennt sowie als ihr Kriterium das letztendliche Wohl des Menschen als Subjekt (Eudaimonismus) bzw. des Adressaten der Handlung (Personalismus) annimmt, erstens die prinzipielle Meßbarkeit und Homogenität dieses Wohls und zweitens die Vergleichbarkeit der voraussehbaren Auswirkungen der beurteilten Handlung mit dieser voraussetzen. Ich beabsichtige nicht, die theologische Version des Teleologismus dafür zu kritisieren, daß ihre Voraussetzungen zu optimistisch oder gar naiv erscheinen. Nicht ohne Grund begann Aristoteles seine »Nikomachäische Ethik« mit der Bemerkung, keine Exaktheit über das vom Gegenstand des Wissens abgesteckte Maß hinaus zu verlangen. Ich möchte nur auf einige anthropologische und erkenntnistheoretische Implikationen dieser Version des Teleologismus hinweisen. Dieser verlangt nämlich die Annahme einer solchen Konzeption des Menschen, in der seine einzelnen Güter und Werte einander so weit zugeordnet sind (insbesondere: so bezogen auf das letztendliche Wohl und Ziel hin), daß man auf dieser Grundlage die Richtigkeit der zu ihrem Besitz führenden Handlungen messen könnte. Indem er, wie erwähnt, nicht a priori die Unveränderlichkeit all dieser Beziehungen noch eine eindeutige Zuordnung irgenwelcher äußerer und natürlicher Handlungen auf diese Werte und insbesondere das letztendliche Ziel hin voraussetzt (zugleich jedoch die Möglichkeit einer solchen Zuordnung a limine nicht ausschließt), muß der Teleologist die

10 J.S. Mill, Utylitaryzm, Warszawa 1959, S. 15.
11 Genau genommen will auch J. Bentham seine Ethik auf die Eigenschaften der menschlichen Natur gründen; deshalb beginnt er sein Traktat mit dem Satz: »Die Natur unterwarf die menschliche Art zwei Herren: dem Leid und dem Vergnügen«. (Wprowadzenie do zagadnień moralności i prawodawstwa, Übers. B. Nawroczyński, Warszawa 1958, S. 17). Über die Unterschiede zwischen der Anthropologie von Bentham und Mill und derjenigen, die die teleologistischen Theologen bereit sind zu akzeptieren, vgl. B. Schüller, Anmerkungen zu dem Begriffspaar »teleologisch-deontologisch«, in: Gregorianum 57 (1976) 755.

zur Realisierung dieses Ziels dauerhafteren und bedeutsameren Werte grundsätzlich von den weniger dauerhaften und weniger wesentlichen unterscheiden, wenn er die Kalkulation der Auswirkungen der Handlung nicht »im Leeren festmachen« noch aus seiner Theorie einen selbstbetrügerischen Wandschirm zur Rechtfertigung jeglicher beliebigen sittlichen Entscheidung machen will. Auch muß er das Fehlen dieser Voraussetzungen mit einem weitgehenden Erkenntnisoptimismus »bezahlen«, der das richtige Ablesen der gegenseitigen Beziehungen der Werte ermöglicht, von denen der eine nur auf Kosten eines anderen erlangt bzw. aufrechterhalten werden kann. Dieser Optimismus muß auch begründet und vor dem erwähnten Subjektivismus geschützt werden, gegen den — wie erwähnt — die Teleologisten unter den Theologen Einspruch erheben[12].

3. Es wäre also zu erwarten, daß sich die Teleologisten bemühen, und zwar mehr noch als die Deontologisten, einerseits eine möglichst objektive, allseitige und präzise Anthropologie zu formulieren und andererseits die Theorie der sittlichen Erkenntnis und insbesondere die Konzeption des Gewissens auszufeilen, und zwar um die Berechnung der Auswirkungen (als die einzige Grundlage zur Feststellung der Richtigkeit einer Handlung) sowohl vor Nichtanwendbarkeit als auch vor willkürlichem Gebrauch zu bewahren. In den Texten vieler zeitgenössischer Sympathisanten des Teleologismus unter den Theologen lassen sich jedoch Versuche dieser zweifellos schwierigen und ehrgeizigen Aufgabe gerecht zu werden, kaum finden. Die von diesen Autoren präsentierten anthropologischen Voraussetzungen sind entweder sehr allgemein und in den Hauptpunkten zu unbestimmt, um als wirkliche Grundlage einer objektiven Güterbilanzierung dienen zu können, oder sie suggerieren geradezu eine solche Konzeption des Menschen, die den Unterscheidungsgrund zwischen dem objektiv Richtigen und dem, was das Subjekt als solches anzuerkennen will, beiseiteschiebt[13].
J. Fuchs z. B. sagt zwar, »das erste Kriterium (der Wertung — Anm. A. S.) ist natürlich die Übereinstimmung der Handlungsweise, also ebenfalls die Übereinstimmung der entdeckbaren Verhaltensnormen, mit dem › Sinn ‹ des Menschseins überhaupt sowie dem Sinn der einzelnen Umstände, z. B. von Sexualität und Ehe, als Umstände des Menschen«[14], betont aber zugleich, sobald von der menschlichen Natur die Rede ist, »es

[12] »Der glaubende und liebende Christ muß nach der Erkenntnis dessen streben, was *absolut* verpflichtet, dessen, was in sittlicher Hinsicht *objektiv* der konkreten menschlichen (christlichen) Wirklichkeit entspricht«. J.Fuchs, Absolutny charakter etycznych norm postepowania, in: Teologia moralna, Warszawa 1974, S. 197. Vgl. auch: J. Gründel, Naturgeschichtliche Voraussetzungen sittlichen Handelns, in: Concilium 12 (1976) 620.
[13] Vgl. T. Styczeń, Die Wahrheit über den Menschen, in: Communio 5 (1983) 447-457.
[14] Fuchs, a.a.O., 217.

108

muß ... die Absicht einer präzisen Unterscheidung des Veränderlichen und des Unveränderlichen aufgegeben werden, denn sogar das, was das Wesen des Menschseins selbst ausmacht, also zum unveränderlichen Wesen des Menschen gehört, wie auch seine beständigen Strukturen unterliegen prinzipiellen Veränderungen. Veränderlichkeit gehört hier zum unveränderlichen Wesen des Menschen; unveränderlich ist nur — eine Tautologie! — daß der Mensch ist«[15]. Wie soll angesichts dieses Zitates das Postulat der Abstimmung des Verhaltens und der Normen mit dem »Sinn« des Menschseins und der menschlichen Umstände realisiert werden? Und wie kann erkannt werden, wann der Mensch das Gute realisiert, d. h. »das, was unsere Entwicklung fördert, im vollen und besten Sinn dieses Wortes«[16]? Fuchs beruft sich auf das Gewissen und räumt ein, daß dieses die Potenz des Urteilens ist; zugleich aber, nicht nur daß er die Kriterien dieses Urteilens nicht aufzeigt, sondern es bei solchen Gemeinplätzen wie oben zitiert bewenden läßt, verwischt der geradezu die Grenze zwischen dem erkennenden Ablesen (Konstatieren) er normativen Wahrheit über den Menschen und dem von keiner objektiven Struktur des menschlichen Seins und seiner Dynamismen determinierten Aufstellen (Konstituieren) des Wertes der Handlung: »Der Mensch ist Person in seinem Wesen selbst und soll daher als Person sich selbst › in der menschlichen Natur ‹ erkennen und sich einem solchen Selbstverständnis entsprechend verwirklichen. Eine solche Selbstverwirklichung macht die selbständige Entdeckung der Möglichkeiten seines Handelns und seiner weiteren Entwicklung notwendig und darüber hinaus die Feststellung, welche von diesen Möglichkeiten im Sinne des jeweiligen Selbstverständnisses (sic! — A. S.) › richtig ‹, › vernünftig ‹ und › menschlich ‹ (im vollen und positiven Sinn dieses Wortes) sind und den › Fortschritt des Menschen ‹ ausmachen. Auf diese Weise gelangt der Mensch auch zur sittlichen Einschätzung konkreter Situationen sowie zu Aussagen über die sittlichen Normen«[17]. In Wahrheit sind die einzelnen Entscheidungen des Menschen mehr als nur einfache Applikationen des allgemeinen sittlichen Rechts. Jede konkrete Situation bringt unwiederholbare Elemente mit sich, und auch das Subjekt ist jedesmal ein anderes, denn jede Handlung — selbst wenn es sich nur um einen inneren Akt handelt — gestaltet den Menschen und stellt ihn gleichsam in eine neue Situation, an die Schwelle zum nächsten sittlichen Entscheidungspunkt. Deshalb wird dem individuellen und konkreten Gewissensurteil traditionell der Rang der letztendlichen Norm der Sittlichkeit zugeschrieben. Jedoch handelt es sich dabei um eine *subjektive* Norm, die aufgrund ihres *Erkenntnis*charakters ausschließlich als Korrelat der objektiven Norm fun-

---

[15] Ebd., 210.

[16] Ebd., 211.

[17] Ebd., 212. Zum Thema des hier zitierten Artikels von Fuchs und dessen Polemik mit G. Ermecke, vgl.: A. Szostek, Normy moralne a natura ludzka, in: RF 24 (1976) Heft, 123-128.

gieren kann, d. h. der im Gewissensurteil erkannten normativ bedeutsamen Wirklichkeit, die dieses Urteil selbst nicht konstituieren kann. Fuchs drückt sich nicht deutlich genug aus und kann nicht ganz eindeutig interpretiert werden, jedoch kann man sich nur schwer des Eindruckes erwehren, daß die Akzentuierung solch einer Aktivität des Gewissens angesichts des äußerst skizzenhaften und nicht sehr klaren Konzepts der objektiven Grundlage seiner Urteile suggeriert, daß ihm im Bereich der Sittlichkeit *kreative* Eigenschaften zugeschrieben werden. Somit wird hier das Gewissensurteil von einer Gewissensentscheidung völlig absorbiert (Dezisionismus) und damit dem Gewissen seine ureigene normative Funktion und Rolle weggenommen.

In dieser Richtung liegen auch die Äußerungen von Autoren ähnlicher Orientation wie Fuchs. So sagt z. B. Auer, es sei Gottes Wille, daß der Mensch selbst das »Projekt« eines wahrhaft menschlichen Verhaltens entwerfe[18]. F. Böckle stellt fest, die Natur des Menschen sei durch nichts determiniert, sondern bedürfe der Verwirklichung, und schlußfolgert: »Er (der Mensch — Anm. A. S.) muß sich selbst interpretieren und zugleich selbst entscheiden, wer er sein soll«[19]. J. G. Milhaven überlegt, wie Ethik und Moraltheologie im Jahr 2000 aussehen und welche Spielart derselben den künftigen Generationen entsprechen wird; er vergleicht, sich auf J. P. Sartre berufend, die Methodologie der neuen Ethik mit dem Urteil des Künstlers und Ästheten (im Unterschied zum alten, sich an der Rechtskunde ausrichtenden) und gibt der Vermutung Ausdruck, daß wenn im Jahr 2000 Vertreter der jungen Generation einer im zeitgenössischen (und schon heute veralteten) Stil geführten Diskussion über Schwangerschaftsunterbrechung beiwohnen könnten, sie wohl voll gebührender Achtung den Älteren gegenüber zuhören und danach zu ihren Beschäftigungen zurückkehren würden[20]. S. Chiavacci schließlich, der sich für eine Ethik der Suche anstelle der Ethik des Gebots ausspricht, bezeichnet das akzeptierte Modell der Ethik als »Komkretisierung — auf einer gegebenen Geschichtsetappe und einem bestimmten Niveau des Selbstverständnisses des Menschen — des Bereichs des absoluten Bezuges, der Welt der Werte, die den Menschen begleitet«[21].

[18] »Gott hat nicht zunächst den Menschen geschaffen und ihm dann seinen Willen in Form eines Gesetzes nachgereicht. Vielmehr hat Gott den Menschen so geschaffen, daß dieser sein Gesetz in sich selber hat … Es ist also beim Menschen herauszufinden, welches Verhalten ihm als einem Wesen entspricht … Dies ist der Wille Gottes: daß der Mensch selbst sich den »Entwurf« echt menschlichen Verhaltens mache«, A. Auer, Autonome Moral und christlicher Glaube, in: Katechetische Blätter 1 (1977) 61.

[19] F. Böckle, Fundamentalmoral, a.a.O., S. 239.

[20] C.G. Milhaven, Toward a New Catholic Morality, Garden City. N.Y. 1970, S. 49, 55.

[21] S. Chiavacci, Etos Chrzescijanski a etyka chrzescijanska, in: Communio (poln. Version) 3 (1981) 10.

Diese Ansichten, auch wenn sie etwas aus dem Zusammenhang gerissen sind, zeigen jedoch deutlich die Tendenz ihrer Autoren zur Betonung der entscheidenden, manchmal beinahe schöpferischen Rolle des Gewissens, und zwar in bezug sowohl auf das je zu bestimmende konkrete Handeln des Subjekts, wie auch in bezug auf das damit je harmonisierende Konzept des Menschen.

Diese Tendenz wird verständlich, wenn man sich an das unaufhörliche Unterstreichen der Rolle des in der Determinierung des sittlichen Wertes der Handlungen und Normen Veränderlichen durch die zeitgenössischen Theologen erinnert. Wenn es nicht möglich ist, sich auf eine konstante menschliche Natur zu berufen, wenn auch die christliche Offenbarung diesen Autoren zufolge nicht als Reservoir fertiger Verhaltensnormen für alle Menschen, Zeiten und Orte behandelt werden kann[22], dann wird verständlich, daß der individuelle und konkrete Einblick in eine bestimmte Situation zur einzig autonomen »Potenz« wird, die das Sollen des Subjekts bestimmt.

Es ist jedoch nicht leicht, diesen »Einblick« (in die gleichsam über die Erkenntnis hinausgehenden Aspirationen) mit der teleologischen Struktur der Normenbegründung in Übereinstimmung zu bringen. Diese verlangt nämlich, wie bereits erwähnt, die Annahme solch klarer axiologischer Voraussetzungen, daß man auf ihrer Grundlage die vorhergesehenen oder realisierten Wirkungen einer Handlung vergleichen und deren Angemessenheit beurteilen kann. Der Teleologismus muß aus eben diesem Grunde nicht nur das Gute vom Richtigen unterscheiden, sondern auch — bis zur letzten Konsequenz — das sittlich Gute von außersittlichen Gütern, deren Besitz die Realisierung des sittlich Guten als des Ziels begünstigen kann, wenn auch nicht muß. An diese Unterscheidung erinnern übrigens viele zeitgenössische Theologen mit dem Ziel der Infragestellung der Allgemeingültigkeit der Inhaltsnormen, welcher auch immer[23]. Um so deutlicher zeigt diese Unterscheidung jedoch den Unterschied zwischen dem Erkennen und Anerkennen eines sittlichen Wertes sowie des Einflusses, den der Besitz außersittlicher Güter auf seine Erlangung hat, und dem individuellen Urteil, das hic et nunc die Tatsache, Art und Grad dieses Einflusses feststellt. Wenn dieses Urteil autonomisiert und von den allgemeinen axiologischen Grundlagen losgelöst wird, dann

---

[22] Das ist die einhellige Ansicht fast aller zeitgenössischer Theologen. Vgl. z.B. Readings in Moral Theology no. 2: The Distinctiveness of Christian Ethics, New York 1980.

[23] Klar und kurz tut das B. Schüller in seinem Artikel: Neuere Beiträge zum Thema:»Begründung sittlicher Normen«, in:Theologische Berichte 4 (1976) 153-155. Vgl. auch die gleiche Unterscheidung in anderer Terminologie in den Artikeln: P. Knauer, Das rechtverstandene Prinzip von der Doppelwirkung als Grundnorm jeder Gewissensentscheidung, in: Theologie und Glaube 57 (1967) 107-133; L. Janssens, Ontic Evil and Moral Evil, in: Louvain Studies 6 (1972) 115-156.

nimmt man ihm damit den Richtigkeitsurteilen eigenen *Charakter der Schlußfolgerung* aus dem Vergleich der miteinander konkurrierenden und sich gegenseitig ausschließenden Güter (Würde). Und wenn man ihm wertschaffende Eigenschaften zuschreibt, hört er auf, einfach ein Urteil zu sein, und die Beziehung auf die Bilanz der Auswirkungen, wie immer sie begründet sein mag, verliert ihren Sinn. So ein Urteil entlarvt sich als eine bloße Entscheidung. Vielleicht klingt es überraschend, aber wenn bei dieser Art von Dezisionismus überhaupt von Begründung gesprochen werden kann, dann wäre das doch wohl eher eine Begründung deontologischer Art: über den sittlichen Wert einer Handlung entscheidet — ausschließlich oder in prinzipieller Weise — die *Tatsache* der freien und eigenen Entscheidung. Diese »freie und eigene Entscheidung« kann man natürlich so definieren, daß man unter ihr nur diejenige versteht, der vorher stillschweigend ein positiver sittlicher Wert zuerkannt wurde, aber eine solche Einschränkung setzt wiederum die Theorie dem Vorwurf aus, den Fehler »petitio principii« zu begehen. Unabhängig jedoch von dieser Schwierigkeit ist hier für uns die Tatsache wichtig, daß, wenn man dem Gewissen wertschöpferische Eigenschaften zuschreibt, dies der Anerkennung gleichkommt, andere Faktoren hätten, zumindest neben den Auswirkungen, Einfluß auf die Richtigkeit der Handlungen[24]. So zeigt sich also, daß die Anhänger des Relativismus in der zeitgenössischen Theologie, die die traditionelle deontologische Argumentation kritisieren, manchmal einer anderen Variante des Deontologismus zuzuneigen scheinen, wenn sie das auch gewöhnlich nicht sehr deutlich und konsequent tun. Ein konsequenter Dezisionismus ließe sich schwerlich mit der Morallehre Jesu Christi vereinbaren, ebenso mit den objektivistischen Deklarationen dieser Autoren. Es sieht auch nicht so aus, als ob die traditionelle Doktrin von der sittlichen Bedeutung der Natur der Handlung teleologische Voraussetzungen ausschließen würde. Bewußt habe ich jene im vorigen Punkt dieser Betrachtungen so dargestellt, um die Möglichkeit ihrer teleologischen Interpretation leicht erkennbar zu machen, zumindest bei einem entsprechend weiten (erweiterten) Verständ-

---

[24] Es ist also wohl kein Zufall, daß Milhaven sich gerade auf Sartre beruft, wenn er die Methodologie der »neuen Ethik« skizziert. Am Rande lohnt es sich zu bemerken, daß die Konsequenz dieser dezisionistischen Tendenzen auch die Bedeutung der Sünde »wegzuspülen« scheint, welche oft nicht in den Kategorien der Schuld demgegenüber interpretiert wird, dem Affirmation gebührt, sondern als unbesonnenes Handeln gegen die — doch von allen ersehnte — Selbstverwirklichung, welche wiederum oft eben gerade als Frucht der quasi-wertschöpferischen Gewissensakte verstanden wird. Vgl. z.B.: P. Knauer, Das rechtverstandene Prinzip ... a.a.O.; C. van der Poel, W poszukiwaniu wartosci ludzkich, Warszawa 1976, S. 51-56; F. Böckle, Fundamentalmoral, a.a.O., S. 164; A. Auer, Das Christentum vor dem Dilemma: Freiheit zur Autonomie oder Freiheit zum Gehorsam, in: Concilium 13 (1977) 646; B. Häring, Grzech w wieku sekularyzacji, Warszawa 1976, S. 117-144.

nis des Begriffes der Auswirkung der Handlung[25]. Deshalb denke ich nicht, man könne in der Diskussion über die Existenz absoluter Inhaltsnormen einen wesentlichen Fortschritt erreichen, indem aufgezeigt wird, daß man in vielen für deontologisch gehaltenen Theorien eine im Grunde genommen teleologische Argumentationsart erkennen kann[26]. Nutzbringender wäre eher die Bemühung, eine solche Aufzeigung der personalen Struktur des Menschen sowie der Spur, die diese in der Handlung (und die Handlung in ihr) hinterläßt, anzustreben, um dann in diesem Lichte die »guten Gründe« von Teleologismus und Deontologismus, Realtivismus und Absolutismus gegeneinander abwägen zu können. Das Analysieren der Extremfälle kann dabei behilflich sein, die Hierarchie der sittlich bedeutsamen Werte wahrzunehmen, jedoch sagt die »teleologische Schlußfolgerung«, die solche Analysen der »Teleologisten-Theologen« gewöhnlich abschließt, nicht viel darüber, was für eine Anthropologie die teleologische Argumentation voraussetzen muß, damit die Güterbilanz richtig ausfällt. Auf eine gründliche Inangriffnahme dieser Bemühung wartet die zeitgenössische Theologie wohl noch[27].

[25] Vgl. A. Szostek, Normy i wyjatki, a.a.O., S. 90-100.
[26] So analysiert u.a. F. Scholz die Ansichten von W.D. Ross, T. Slipko u.a. Im zitierten Artikel »Innere ...« beruft sich Scholz, wie bereits erwähnt, auch auf meinen Artikel »Rola natury czynu ...«, insbesondere auf die dort formulierte Ansicht, daß die Anwendung einiger Normen auf HV vielleicht in Situationen modifiziert werden müsse, wo man aufgrund der Haltung eines Ehepartners schwerlich von einer Verwirklichung des Sinnes der Ehe sprechen kann (»Rola natury czynu«, 197). Scholz bemerkt dazu, eine solche Ansicht verkünde »ein Theologe aus dem Kreis der »Schule« Kardinal Wojtylas« (»Innere ...«, 169). Scholz' Hinweis weckt folgende Bemerkungen: 1. In dem von Scholz zitierten Fragment verwies ich auf besonders schwierige Fälle bei der Anwendung von HV und brachte Chiricos' Standpunkt ohne eigenen Kommentar vor. 2. Es ist klar, daß ich Chiricos Standpunkt nicht zitiert hätte, wenn ich nicht selbst Zweifel in dieser Frage hätte. Das bezeugt also, daß auch in der »Schule des Kardinal Wojtyla« Zweifel und Meinungsunterschiede zugelassen sind. Der Genauigkeit halber füge ich noch hinzu, daß ich kein Theologe, sondern Philosoph bin, und den zitierten Artikel (ähnlich wie auch den hier vorliegenden) von philosophischer Position aus geschrieben habe. Ich erwähne das, weil ich nicht möchte, daß meine Zugehörigkeit zur »Schule« des gegenwärtigen Papstes die in dieser — wie in jeder — Diskussion wichtige Frage nach der Wahrheit zugunsten auberrationaler Fragen und Argumente verdunkelt.
[27] Ich denke, ein gutes Beispiel für eine theologische Studie über den christlichen Sinn der Ehe und des Menschen als ihres Subjekts ist die aus Johannes Pauls II. »Mittwochsaudienzen« geschriebene »Theologie des Leibes«. Inzwischen auch Deutsch in drei Bänden: Bd. I: Die menschliche Liebe im göttlichen Heilsplan (Katechesen 1979-1981); Bd. II: Die Erlösung des Leibes und die Sakramentalität der Ehe (Katechesen 1981-1984); Bd. III: Die Familie — Zukunft der Menschheit (Sonstige Ansprachen 1979-1984). Patris-Verlag, Vallendar 1985. Ihre Besprechung würde jedoch gründlichere Kommentare benötigen, die über den Rahmen der vorliegenden Arbeit hinausgehen.

113

Zusammenfassung

Der Artikel knüpft an die lebhafte Diskussion über die Begründung der sittlichen Normen an, die seit einigen Jahren unter den katholischen Theologen stattfindet.

Der Autor weist darauf hin, daß die Anhänger des Teleologismus in diesem Streit zugleich eine gewisse Art von Relativismus in der Frage des Verständnisses der menschlichen Natur verteidigen, wenn auch der Zusammenhang dieser beiden Standpunkte, des metaethischen und des anthropologischen, kein logisch zwingender ist. Im Gegenteil, die Anerkennung des teleologischen Typs der Normenbegründung als des einzig richtigen suggeriert eher eine gleichbleibende Wertehierarchie (die die Theologen gewöhnlich. in der menschlichen Natur verankern), sowie die Möglichkeit ihres richtigen Erkennens. In der mangelnden Ausfeilung der anthropologischen Voraussetzungen des Teleologismus sieht der Autor eine der Ursachen dafür, daß die Teleologen, welche verbal den Teleologismus verteidigen, zugleich eine solche Theorie der menschlichen Natur und des Gewissens präsentieren, deren metaethische Konsequenz eine der Varianten des Deontologismus darstellt. Die Schlußfolgerung des Artikels besteht in der These, daß der beste Weg zur Überwindung der heute von den Theologen empfundenen Sackgasse innerhalb der erwähnten Diskussion in einer genaueren Beschäftigung mit der »normativen Anthropologie« besteht, welche die Grundlage der sittlichen Normen darstellt und über die Richtigkeit strittiger metaethischer Standpunkte entscheidet.

Übersetzung: Herbert Ulrich, Lublin

114

Hans Zeimentz

Vernunft und Offenbarung in der Moraltheologie nach Georg Hermes (1775—1831)

1. Hermes' Werk im Widerstreit der Kritik

Als der Bonner Dogmatiker Georg Hermes, hochgeschätzt von seinen zahlreichen Schülern und den Bischöfen in Preußen, 1831 starb[1], lehrten seine Schüler in Preußen,»sowohl auf Universitäten als auf anderen höheren Lehranstalten, von mindestens 16—20 Kathedern« Philosophie und Theologie[2]. Schon wenige Jahre später (1835/36) aber wurden seine wichtigsten Werke auf den Index der verbotenen Bücher gesetzt[3]. Zwar

---

[1] G. Hermes (geb. 22.04.1775) lehrte 1807 — 1820 als Dogmatiker in Münster, 1820 bis zu seinem Tode (26.05.1831) an der Universität Bonn. Seine wichtigsten Werke sind:
Einleitung in die christkatholische Theologie. Erster Theil. Philosophische Einleitung. Münster 1819, 2., nur unwesentlich veränderte Aufl., ebd. 1831 (im folgenden wird die 1. Aufl., = Phil. Einl. zitiert); Einleitung in die christkatholische Theologie. Zweyter Theil. Positive Einleitung. Erste Abtheilung. Münster 1829, 2. Aufl., ebd. 1834 (im folgenden wird die 1. Aufl., = Pos. Einl., zitiert). (Vom 2. Teil ist nur diese über die Echtheit und Zuverlässigkeit der ntl. Schriften handelnde Abt. im Druck erschienen); Christkatholische Dogmatik. I-III, hg. v. J.H. Achterfeld. Münster 1834 (im folgenden zitiert Dogmatik).
Zu Leben und Werk vgl. — die neuere Forschung zusammenfassend — E. Hegel, Georg Hermes: 150 Jahre Rheinische Friedrich-Wilhelms-Universität zu Bonn. 1818-1968. Bonner Gelehrte ... Katholische Theologie. Bonn 1968, 13-25; ders., Geschichte der Katholisch-Theologischen Fakultät Münster. 1773-1964. I. Münster 1968, 107-117; II. 1971, 29f.

[2] F.X. Biunde, Versuch einer systematischen Behandlung der empirischen Psychologie. I/1. Trier 1831, Vorwort VIf. — Biunde (1806-1860) war Schüler des Hermes-Schülers W. Esser (vgl. Anm. 17); er lehrte 1826-1842 Philosophie am Priesterseminar in Trier.

[3] Gregor XVI., Breve »Dum acerbissimas« v. 26.09.1835; Dekret der Index-Kongregation v. 07.01.1836: Acta Gregorii Papae XVI., ed. A.M. Bernasconi. II. Roma 1902, 85 ff. Indiziert wurden die in Anm. 1 angegebenen Werke. Zu Verfahren und Vorgeschichte der Indizierung vgl. H.H. Schwedt, Das römische Urteil über Georg Hermes (1775-1831). Ein Beitrag zur Geschichte der Inquisition im 19. Jahrhundert. Rom 1980, bes. 202-209.

war damit, wie H.H. Schwedt nachgewiesen hat, »keine Einzelaussage oder These Hermes' ... als verurteilt erklärt« worden[4]. In den Auseinandersetzungen, die der Indizierung folgten, aber vertraten die Gegner seiner Schule die Auffassung, Hermes' Lehrsystem sei als häretisch verurteilt worden. Sie wurde zum Standardurteil der Theologie- und Kirchengeschichtsschreibung bis in die neueste Zeit[5]. Noch H. Schrörs, der das Bild der Hermesianer von den Verzerrungen ihrer Gegner befreite, galt der Hermesianismus als »halber Naturalismus«, »Halbrationalismus« und »Semipelagianismus«[6]. K. Eschweiler, einer der ersten, der sich nach der lange Zeit maßgebenden negativen Kritik J. Kleutgens[7] auf theologisch-systematischer Ebene mit Hermes' theologischer Konzeption auseinandersetzte, kommt zu dem Schluß, Schrörs habe dieses Urteil »unbesehen von dem hier oberflächlichen *sensus communis* des Antihermesianismus« übernommen[8]. Die Hermes als Irrlehren zugeschriebenen theologischen Anschauungen seien »ohne Ausnahme aus der katholischen Umgebung« rezipiert[9]. Eschweiler mißt Hermes' Werk eine »für die Entwicklung der theologischen Methode in der Neuzeit ... in außerordentlichem Maße typische Bedeutung« bei[10]. Kein anderes neuzeitliches theologisches System zeige in der Verbindung von apologetischem Kritizismus, der die Vernunft vom Glauben isoliere, um »mit dieser gegen Glauben und Unglauben an sich neutralen Vernunft die christliche Wirklichkeit philologisch, historisch oder

---

4 Schwedt, a.a.O. 187-211, hier 211.
5 Vgl. Schwedt, a.a.O. 216f. 223f (mit Belegen). Schwedt, a.a.O. 10-16, gibt eine Auflistung der in der Litertur als häretisch bzw. irrig diskutierten Thesen des Hermes. — Zur Auseinandersetzung um den Hermesianismus, die in den Streit um die Mischehen und die »Kölner Wirren« (1837) überging, vgl. — einschlägige Arbeiten zusammenfassend — S. Merkle, Der Hermesianische Streit im Lichte neuer Quellen (1940): ders., Ausgewählte Reden und Aufsätze, hg. v. Th. Freudenberger. Würzburg 1965, 509-544; sowie die neueren Arbeiten von R. Lill, Die Beilegung der Kölner Wirren 1840-1842. Düsseldorf 1962, 22-28. 44-48; Ch. Weber, Aufklärung und Orthodoxie am Mittelrhein 1820-1850. Paderborn 1973; Schwedt, a.a.O.
6 H. Schrörs, Ein vergessener Führer aus der rheinischen Geistesgeschichte des 19. Jahrhunderts. Johann Wilhelm Joseph Braun (1801-1863). Bonn 1925, 133. 403. 429; ders., Geschichte der Katholisch-theologischen Fakultät zu Bonn 1818-1831. Köln 1922, 88f.
7 J. Kleutgen, Die Theologie der Vorzeit I. Innsbruck 1883, 7-28. 53-57. 67-76. 205-257. 318-339. 341-424. Noch 1957 schrieb J. Pritz, Franz Werner. Ein Lebensbild für Wahrheit in Freiheit. Freiburg 1957, 117, daß »heute meist die Kenntnisse über den Hermesianismus« aus Kleutgens Schriften bezogen werden.
8 K. Eschweiler, Die zwei Wege der neueren Theologie. Georg Hermes—Matth. Jos. Scheeben. Eine kritische Untersuchung des Problems der Theologischen Erkenntnis. Augsburg 1926, 298 Anm. 46.
9 Eschweiler, a.a.O. 120.
10 Eschweiler, a.a.O. 111.

philosophisch zu deuten bzw. festzustellen«, und theologischem Positivismus,»der sich jeder spekulativen Deutung der Glaubenssätze enthalte«, so deutlich die Verwurzelung in der Anthropozentrik der Neuzeit, der Idee der Autonomie der Vernunft[11]. K. Thimm wiederum sieht das Werk des Hermes wegen des aus der Philosophie Kants rezipierten Prinzips der Autonomie in einem »tiefen Gegensatz zu aller katholischen Theologie« befangen[12]. W. Lipgens aber vertritt die Meinung, es sei der »mit Abstand ... bedeutendste Versuch eines deutschen Theologen ..., den Erkenntnisweg neuzeitlicher Philosophie bis zu Kant und Fichte aufzuarbeiten und dieses Wissen mit dem christlichen Glauben in seiner strengen Ganzheit auszusöhnen«[13]. Auch R. Malter, der Hermes' Werk in neuerer Zeit philosophischerseits einer Kritik unterzog,»hält die Hermesische Position für das neuzeitliche, nach dem Wahrheitsgehalt des christlichen und jedes anderen Glaubens fragende Denken aktuell«, gerade weil sie — wenn letztlich auch in einem mißlungenen Versuch —»die gesamte metaphysisch-religiöse Problematik im Horizont der sich autonom wissenden Reflexion thematisiert« hat[14]. Es geht im folgenden nicht darum, Hermes' Versuch, in Auseinandersetzung mit der Philosophie seiner Zeit, insbesondere I. Kants und J. G. Fichtes[15], eine auf der Autonomie der Vernunft basierende, als po-

[11] Eschweiler, a.a.O. 111ff. 25. 120. 128ff. Vgl. auch R. Schlund, Der methodische Zweifel. Eine Untersuchung zur Wissenschaftslehre katholischer Theologie im 19. Jahrhundert. Diss. theol. masch.Freiburg 1947, 12-17. 74-82; ders., Hermes, Georg II.: LThK V 258ff.

[12] K. Thimm, Die Autonomie der praktischen Vernunft in der Philosophie und Theologie des Hermesianismus. Diss. theol. München 1939, 25. Thimm machte es sich zum Programm, »die Idee der Autonomie als Prinzip der Hermesianischen Metaphysik und Theologie zu erweisen« (26). Die Arbeit ist nur in einem Teildruck erhalten, der die Einlösung dieses Programms nicht enthält.

[13] W. Lipgens, Beiträge zur Lehrtätigkeit von Georg Hermes. Seine Briefe an den späteren Kölner Erzbischof Ferdinand August Graf v. Spiegel 1812-1824: Historisches Jahrbuch 81 (1962) 174f.

[14] R. Malter, Reflexion und Glaube bei Georg Hermes. Historisch-systematische Studie zu einem zentralen Problem der modernen Religionsphilosophie. Diss. phil. Saarbrücken 1966, 235. Malter hält Hermes' Versuch für mißlungen, weil »die Autonomie der Reflexion im Hermesischen Raisonnement präsent ist, ohne sich in der ihr angemessenen Weise zu konkretisieren — das Mißlingen des Hermesischen Versuchs gründet somit gerade nicht darin, daß Hermes, wie ihm vorgeworfen wurde, überhaupt im Bewußtsein der Autonomie der Reflexion den christlichen Glauben zum Thema der philosophischen Untersuchung erhoben hat« (a.a.O. 235f). Vgl. ders., Hermesianismus: Historisches Wörterbuch der Philosophie III. Basel 1974, 1074f.

[15] Vgl. Hermes' Selbstzeugnis Phil. Einl., Vorwort IX, und C. Kopp, Die Philosophie des Hermes besonders in ihren Beziehungen zu Kant und Fichte. Köln 1912.

sitive Wissenschaft verstandene Theologie aufzubauen, im einzelnen nachzuzeichnen oder einer Kritik zu unterziehen. Es sollen vielmehr nur Hermes' Verständnis und Begründung des Sittlichen erhoben (2) und seine Konzeption von Moraltheologie, näherhin die Verbindung des Ethischen und des Theologischen in der als theologisch-positive Wissenschaft postulierten Moraltheologie, dargestellt werden (3). Nur insoweit es von daher gefordert ist, werden Ansatz und Grundelemente seines Systems skizziert. Dabei bleibt unberücksichtigt, inwieweit Hermes im einzelnen in Abhängigkeit, in Nähe oder Distanz zu Kant und Fichte steht. Hermes ist zwar weder als Moralphilosoph noch als Moraltheologe hervorgetreten. Sein Hauptwerk, die »Philosophische Einleitung« (in die christkatholische Theologie)[16], aber enthält die Ansätze eines Systems sowohl der Moralphilosophie als auch der Moraltheologie, die seine Konzeption in hinreichender Deutlichkeit erkennen lassen.

2. Die Begründung des Sittlichen aus der Autonomie der praktischen Vernunft

2.1 Der Ort der Frage nach dem Sittlichen im System der »Philosophischen Einleitung«

Gegen die als »Resultat der vorzüglichsten philosophischen Untersuchungen neuerer Zeit ... a priori behauptete Unmöglichkeit« der Theologie als auf Offenbarung gründender Wissenschaft, will Hermes auf philosophischem Weg deren Möglichkeit aufzeigen[17]. Dazu will er zum einen die Erkenntnisprinzipien der Theologie — Neues Testament, Tradition, Lehramt — in ihrer Authentizität als historische Quellen und in der Widerspruchslosigkeit ihrer Aussagen »mit Gewißheit als untrügliche Quellen der Wahrheit« erweisen[18]. Zum anderen — und logisch vorgängig —

---

16 Phil. Einl. 39-61. 202-256, hinzuzuziehen ist auch Pos. Einl. 614-626. — Seine Schüler haben diesen Grundriß in moralphilosophischen wie -theologischen Handbüchern systematisch ausgebaut, vgl. W. Esser, Moralphilosophie. Münster 1827; J.P. Elvenich, Die Moralphilosophie. I-II. Bonn 1830/1833; G. Braun, System der christkatholischen Moral. I-II/1-2. Trier 1834/1838/1840; H. Vogelsang, Handbuch der christlichen Sittenlehre. I-III. Bonn 1834/1837/1839. Vgl. dazu die bio-bibliographischen Angaben bei Thimm, (Anm. 12) 60-65. — Einen — von Verzeichnungen im einzelnen nicht freien — Überblick über die Moralphilosophie und -theologie des Hermes und seiner Schule bietet J. Diebolt, La théologie morale catholique en Allemagne au temps du philosphisme et de la restauration 1750-1850, Strasbourg 1926, 238-257.

17 Phil. Einl. 3f.

18 Phil. Einl. 61-74, hier 74. Dieser Aufgabe unterzieht sich Hermes in der Pos. Einl.

will er in »realer Indifferenz«[19] zum Gültigkeitsanspruch des Glaubens klären, ob »es für den Menschen Entschiedenheit über Wahrheit, die sicher ist«, gibt, ob ein Gott ist »und wie er beschaffen ist«, ob »eine übernatürliche Offenbarung Gottes ... als möglich ... zugelassen ... und unter welchen Bedingungen sie als wirklich erachtet werden« muß[20]. Wie Kant und Fichte zielt Hermes auf eine Untersuchung des menschlichen Wahrheitsvermögens überhaupt. Geht die Tranzendentalphilosophie davon aus, »daß wir Sein immer nur im Medium des Bewußtseins« haben[21], so gilt auch für Hermes, daß alle Erkenntnisse »keine andere Gewißheit bekommen [können], als das unmittelbare Bewußtsein sie ihnen bezeugt«[22].

Die transzendental-logische Fragestellung aber wendet er empirisch-psychologisch und beschränkt die Reflexion auf die psychologische Analyse der Genese der Cewißheitszustände des Bewußtseins. Aus der empirischen Psychologie führt er — ohne nähere Begründung — zwei Wege an, die zur Entschiedenheit über die bewußtseinstranszendente Realität des im Bewußtsein Vorgestellten, zur Entschiedenheit über Wahrheit, führen: das »Fürwahr-« bzw. »Fürwirklichhalten« der theoretischen Vernunft und das »Fürwahr-« bzw. »Fürwirklichannehmen« der praktischen Vernunft[23].

Das Fürwahr- bzw. Fürwirklichhalten gewinnt seine Gewißheit dadurch, daß es sich, vor aller Reflexion »physisch ... angethan«, in der Reflexion als »unvermeidliches und nothwendiges Halten« zeigt[24]. Da das Bewußtsein des notwendigen Haltens aber erst in einem (zweiten) auf das (erste) Bewußtsein reflektierenden Bewußtsein bewußt wird[25], das Bewußtsein selber nicht überschreitbar ist, ist »das unmittelbare Bewußtseyn der Sache in uns ... die höchte Erkenntniß des Menschen, und ... Urprinzip der Gewißheit aller andern menschlichen Erkenntnisse«[26].

[19] Schlund, Zweifel, (Anm. 11) 81. — Zu dem damit angesprochenen, viel diskutierten »Hermesianischen Zweifel« vgl. Eschweiler, a.a.O. (Anm. 8) 125-130; Schlund, a.a.O. 81f; die ihn als »methodischen Zweifel«, L. Gilen, Kleutgen und der hermesianische Zweifel: Scholastik 33 (1958) 1-31; Malter, Reflexion (Anm. 14) 36ff, die ihn als »positiven Zweifel« verstehen.

[20] Phil. Einl. 80. Dies sind die Themen der Phil. Einl.

[21] R. Lauth, Zur Idee der Transzendentalphilosophie. München 1965, 46.

[22] Phil. Einl. 121-131. hier 126.

[23] Phil. Einl. 86.

[24] Phil. Einl. 88f. 185-195.

[25] Phil. Einl. 127. 184-199. Der Beweis ließe sich in infinitum fortsetzen, er zeige immer dasselbe: Das je folgende Bewußtsein erweist das notwendige Fürwirklichhalten des je vorausgehenden.

[26] Phil. Einl. 126. »Das nothwendige Halten ist selbst unsere Gewißheit und vertritt die Sicherheit im Erkennen«, formuliert der Hermesianer F.X. Biunde, Fundamental-Philosophie. Trier 1938, 159, den gleichen Sachverhalt.

Mit diesem Ergebnis beansprucht Hermes, den Zugang zu Metaphysik eröffnet zu haben: Eine »erste Wirklichkeit« und zugleich die Zuverlässigkeit der Aussprüche des unmittelbaren Bewußtseins der Sache in uns gelten ihm als erwiesen[27]. Die Vernunft, die als Vermögen des Begründens und Begreifens allem für wirklich Gehaltenen einen »Grund hinzu denken muß«[28], kann nun »im Wege ihr nothwendiger und zwar mit Reflexion für nothwendig gefundener Forderungen eines Grundes noch neue Wirklichkeiten finden«[29]. Hermes sieht sich so in die Lage versetzt, in immer neuen Untersuchungen über den Erweis der Verstandeskategorien, der Innen- und Außenwelt fortzuschreiten bis zur »Ururache« Gott[30].

Hermes hält damit für geklärt, daß die theoretische Vernunft im Wege des Fürwahr- und Fürwirklichhaltens Entschiedenheit über Wahrheit und über die Existenz Gottes findet. Die Frage indes, »wie Gott beschaffen ist«, kann durch die theoretische Vernunft nur teilweise gelöst werden. Zwar muß sie für wahrhalten, daß Gott der »einige, ewige, absolute und unveränderliche Schöpfer der Welt« ist[31]; ob Gott auch moralische Eigenschaften zukommen, aber kann sie nicht entscheiden[32]. Ebenso muß die theoretische Vernunft die Möglichkeit von Offenbarung Gottes zulassen[33]; über die Wirklichkeit von Offenbarung aber kann sie keine Gewißheit finden. Da Offenbarung nur in geschichtlicher Vermittlung zugängig ist, unterliegt ihr Inhalt — wie alle geschichtliche Erkenntnis — dem theoretisch nicht auszuschließenden Zweifel[34]. Entschiedenheit in diesen beiden noch offenen Fragen gewinnt Hermes durch den Rekurs auf das »Fürwahr-« bzw. »Fürwirklichannehmen« der praktischen Vernunft.

Im Fürwahr- bzw. Fürwirklichannehmen der praktischen Vernunft wird nach Hermes eine Gegebenheit, deren Realität theoretisch bezweifelbar ist, als real anerkannt, damit eine unbedingte Pflicht, die die Realität dieser theoretisch bezweifelbaren Gegebenheit als Bedingung der Möglichkeit ihrer Erfüllung voraussetzt, erfüllt werden kann. Dem so aus der Notwendigkeit der Pflichterfüllung resultierenden Fürwahr- und Fürwirklichannehmen spricht Hermes die gleiche Gewißheit zu wie dem Fürwahrhalten der theoretischen Vernunft, so daß der theoretische Zweifel irrelevant wird. Aber anders als das »physisch notwendig Halten« entspringt das »Annehmen« moralischer Notwendigkeit. Es ist ein Akt des

---

27 Phil. Einl. 197f.
28 Phil. Einl. 152-164, hier 155.
29 Phil. Einl. 196.
30 Phil. Einl. 168-177. 279-413. 431-468, hier 370. Vgl. im einzelnen Malter, Reflexion (Anm. 14) 132-149; Kopp, (Anm. 15) 61-75.
31 Phil. Einl. 377-449, hier 394.
32 Phil. Einl. 469. — Vgl. unten 2.3.
33 Phil. Einl. 511-602. Vgl. im einzelnen Malter, Reflexion (Anm. 14) 154-172; Eschweiler, (Anm. 8) 95-104.
34 Phil. Einl. 257f. 579f.

freien Willens[35]. Es setzt die Existenz unbedingter moralischer Pflichten, des Sittlichen, voraus.

Die Erörterung des Sittlichen, die Moralphilosophie, setzt in Hermes' System den Erweis der Zuverlässigkeit der Aussprüche des Bewußtseins der Sache in uns, auf dem sie gründet, voraus. Soll das Sittliche im Sinne (moralisch) notwendiger Pflichten gegenüber dem Mitmenschen und sich selbst möglich sein, muß weiterhin, wie Hermes insbesondere gegen Fichte geltend macht, die Existenz der Innen- und Außenwelt, des Pflichtsubjekts und -objekts, durch die theoretische Vernunft gesichert sein[36]. Somit sind die entsprechenden Teile der »theoretischen Philosophie«, die »metaphysische Psychologie« und die »metaphysische Kosmologie«, nicht aber die philosophische Theologie, Bedingung der Möglichkeit der Moralphilosophie. Die philosophische Theologie aber kann vollständig erst nach der Moralphilosophie abgehandelt werden, da nur unter Voraussetzung des Sittlichen Gott als moralisches Wesen angenommen werden kann[37]. Insofern schließlich die Annahme göttlicher Offenbarung allein — wie noch zu zeigen ist[38] — durch das Fürwahrannehmen aus dem Grunde der Pflichterfüllung geboten ist, ist die Existenz unbedingter moralischer Pflichten unabdingbare Grundlage einer auf Offenbarung gründenden Theologie. So macht die Architektonik des Systems deutlich, daß das Sittliche ohne Rekurs auf eine transzendente Wirklichkeit, d.h. aus der Autonomie der praktischen Vernunft, zu erweisen und zu bestimmen ist.

2.2 Erweis und Bestimmung des Sittlichen

Entsprechend der von Kant in der Ethik eingeleiteten »Wende von der Objektivität des Objektes zur Subjektivität des Subjekts«[39] geht Hermes in der Erörterung des Sittlichen nicht von einem vorgegebenen Begriff des sittlich Guten aus. Das sittlich Gute bestimmt er vielmehr — in der ihn von Kant trennenden — empirisch-psychologischen Analyse der dem Willen Zwecke setzenden Vermögen. Der Erweis der praktischen Vernunft als des das sittliche Gesetz konstituierenden Vermögens führt ihn über die Begründung des Sittlichen überhaupt zum höchsten Pflichtgebot, dem Moralprinzip, und damit zur Bestimmung des sittlich Guten. Hermes unterscheidet zwei Vermögen, »wodurch wir des Gefallens und Mißfallens, des Begehrens und Verabscheuens, und so der Forderungen und Zwecke für den Willen fähig sind«: Sinnlichkeit und Vernunft[40].

35 Phil. Einl. 90f. 215ff. 228. 236. 246-256.
36 Phil. Einl. 268. Vgl. die Argumentation gegen Fichte a.a.O. 426f.
37 Phil. Einl. 470-476. Vgl. — zum ganzen Absatz — Esser, (Anm. 16) 12-17. 19-23; Elvenich, (Anm. 16) I 7-15; II 381ff.
38 Vgl. unten 3.3.1.
39 Ch. Keller, Das Theologische in der Moraltheologie. Eine Untersuchung historischer Modelle aus der Zeit des Deutschen Idealismus. Göttingen 1976, 25.
40 Phil. Einl. 202-215, hier 203.

Die Sinnlichkeit ist in ihrem Gefallen und Begehren von den Sinnen abhängig. Sie stellt dem Willen ihre Objekte wegen des mit deren Besitz verbundenen Genusses als zu erstrebende Zwecke vor. Sie kann aber den Willen nur reizen, ihn nötigen kann sie nicht. Denn ihre Zwecksetzung basiert nicht auf dem Wert der Dinge, sondern auf der bloß subjektiven Empfindung des mit ihnen verbundenen Genusses[41]. Die praktische Vernunft hingegen ist als Vernunft Wahrheitsvermögen und in ihrem Gefallen und Begehren und damit in den von ihr dem Willen gesetzten Zwecken an die Übereinstimmung mit dem Wert der Gegenstände gebunden. Weil sie mit dieser in ihrer Vernunftnatur liegenden Notwendigkeit auf die »Kongruenz von Wollen und Wert des Gewollten zielt«[42], spricht sie ihre Forderungen als Imperative aus und droht im Falle der Nichterfüllung die Strafe der Selbstverwerfung an. Die praktische Vernunft erweist sich so als pflichtdiktierendes Vermögen, als Gesetzgeberin[43].

Dem Pflichtgebot der Vernunft kommt wegen der mit ihm verbundenen Sanktion Gesetzescharakter im strengen Sinn, d.h. unbedingte Verbindlichkeit, zu. Deswegen fordert Hermes nicht nur, um dem Anspruch der Wissenschaft zu genügen, demzufolge »die systematische Einheit dasjenige ist, was die gemeine Erkenntnis allererst zu Wissenschaft ... macht«[44], sondern vielmehr um die unbedingte Verbindlichkeit des Sittlichen zu gewährleisten, ein »System der Moral«, in dem die konkreten Einzelgebote von einem obersten, allgemeinen Pflichtgebot, dem Moralprinzip, hergeleitet werden.[45] Allein aus der konkreten Situation könne die Vernunft einen verbindlichen Anspruch nicht herleiten, weil, wie Hermes an Beispielen verdeutlicht, die Möglichkeit der Erfüllung nicht oder zumindest nicht immer mit zweifelsfreier Gewißheit auszumachen sei. Gehe man aber von einem obersten, allgemeinen Gebot aus, verlange die Vernunft wegen der Unbedingtheit dieses obersten Gebotes bei dessen Anwendung auf einen konkreten Fall die theoretisch bezweifelbaren Gegebenheiten als wirklich anzunehmen[46].

Das geforderte Moralprinzip kann nur die praktische Vernunft aufstellen. Nun hat diese nach der von Hermes rezipierten Psychologie an allem Ge-

---

[41] Phil. Einl. 211.
[42] Malter, Reflexion (Anm. 14) 113.
[43] Phil. Einl. 209.
[44] I. Kant, Kritik der reinen Vernunft: Werke, hg. v. W. Weischedel, IV. Darmstadt 1975, 695.
[45] Phil. Einl. 219ff. 223-246.
[46] Diese Pflicht bestehe jedoch nur dann, »wenn die Gründe ... zu zweifeln alle aus den allgemeinen Umständen entspringen, welche vorhanden sein müssen, damit die in Frage stehende Pflicht wirklich werden könne, und wenn die besonderen Umstände, welche den gerade jetzt wirklichen Fall individualisieren, keinen neuen Grund zu zweifeln hinzu thun« (Phil. Einl. 240). Vgl. a.a.O. 223-246.

fallen und begehrt alles, »was Kraft heißt, d.i. was die theoretische Vernunft als ein Reales hält«[47]. Ihr Gefallen wächst mit dem Maß der Kraft, der Wirklichkeit und Wirkmacht der Gegenstände. Das größte Gefallen hat sie demnach an den Kräften im Menschen, durch die dieser alle anderen irdischen Wesen überragt: an »Intelligenz und Freyheit, und an der Fähigkeit desselben für Mitleiden und Wohlwollen als dem in seiner Natur gelegten Mittel jenen Adel mit gleichem Eifer in seinen Mitmenschen als bey sich selbst, zu fördern«[48]. Die Erhaltung und Förderung dieser Kräfte setzt die praktische Vernunft dem Willen als obersten zu erstrebenden Zweck, als unbedingte Pflicht. Zwar bleibt der Wille in seiner Selbstbestimmung frei, aber er zieht sich im Falle des Ungehorsams die Strafe der Selbstverwerfung zu. Da diese Kräfte zusammen die Menschenwürde konstituieren, formuliert Hermes das Moralprinzip: »Suche die Menschenwürde in dir und Andern rein darzustellen und zu erhalten«[49]. Damit hat Hermes das gesuchte Moralprinzip aber erst in seinem materialen Gehalt, im Objekt der Pflicht, bestimmt. Da der Grund, der die praktische Vernunft zur Zwecksetzung bestimmt: die Menschenwürde und die Achtung, die die Menschenwürde ihr einflößt, auch der Beweggrund des Willens sein soll, so umschließt das Moralprinzip in seiner voll entfalteten Formulierung neben dem materialen auch den formalen Aspekt, den Beweggrund des Willens: die Achtung vor der Würde des Menschen, und benennt damit das Kriterium sittlicher Güte[50]. Weil so das sittliche Sollen »aus der Natur der Vernunft hervorgehe«, ist, wie P.J. Elvenich, einer der führenden Hermes-Schüler zusammenfaßt, »ihre Gesetzgebung eine Selbstgesetzgebung (Autonomie), und zwar zunächst in dem Sinne, daß die Vernunft die praktischen Gesetze nicht als Etwas außer sich findet und alsdann dieselben zu den ihrigen macht, sondern daß sie, nach dem Lichte ihrer eigenen Erkenntniß, rein aus sich auch die Gesetze des Handelns gibt oder nothwendige Zwecke setzt — lediglich darum weil sie sie nun einmal diese, aber schlechthin keine andere Vernunft ist«. Darüber hinaus aber sei die Gesetzgebung der Vernunft auch insofern »als Selbstgesetzgebung zu betrachten, ... als das eigentliche Selbst (das übersinnliche Prinzip) im Menschen oder der Mensch als Subjekt in der That nichts Anderes ist denn die Vernunft in ihm«[51].

---

[47] Phil. Einl. 204. — »Kraft« ist nach Hermes ein Vernunftbegriff und bezieht sich auf »das Prinzip der Tätigkeit«, das die Vernunft nach Hermes wegen der Wirkungen, die sie erkennt, allen Dingen beilegt und mit Notwendigkeit für real hält. Vgl. Phil. Einl. 175. 177. 337-340.

[48] Phil. Einl. 205.

[49] Phil. Einl. 221. — Hermes kennt über die »Pflichtgebote« hinausgehende sittliche Räte. Vgl. dazu a.a.O. 212f. — Der in Trier Moraltheologie lehrende Hermes-Schüler G. Braun verfaßte zu dieser Frage eine eigene Schrift: Kritik der Ansichten der neueren christlichen Moralisten über die sittlichen Räte. Trier 1832.

[50] Phil. Einl. 214ff. Vgl. a.a.O. 472ff.

[51] Elvenich, (Anm. 16) I 102.

2.3 Das sittliche Gebot — Gebot Gottes

Auf dem Weg der theoretischen Vernunft kommt Hermes zur Erkenntnis Gottes als höchster Vernunft und Schöpfer des Alls[52]. Folglich sind auch die aus der Natur der Vernunft hervorgehenden sittlichen Gebote auf Gott als ihren Urheber zurückzuführen.

Da die praktische Vernunft fordern muß, »den erkannten Gott so zu denken und anzunehmen, daß ihre Pflichten damit bestehen können«[53], muß sie in Gott moralische Eigenschaften, ja ihn als höchste Vernunft auch als »ein rein moralisch gutes Wesen« annehmen, und zwar um des Bestehens ihrer eigenen Gebote willen. Denn nehme man an, Gott als die höchste Vernunft wolle das nicht, was die Vernunft, was er selber uns durch die Vernunft gebiete, so wäre das Gebot rein willkürlich geboten; das gebotene Objekt wäre wertlos, wenn es von Gott nicht als Wert geachtet werde. Das Gebot könnte nicht mehr um seiner selbst willen erfüllt, der Wert nicht um des Wertes willen erstrebt werden. Die Moralität müßte sich in Legalität auflösen. So muß die praktische Vernunft Gott als moralisches Wesen um der Moralität ihrer eigenen Aufstellungen wegen annehmen[54].

Durch die Erkenntnis Gottes weitet die philosophische Moral sich zur theologisch-philosophischen Moral, aber bleibt damit Philosophie. In den Pflichten gegen Gott — der in der Schule des Hermes sogenannten Religionsphilosophie — erhält sie einen neuen Gegenstandsbereich. Der Beweggrund des Handelns und damit das Moralprinzip wird umgeprägt und gebietet die Verähnlichung mit Gott, »dem absolut heiligen Wesen«, »weil diese höchste Heiligkeit mir über alles gefällt«[55].

3. Das Theologische und Ethische in der Moraltheologie

3.1 Moraltheologie als positive Theologie

Wie Hermes aus dem »allgemeinen Sprachgebrauch« belegt, wird eine Lehre oder Erkenntnis, welche Gott, die Welt und die Menschen in ihrer Beziehung zu Gott zum Gegenstand hat, als theologische Lehre bzw. Erkenntnis bezeichnet. Demgemäß definiert er Theologie als »Inbegriff von allen Lehren über Gott und über das Verhältniß dieser Welt und des Menschen insbesondere zu Gott«[56]. Je nach der Beschaffenheit und den

---

[52] Vgl. oben 2.1.
[53] Phil. Einl. 471.
[54] Phil. Einl. 469-475.
[55] Phil. Einl. 42 Anm. Vgl. a.a.O. 493; Elvenich, (Anm. 16) I 14f; Esser, (Anm. 16) 381-387.
[56] Phil. Einl. 7-14, hier 14.

Quellen der Erkenntnis lassen sich eine populäre von einer wissenschaftlichen, eine natürlich-rationale, aus der Vernunft geschöpfte von einer positiven, aus übernatürlicher Offenbarung sich herleitenden Theologie unterscheiden. Die christkatholische Theologie als Offenbarungstheologie bestimmt sich — sofern sie wissenschaftlich betrieben wird — als »Inbegriff von theologischen Lehren, welche aus der Lehre, die Jesus Christus als eine übernatürliche göttliche Offenbarung ... verkündete« und welche »das in der katholischen Kirche vorhandene mündliche Lehramt dafür erklärt«[57].

Nach dem erkenntnisleitenden Interesse differenziert sich die Theologie in zwei Ausformungen: Ist die Erkenntnis über Gott, sein Verhältnis zum Menschen und zur Welt als solche angestrebt, ist sie »theoretische Theologie« oder — in der herkömmlichen Bezeichnung — Dogmatik; ist die Erkenntnis, wie sich der Mensch gegenüber Gott, den Mitmenschen und der Welt verhalten solle, angezielt, ist sie »praktische Theologie« oder — in der üblichen Benennung — Moraltheologie[58]. Diese beiden Disziplinen machen, wie Hermes betont, »die ganze eigentliche Theologie« aus[59]. Die Moraltheologie versteht Hermes entsprechend seinem ethischen Ansatz als Pflichtenlehre. Er unterteilt sie in Pflichtenlehre gegen Gott oder Religionswissenschaft und Pflichtenlehre gegen die Menschen[60].

Entsprechend der zitierten Definition von christkatholischer Theologie muß diese ihre Erkenntnisse aus positiv vorgegebenen Quellen — Schrift, Tradition und Lehramt — entnehmen. Diese setzen »eine früher geschehene Thatsache voraus, nämlich diese, daß Jesus etwas Theologisches gelehrt habe, und müssen folglich aus der Geschichte geschöpft werden«[61]. Die Vernunft kann demnach nicht Erkenntnisprinzip der Theologie sein, kann sie doch »unmöglich die Geschichte einer Thatsache aus sich hervorgeben«[62]. Christkatholische Theologie — sowohl Dogmatik als auch Moraltheologie — muß also positive Theologie sein. Sie kann von der Philosophie nur einen »negativen Gebrauch« machen: Sie hat mittels der Philosophie zu erweisen, daß die »Erkenntnisse der positiven Theologie« in sich und zu den Erkenntnissen der Vernunft nicht in Widerspruch stehen. Darüber hinaus hat die philosophische Argumentation nur noch die der Philosophie entstammenden Einwände zu prüfen und zu entkräften[63].

57 Phil. Einl. 22-29, hier 27f.
58 Phil. Einl. 41f. 46f.
59 G. Hermes, Studir-Plan der Theologie. Münster 1819: Phil. Einl., Anhang 12.
60 Phil Einl. 40-45 (mit Begründung der Wahl des Terminus »Religionswissenschaft«).
61 Phil. Einl. 62. Vgl. Eschweiler, (Anm. 8) 108ff.
62 Phil. Einl. 67ff.
63 G. Hermes, Rede, gehalten in Bonn ...: Zeitschr. f. Phil. u. kath. Theol. H.6 (1833) 52-61, bes. 57ff; Dogmatik I 64ff. 106.

3.2 Die Funktion der praktischen Vernunft in der christkatholischen Moral

Geht Hermes auch von der Forderung aus, daß christkatholische Theologie positive Theologie sein muß, so betont er gleichwohl in immer neuen Variationen als Grundgedanken seines moraltheologischen Ansatzes, die praktischen Vorschriften der Heiligen Schrift könnten nicht Erkenntnisprinzip oder -quelle der Moraltheologie sein[64]. Zum Erweis dieser These führt er zwei Gründe an, die sich aus der beschriebenen Eigenart der sittlichen Gebote ergeben: Der Anspruch sittlicher Güte richtet sich zunächst auf eine dem Objekt entsprechende Gesinnung. Diese aber kann nicht nach Willkür eingenommen werden, sondern resultiert aus der Beschaffenheit des Gegenstandes. So ist es »physisch unmöglich«, eine Gesinnung aufgrund eines Gebotes einzunehmen. Es ist aber auch moralisch unmöglich; denn die »moralische Vernunft« fordert Wahrheit, d.h. Übereinstimmung des Wollens mit dem Wert des Gewollten, die die Erkenntnis des Gewollten voraussetzt[65]. Eine Moraltheologie, die »positive göttliche Verordnungen zu ihren Prinzipien machen wollte«, könnte nur »Handlungen im engsten Sinn« zum Gegenstand haben. Aber deren Verbindlichkeit selber könnte aufgrund der angeführten Argumente nicht erwiesen werden[66].

So können nur die theoretischen Lehren über Gott und sein Verhältnis zur Welt und zu den Menschen — bzw. deren Inbegriff: die Dogmatik — Quelle der Moraltheologie sein[67]. Aus der darin vorgestellten Beschaffenheit Gottes und seines Verhältnisses zu den Menschen hat die praktische Vernunft entsprechend ihrer Eigenart als zwecksetzendes Vermögen dem Willen die Gebote vorzusetzen[68]. G. Braun, Schüler des Hermes und Verfasser einer in dessen Geist gehaltenen Moraltheologie, resümiert nach einer umfänglichen Erörterung des Problems den Sachverhalt folgendermaßen: »Wir müssen in der lebhaften Betrachtung bei den Inhalten der theoretischen Lehren Christi verweilen ... und sehen, ob nicht auf dem Grund derselben die Vernunft oder das Gewissen eine Aufforderung an den Willen ergehen lassen ... Die sittliche Vorschrift wird aufgestellt von der Vernunft«[69].

3.3 Die Funktion der Offenbarung in der Moraltheologie

Den pointiert geforderten positiven Charakter der Moraltheologie sieht Hermes in der Herleitung der sittlichen Gebote aus der Dogmatik gesichert. Die Funktion der Theologie bzw. — in der Sprache des Hermes —

---

[64] Phil. Einl. 29-40.
[65] Phil. Einl. 31f.
[66] Phil. Einl. 35.
[67] Phil. Einl. 29f.
[68] Phil. Einl. 50. 53.
[69] G. Braun, System der christkatholischen Moral I. Trier 1834, 14-111, hier 61. 110.

der Offenbarung läßt sich des näheren in zwei Momenten aufschlüsseln, die als die »motivierend-energierende« und die »kognitiv-affirmative« Funktion bezeichnet werden sollen.

3.3.1 Die kognitiv-affirmative Funktion

Hermes geht davon aus, daß nur die praktische Vernunft zur Annahme der Offenbarung verpflichten kann, und zwar wenn sie eine notwendige Pflicht ohne die Annahme nicht erfüllen kann[70]. Denn das Moralprinzip, die Menschenwürde in sich und anderen darzustellen und zu erhalten, schließe die besondere Pflicht ein, auch fremde Erkenntnisse zur Erfüllung dieser Pflicht zu nutzen[71]. Wenn aber die Offenbarung auf diesem Weg angenommen werden soll, muß einerseits der Mensch fremder Belehrung bedürfen. Dies hält Hermes für die »weit größere Zahl der Menschen« unzweifelbar gegeben. Andererseits muß die Offenbarung »Belehrung auch über natürliche Pflichten enthalten, ... weil nur darauf das unmittelbare Geboth der praktischen Vernunft gehen kann«[72]. Die Beispiele[73], die Hermes zum Beweis der Tatsache anführt, daß die Offenbarung die zu ihrer verpflichteten Annahme geforderte Belehrung enthält, machen die hier als »kognitiv-affirmativ« bezeichnete Funktion deutlich: Die Offenbarung sichert Gebote, die dem Menschen prinzipell erkennbar sind, »worüber aber eine philosophische Deduction keine ungezweifelte oder wenigstens keine unerschütterliche Erkenntniß« gewinnen kann[74]. Damit stimmt überein, daß Hermes den positiven Vorschriften der Heiligen Schrift den Charakter von »Erweckungen und Leitungen« zuschreibt[75]. So gibt die Offenbarung in ihren positiven Vorschriften der Vernunft Anstöße und bestätigt und bestärkt sie in ihren Aufstellungen.

3.3.2 Die motivierend-energierende Funktion

Darüber hinaus aber gibt die Offenbarung aufgrund des aus ihr hergeleiteten Moralprinzips der Verähnlichung mit Gott dem sittlichen Streben einen neuen Beweggrund, der, wie Hermes formuliert, »eine ohne allen Vergleich höhere Vollkommenheit« erstreben läßt[76]. Sie stellt überdies dem Menschen die Glückseligkeit mit Gott als Bestimmung vor und läßt ihn Vergebung erhoffen, wenn er schuldig wurde[77]. Schließlich haben

---

[70] Phil. Einl. 511-616. Zum Problem bei Hermes vgl. im einzelnen Eschweiler, (Anm. 8) 95-104; Malter, Reflexion (Anm. 14) 154-172.
[71] Phil. Einl. 222.
[72] Phil. Einl. 554f. 557f. 558ff.
[73] Pos. Einl. 619-624.
[74] Pos. Einl. 617.
[75] Phil. Einl. 33f.
[76] Phil. Einl. 42 Anm.
[77] Phil. Einl. 485ff.

wir in Jesus ein Beispiel, dessen Kraft Hermes — im Gegensatz zu seiner sonst »trockenen« Sprache — in lebhaft rührenden Worten vor Augen stellt[78]. Aber, so schließt die Textstelle: »Lehre und Beyspiel Jesu waren noch unzulänglich ..., uns zur Tugend und Vollkommenheit wirklich hinzuführen, wenn er uns nicht auch den übernatürlichen Beystand der göttlichen Gnade erworben hätte, der unser Unvermögen unterstützte und uns bey Muth und Hoffnung erhalte, wo alles zur Verzweiflung treibt«[79].

[78] Dogmatik II 295-303.
[79] Dogmatik II 303.

Prof. Dr. Joachim Piegsa

Die Kompetenz des kirchlichen Lehramtes im Bereich des natürlichen Sittengesetzes

Einführung in das Problem

Die Frage nach der *Kompetenz* des kirchlichen Lehramtes liegt an der Schnittstelle verschiedener theologischer Disziplinen. In den vorliegenden Ausführungen soll sie auf den *moraltheologischen* Bereich eingegrenzt und auf die Frage nach der Kompetenz im Bereich des *natürlichen* Sittengesetzes zugeführt werden. Die Meinungen zu dieser Frage gehen zum Teil weit auseinander.[1] Allerdings war auch der Diskussionszusammenhang meistens ein anderer. Bisher wurde die lehramtliche Kompetenz vorrangig im Zusammenhang mit der Frage nach dem Proprium einer christlichen Moral diskutiert.[2] Das II. Vatikanum hat zur Kompetenz des kirchlichen Lehramtes wichtige Aussagen gemacht, die hier zusammengestellt und analysiert werden sollen. Darüber ist schon geschrieben worden, aber die Diskussion ist nicht abgeschlossen.[3] Anlaß zu einer lebhaften, nachkonziliaren Diskussion der Kompetenzfrage war die Enzyklika »Humanae vitae« von 1968, die für

---

[1] H. Schlögel OP hat sich die Mühe gemacht, die Meinungen deutschsprachiger Moraltheologen zusammenzustellen. Vgl. Herbert Schlögel OP, Kirche und sittliches Handeln. Zur Ekklesiologie in der Grundlagendiskussion der deutschsprachigen katholischen Moraltheologie seit der Jahrhundertwende. Mainz 1981, hier vor allem Kap. 5: Die Kompetenz des Lehramtes in Naturrechtsfragen auf dem Hintergrund der Enzyklika »Humanae vitae«, S. 144-174.

[2] Vgl. H. Halter, Taufe und Ethos. Paulinische Kriterien für das Proprium einer christlichen Moral (Freib. theol. Studien Bd. 106). Freiburg Br. 1977, S. 13-28 und 455-492.

[3] Vgl. J. Schuster, Ethos und kirchliches Lehramt. Zur Kompetenz des Lehramtes in Fragen der natürlichen Sittlichkeit. Frankfurt M. 1984. Schuster hat vor allem die Offenbarungskonstitution »Dei Verbum« und die dogmatische Konstitution über die Kirche »Lumen Gentium« analysiert (S. 63-73). Im letzten (IV.) Kap. ging Schuster auch auf die Stellungnahmen einzelner Theologen ein (S. 330-380), unter denen J. Ziegler mit seiner »klaren Konzeption« der Zuordnung von Schöpfungs- und Erlösungsordnung gewürdigt wird (S. 342-343). Zum Diskussionsstand vgl. S.380.

129

das Lehramtsverständnis nicht weniger deutschsprachiger Moraltheologen eine »Herausforderung« darstellte.[4] Stein des Anstoßes war der lehramtliche Kompetenzanspruch im Bereich des natürlichen Sittengesetzes. Papst Paul VI. schreibt nämlich dazu in Art. 4 seiner Enzyklika folgendes: »Zweifellos forderten solche Fragen vom kirchlichen Lehramt eine neue und vertiefte Überlegung über die Prinzipien der Ehemoral (circa principia moralis doctrinae de matrimonio), die ihre Grundlage im natürlichen Sittengesetz (in lege naturali) haben, das durch die göttliche Offenbarung erhellt und bereichert (divina revelatione illustra ditataque) wird. Kein gläubiger Christ wird bestreiten, daß die Auslegung des natürlichen Sittengesetzes (interpretatio legis moralis naturalis) zur Aufgabe des kirchlichen Lehramtes gehört ... Denn auch das natürliche Sittengesetz bringt den Willen Gottes zum Ausdruck ...«[5]

Im angeführten Text wird die Verbindung zwischen natürlichem Sittengesetz und Offenbarung mit der gemeinsamen Quelle begründet, nämlich mit Gott, der Schöpfer und Offenbarer zugleich ist. Als Gewährsmann dieser Sicht wird an entscheidender Stelle (HV 10) Thomas von Aquin zitiert. Thomas hat jedoch darauf Wert gelegt, daß im Bereich des natürlichen Sittengesetzes zunächst Klugheit und Sachverstand zur Geltung kommen müssen, bevor als letzte Instanz Gott genannt wird. Auf diese Weise — so meint Pieper — habe Thomas den »ethischen › Kurz-Schluß ‹ zum Absoluten« (die fideistische Einseitigkeit — J-P.) vermeiden wollen, ohne dadurch die »endliche Wirklichkeit selbst« zur absoluten Norm zu erklären (die rationalistisch-emanzipatorische Einseitigkeit — J. P.).[6]

Übertragen wir diese Feststellungen auf das Problem der lehramtlichen Kompetenz im Bereich des natürlichen Sittengesetzes, so folgt hieraus zweierlei. Erstens, die lehramtliche Kompetenz darf nicht kurzschlüssig so ausgelegt werden, als würde sie Klugheit und Sachverstand überflüssig machen. Zweitens, kritische Anfragen zur lehramtlichen Kompetenz im Bereich des natürlichen Sittengesetzes dürfen nicht aus rationanistisch-emanzipatorischer Sicht gestellt werden, die absolute Autonomie anstrebt und daher vorgegebene Normen nicht gelten läßt.

Daraus ergibt sich die Notwendigkeit, die Argumentationsbasis, mit Hinweis auf Thomas von Aquin, nochmals zu verdeutlichen. Thomas war bestrebt, die Eigenständigkeit der Vernunft (Klugheit und Sachverstand) und des natürlichen Sittengesetzes zur Geltung zu bringen, dies jedoch im Rahmen einer vorgegebenen (also nicht willkürlich zu konstruierenden) Ordnung, die letztlich in Gott ihren Ursprung hat. In diesem Sinn

---

4 Vgl. Schlögel, Kirche und sittliches Handeln, S. 144.
5 Papst Paul VI., Enzyklika »Humanae vitae« (HV) vom 25. Juli 1968, Art. 4, zit. nach: Beilage zum Kirchlichen Amtsblatt für das Bistum Mainz 1968. Nachkonziliare Dokumente Nr. 15.
6 Vgl. J. Pieper, Die Wirklichkeit und das Gute. München 1963, S. 81 u. 93, mit Hinweis auf Thomas von Aquin, Summa theologica (Sth) I-II, q 64, a 3, ad 2.

ist die Vernunft zwar maßgebend, aber doch letzthin maßempfangend. Sie steht nicht per se im Widerspruch zum Glauben, sondern ist vielmehr auf den Glauben hingeordnet und wird durch das Glaubenslicht in ihrer Tätigkeit vervollkommnet. Dieses Zueinander von Vernunft und Glaube hat Thomas im grundsätzlichen Verhältnis von Natur und Gnade auf die Grundformeln gebracht: »Gratia praesupponit naturam« — die Gnade setzt die Natur voraus. Die zweite Formel lautet: »Gratia non tollit naturam, sed perficit«[7] die Gnade hebt die Natur nicht auf (zerstört sie nicht), sondern vollendet sie. Es gibt keine theologisch besseren Formeln und sofern sind wir heute immer noch »auf Thomas zurückverwiesen«.[8]

I. Zwei Erkenntnisordnungen und ihr gegenseitiges Verhältnis

1. Die »lebendige Synthese« von Vernunft und Glaube

Das II. Vatikanum hat für unsere Zeit bestätigt, daß es die bleibende Aufgabe der Kirche sei, »das Licht der Offenbarung (lumen revelationis) mit der Sachkenntnis aller Menschen (cum omnium peritia) in Verbindung zu bringen.« Das sei notwendig, »damit der Weg, den die Menschheit neuerdings nimmt, erhellt werde.«[9]
Die Bezeichnung »Sachkenntnis aller Menschen« (omnium peritia) wird im Kommentar präziser als »allgemein menschliche Erfahrung« wiedergegeben.[10] Es geht also nicht nur und auch nicht vordergründig um die Sachkenntnis des Fachmannes, begrenzt auf ein spezielles Gebiet, und auch nicht nur um die empirische Erfahrung. Die Befähigung zur »Sachkenntnis« bzw. »allgemeinmenschlichen Erfahrung«, wie sie das Konzil meint, ist jedem Menschen mit der Vernunft gegeben, von der das Konzil zuvor ausdrücklich festgestellt hat, daß sie trotz Verdunkelung und Schwächung durch die Sünde fähig sei, »geistig-tiefere Strukturen der Wirklichkeit mit wahrer Sicherheit zu erreichen« (GS 15).
Im Kommentar schreibt J. Ratzinger, es gehe um ein »Ja zur Metaphysik«; wo die metaphysische Frage definitiv abgewiesen werde, sei der »Tod Gottes« die unausweichliche Konsequenz und alle Theologie, die dannnoch

[7] Sth I-II, q 99, a 2, ad 1; Sth I, q 1, a 8, ad 2.
[8] W. Korff, Art. »Natur/Naturrecht«, in: P. Eicher (Hg.), Neues Handbuch theol. Grundbegriffe. Bd. 3. München 1985, S. 195.
[9] Zweites Vatikanum, Pastoralkonstitution über die Kirche in der Welt von heute (GS), Art. 33; zit. nach: LThK Ergbd. III, S. 381.
[10] Vgl. Kommentar von A. Auer zu GS 33, in: LThK Ergbd. III, S. 380.

übrigbleibe, sei »inkonsequentes Gerede«.[11] Das gilt in letzter Konsequenz auch von der lehramtlichen Kompetenz. Im Licht der These vom »Ende der Metaphysik« muß der lehramtliche Anspruch als null und nichtig erscheinen. Er stellt sich anders dar, wenn man von der Existenz objektiver Wahrheit und von der Wahrheitsfähigkeit der Vernunft ausgeht, wie es das II. Vatikanum getan hat. Dann ist auch die Verbindung von Vernunft und Offenbarung eine grundlegend wichtige Aufgabe. Jeder Christ, der sein Leben aus dem Glauben gestalten will, steht vor der Notwendigkeit, die Einsichten seiner Vernunft mit dem »Licht der Offenbarung«, d.h. mit den Wahrheiten des Glaubens, auf einen gemeinsamen Nenner zu bringen. Diese existentiell notwendige Verbindung (coniunctio) hat das Konzil als »lebendige Synthese« bezeichnet und bedauert, daß das Gegenteil, nämlich die Spaltung zwischen Glaube und Leben, zu den »schweren Verirrungen unserer Zeit« gehört (GS 43). Wir haben es also mit einer zeitbedingten Not und gleichzeitig mit einer existentiellen Notwendigkeit zu tun, die dem Christentum von Anbeginn zu eigen ist, da es Vernunft und Glaube als zwei Erkenntnisweisen der einen Wahrheit anerkennt und weder eine Verabsolutierung des Glaubens im Sinne des Fideismus, noch eine Verabsolutierung der Vernunft im Sinne des Rationalismus zuläßt. Die »lebendige Synthese« des christlichen Alltags muß daher von der Synthese auf wissenschaftlich-theologischer Ebene begleitet werden.[12] Dazu einige Ausführungen, soweit sie für unser Problem von Bedeutung sind.

2. Zwei Wege zu der einen Wahrheit

a) Mit Berufung auf Röm 1, 20 hat das I. Vatikanum dem »natürlichen Licht der menschlichen Vernunft« die Fähigkeit bestätigt, Gott als Ursprung und Ziel aller Dinge aus der geschöpflichen Wirklichkeit »mit Gewißheit« zu erkennen.[13] Der Apostel Paulus konnte diese Lehre der alttestamentlichen Weisheitsliteratur (Weish 13, 1-9; Sir 17, 8f), wie auch den Psalmen (Ps 19, 2) entnehmen. Zur allgemein-menschlichen Schöpfungsoffenbarung kam für Israel, im Zeichen der Auserwählung und des Bundes, die Wortoffenbarung der Hl. Schrift hinzu. Sie ist keine Verdoppelung, sondern notwendige Hilfe, damit die Wahrheit in

---

[11] J. Ratzinger, Kommentar zu GS 15, in: LThK Ergbd. III, S. 327.

[12] Vgl. Die Aporien des aristotelisch-thomasischen Theologieverständnisses bei: L. Scheffczyk, Die Theologie und die Wissenschaften. Aschaffenburg 1979, S. 164ff.; vgl. dazu aus protestantischer Sicht: G. Sauter, Die Theologie und die neuere wissenschaftstheoretische Diskussion. München 1973, S. 168f.

[13] Vgl. I. Vatikanum, Dogmatische Konstitution »Dei Filius«, zit. nach: Denziger/Schönmetzer (Hg.): Enchiridion Symbolorum. Ed. 34. Freiburg Br. 1967 (DS), Nr. 3004.

der gegenwärtigen, d.h. erbsündlichen Situation »leicht, in fester Gewißheit und ohne Beimischung von Irrtum« erkannt werden kann. So lehrte das I. Vatikanum (DS 3005). Das Konzil verwies auf die »Theologische Summe« des Thomas von Aquin. Auf die Frage, warum es neben der Philosophie (Vernunftwissenschaft) noch die Theologie (Glaubenswissenschaft) geben muß, antwortete Thomas: »Zunächst deshalb, weil Gott den Menschen für ein Ziel bestimmt hat, das die Fassungskraft der Vernunft übersteigt. (...) Aber auch jene Wahrheiten über Gott, die an sich der menschlichen Vernunft erreichbar sind, mußten dem Menschen geoffenbart werden. Denn die Erforschung dieser Wahrheiten wäre nur wenigen möglich, würde viel Zeit in Anspruch nehmen und auch dann noch mit viel Irrtum verbunden sein. Und dabei hängt von der Erkenntnis dieser Wahrheiten das Heil des Menschen ab ...«[14]

Thomas verbindet Theologie und Philosophie, da er menschliches Erkennen als ganzheitlichen Vorgang versteht, für den sowohl die Vernunft wie auch der Glaube bedeutsam ist. Für das Problem der lehramtlichen Kompetenz ist diese Feststellung von grundlegender Bedeutung. Hinzu kommt die Feststellung, daß im Bereich heilsbedeutsamer Wahrheiten, die »an sich der menschlichen Vernunft erreichbar sind«, das Glaubenslicht den Zugang zur Wahrheit erleichtert und sicherer macht. Das trifft auf den Bereich des natürlichen Sittengesetzes vollauf zu, denn es ist sowohl heilsbedeutsam wie auch »an sich der menschlichen Vernunft erreichbar«. Thomas schaut von den Folgen der Erbsünde auf die Vernunft, darum erscheint die gnadenhafte Erleuchtung (illuminatio bei Thomas) als Aufwertung der Vernunft. Denn durch die Erbsünde wurde zwar die Wahrheitsfähigkeit der Vernunft nicht zerstört, aber die Wahrheits*findung* erschwert und der Gefahr des Irrtums ausgesetzt. Hier greift die Gnade heilend und helfend ein. Dank dessen bleibt die Vernunft, und mit ihr das natürliche Sittengesetz, auch nach der Erbsünde in die Heilswirklichkeit einbezogen. Die Dualität von Vernunft und Glaube darf somit aus thomasischer Sicht, die das I. Vatikanum übernommen hat, nicht zur dualistischen Gegensätzlichkeit übersteigert werden. Das wäre bereits vernunftfeindlicher Fideismus, der ebenso abzulehnen ist, wie der glaubensfeindliche Rationalismus, der die Vernunft verabsolutiert und behauptet, sie genüge sich selbst.[15]

[14] Sth I, q 1, a 1; übers.: Deutsche Thomas-Ausgabe, Bd. I, Salzburg-Leipzig 1934, S. 5 f.
[15] Vgl. J.G. Ziegler, Moraltheologie in der Polarität von Vernunft und Glaube, in: ThGl 74 (1984) 288.

b) Das II. Vatikanum geht von denselben, grundlegenden Überlegungen aus, indem es erklärt: »Die Heilige Synode macht sich daher die Lehre des Ersten Vatikanischen Konzils zu eigen, daß es ›zwei verschiedene Erkenntnisordnungen‹ (duplex ordo cognitionis) gibt, nämlich die des Glaubens und die der Vernunft.«[16] Bedeutsam ist vor allem auch die Übernahme der Schlußfolgerung, daß es zwischen Vernunft und Glaube keinen »echten Konflikt« geben kann (numquam fidei revera adversabitur), weil beide Wahrheitsquellen in demselben Gott ihren Ursprung haben (GS 36; DS 3017). Doch der Konflikt bleibt nur unter der Bedingung aus, wie das II. Vatikanum hinzufügt, »daß die methodische Forschung in allen Wissensbereichen in einer wirklich wissenschaftlichen Weise und gemäß den Normen der Sittlichkeit vorgeht« (GS 36).

Zum Prinzip der inhaltlichen Verbundenheit von Vernunft und Glaube gesellt sich somit das Prinzip der Widerspruchslosigkeit. Dank der Unmöglichkeit eines »echten Konflikts« zwischen Vernunft und Glaube erhält der Glaubende ein hilfreiches Kriterium zur Ermittlung einer eventuellen Kompetenzüberschreitung. Kommt es nämlich zu einem »echten Konflikt« zwischen den Aussagen des Glaubens und der Vernunft, so darf man daraus schließen, daß entweder bei der Darlegung vernunftbegründeter Einsichten oder bei der Auslegung von Offenbarungswahrheiten eine Kompetenzüberschreitung unterlaufen ist.[17] Es ist interessant, daß sich das II. Vatikanum zu diesem Prinzip ausdrücklich in Anwendung auf das Problem der verantworteten Elternschaft bekennt: »Die Kirche aber erinnert daran, daß es keinen wahren Widerspruch (veram contradictionem) geben kann zwischen den göttlichen Gesetzen hinsichtlich der Übermittlung des Lebens und dem, was echter, ehelicher Liebe dient« (GS 51). Mit »echter, ehelicher Liebe« (germanus amor coniugalis) ist ohne Zweifel ein allgemeinmenschlicher Erfahrungswert gemeint, der dem Bereich des natürlichen Sittengesetzes zuzuordnen ist. Mit lehramtlicher Kompetenz wird ausgesagt, daß »echte Liebe« mit den Glaubensanforderungen nicht in einen »echten Konflikt« geraten kann. Dieses Beispiel, das auch wesentliche Bedeutung für die Auslegung der Eheenzyklika »Humanae vitae« besitzt, dürfte zur Erhellung der Frage besonders geeignet sein, wie weit die Kompetenz des kirchlichen Lehramtes im Bereich des natürlichen Sittengesetzes reicht.

---

[16] GS 59; in Anm. 8 Hinweis auf DS 3015 u. 3019.
[17] Vgl. P. Knauer, Der Glaube kommt vom Hören. Ökumenische Fundamentaltheologie. Graz 1978, S. 235f.

3. Gewissensfreiheit und lehramtliche Kompetenz

Vorbehalte gegen die lehramtliche Kompetenz im Bereich des natürlichen Sittengesetzes haben im Vernunftbegriff ihren Ursprung, können aber auch im Namen der Gewissensfreiheit vorgebracht werden. Im Kommentar zur Gewissenslehre des II. Vatikanums, auf die wir gleich zurückkommen, schrieb Ratzinger: »Seit Newman und Kierkegaard steht das Gewissen mit neuer Eindringlichkeit im Mittelpunkt der christlichen Anthropologie; im Werk beider vollzieht sich zugleich in einer vordem nicht gekannten Weise die Entdeckung des Einzelnen, der unmittelbar von Gott angerufen ist und der in einer Welt, die Gott kaum noch erkennen läßt, durch den Ruf des Gewissens Gottes unmittelbar gewiß zu werden vermag. Zugleich stellt bei Newman das Gewissen die innere Ergänzung und Begrenzung des Prinzips Kirche dar.«[18]

a) Das II. Vatikanum hat die Würde des Gewissens, mit Hinweis auf Röm 2,15-16, mit folgenden Worten herausgestellt: »Denn der Mensch hat ein Gesetz, das von Gott seinem Herzen eingeschrieben ist, ... Das Gewissen ist die verborgenste Mitte und das Heiligtum im Menschen, wo er allein ist mit Gott, dessen Stimme in diesem seinem Innersten zu hören ist« (GS 16). Unter diesem Aspekt wird verständlich, warum das II. Vatikanum die Annahme der Wortoffenbarung als heilsnotwendig bezeichnen und gleichzeitig lehren kann: »Wer das Evangelium Christi und seine Kirche ohne Schuld nicht kennt, Gott aber aus ehrlichem Herzen sucht, seinen im Anruf des Gewissens erkannten Willen unter dem Einfluß der Gnade in der Tat zu erfüllen trachtet, kann das ewige Heil erlangen.«[19] Das Konzil geht also davon aus, daß derselbe Gott, der durch das Wort der Hl. Schrift gesprochen hat, zu jedem Menschen in seinem Gewissen spricht. Es geht zudem davon aus, daß die Stimme des Gewissens mit dem Gesetz identisch ist, daß lt. Röm 2,15-16 jedem Menschen ins Herz eingeschrieben ist. Thomas von Aquin hat dieses eingeschriebene Gesetz (lex indita) mit dem sittlichen Naturgesetz ineinsgesetzt und sich hierbei auf Augustinus berufen.[20]

Das II. Vatikanum übernahm auch die Lehre der Hochscholastik, daß noch das unverschuldet irrende Gewissen seine Würde behält und subjektive Höchstnorm bleibt. »Das kann man aber nicht sagen, — so fährt das Konzil fort — wenn der Mensch sich zu wenig darum bemüht, nach dem Wahren und Guten zu suchen und das Gewissen durch Gewöhnung an die Sünde allmählich fast blind wird.«[21]

---

[18] J. Ratzinger, Kommentar zu GS 16, in: LThK Ergbd. III, S. 328.
[19] II. Vatikanum, Dogmatische Konstitution über die Kirche (LG) Art. 16.
[20] Vgl. Sth I-II, q 94, a 6.
[21] GS 16. Vgl. die Lehre des Thomas von Aquin über das irrende Gewissen (conscientia erronea), in: Sth I-II, q 19, a 5-6.

Der Gottesbezug der Gewissensstimme kann also verloren gehen. Im naturgesetzlichen Bereich entspricht dies dem Verlust des Wirklichkeitsbezugs (rectitudo). Wenn dieser Tatbestand eintritt, hört unser erkennender Geist auf, maßempfangend zu wirken und geht (bewußt oder unbewußt) dazu über, sich selbstherrlich maßgebend — im Sinn einer absoluten Autonomie — zu gebärden. Bei dieser Geisteshaltung muß es zu »echten Konflikten« mit dem Glauben kommen und schließlich auch mit dem kirchlichen Lehramt.

b) Das II. Vatikanum hat zwar die »Autonomie der irdischen Wirklichkeiten« sehr ernst genommen, d.h. die Einsicht, »daß die geschaffenen Dinge und auch die Gesellschaften ihre eigenen Gesetze und Werte haben« (GS 36), aber nirgendwo von der (absoluten) Autonomie des Sittlichen gesprochen. Im Gegenteil, die Kompetenz des kirchlichen Lehramtes, auch für den Bereich des sittlichen Naturgesetzes, wurde deutlich zum Ausdruck gebracht in den Worten: »Denn nach dem Willen Christi ist die katholische Kirche die Lehrerin der Wahrheit; ihre Aufgabe ist es, die Wahrheit, die Christus ist, zu verkünden und authentisch zu lehren, zugleich auch die Prinzipien der sittlichen Ordnung, die aus dem Wesen des Menschen selbst hervorgehen, autoritativ zu erklären und zu bestätigen.«[22]

Durch diesen Kompetenzanspruch in bezug auf sittliche Prinzipien ist die erzieherische Kompetenz des kirchlichen Lehramtes mitgegeben. Die Gewissensfreiheit setzt dieser Kompetenz Grenzen, schaltet sie jedoch nicht aus, denn die Freiheit — auch die des Gewissens — bleibt immer zu verantwortende Freiheit. Das gilt im kirchlichen wie im gesellschaftlichen Leben. Das liberalistisch-individualistische Verständnis von Autonomie, Emanzipation und Selbstverwirklichung ist mit diesen Einsichten nicht vereinbar.[23] Demgegenüber weist die katholische Theologie darauf hin, daß Freiheit und Verantwortung komplementäre Begriffe sind, ebenso wie Freiheit und Gesetz, die einander bedingen und nicht gegeneinander ausgespielt werden dürfen.[24] In diesem Sinn hat sich das II. Vatikanum, im Dekret über die Religionsfreiheit, geäußert: »Beim Gebrauch einer jeden Freiheit ist das sittliche Prinzip der personalen und sozialen Verantwortung zu beobachten« (DH 7). An die Erzieher richtet das Konzil die inhaltlich entsprechende Mahnung, Menschen zu bilden, »die der sittlichen Ordnung gemäß der gesetzlichen Autorität gehorchen und zugleich Liebhaber der echten Freiheit sind; Menschen, die die Dinge nach eigener Entscheidung im Licht der Wahrheit beurteilen, ihr Handeln verantwor-

---

22 II. Vatikanum, Erklärung über die Religionsfreiheit (DH), Art. 14.
23 Vgl. J. Piegsa, Autonome Moral und Glaubensethik, in: MthZ 29 (1978) 20f.
24 Vgl. J. Piegsa, Freiheit und Gesetz bei Franz Xaver Linsenmann. Düsseldorf 1974, S. 93f; 96f; 128. Hier wird hauptsächlich auf Sth I-II, q 19, a 5-6 Bezug genommen.

tungsbewußt ausrichten und bemüht sind, was immer wahr und gerecht ist, zu erstreben« (DH 8).

Mit J. Ziegler läßt sich zusammenfassend sagen: »Gewissensbildung und Gewissensbetätigung ermöglichen es, die drei Grundpfeiler der personalen Würde des Menschen in das rechte Verhältnis zueinander zu bringen, Freiheit — Gesetz — Gewissen«.[25]

II. Bereich und Verbindlichkeit der lehramtlichen Kompetenz

Nach den Ausführungen über die Zusammengehörigkeit von Vernunft und Glaube (Punkte 1-2) und das damit verbundene Problem der Gewissensfreiheit (Punkt 3) — alles Erörterungen, die hauptsächlich vorentscheidende Grundfragen zur lehramtlichen Kompetenz betrafen, gehen wir nun zum Kern dieser Kompetenzfrage über, die mehrere Aspekte (Punkte 4-7) aufweist.

4. Im Dienst der Brüder und des Gotteswortes

Die Hauptaussage des II. Vatikanums zur Kompetenz des kirchlichen Lehramtes befindet sich in der dogmatischen Konstitution über die Kirche »Lumen gentium«, im III. Kapitel, Art. 18-29. Das II. Vatikanum spricht zunächst allgemein von der einen »heiligen Vollmacht« (sacra potestas) kirchlicher Amtsträger und begründet deren Notwendigkeit mit folgenden Worten: »Um Gottes Volk zu weiden und immerfort zu mehren, hat Christus der Herr in seiner Kirche verschiedene Dienstämter eingesetzt, die auf das Wohl des ganzen Leibes ausgerichtet sind. Denn die Amtsträger, die mit heiliger Vollmacht ausgestattet sind,stehen im Dienste ihrer Brüder ...« (LG 18).

a) Die »heilige Vollmacht« ist Dienstamt für die Brüder und keine Herrschaftsmacht. Dieser fundamentale Unterschied zwischen kirchlichen und staatlichen Ämtern, durch Unzulänglichkeiten kirchlicher Amtsträger manchmal überdeckt, darf bei der Kompetenzfrage nicht übersehen werden. Ein weiteres Merkmal von fundamentaler Bedeutung besteht darin, daß Christus selbst der Begründer der Kirche wie auch ihrer Dienstämter ist.[26] Ein solches Amt kann man folglich nur als von Gott Berufener anstreben, wenn man es würdig erwerben will. Die mitgegebene Kompetenz ist Gabe und Aufgabe zugleich, die der Notwendigkeit untersteht, Rechenschaft vor Gott abzulegen. Dadurch sind absolutistische Tendenzen von vornherein als Mißbrauch entlarvt.

---

[25] J. Ziegler, Vom Gesetz zum Gewissen (QD 39). Freiburg 1968, S. 239.
[26] Vgl. K. Rahner, Kommentar zu LG 21, in: LThK Ergbd. I, S. 217.

In Analogie zu den drei Ämtern Christi (Priester, Lehrer-Prophet, König-Hirt) hat das Konzil folgende Drei-Ämter-Lehre vorgetragen:»Die Bischofsweihe überträgt mit dem Amt der Heiligung (munus sanctificandi) auch die Ämter der Lehre (munus docendi) und der Leitung (munus regendi), die jedoch ihrer Natur nach (natura sua) nur in der hierarchischen Gemeinschaft (nonnisi in hierarchica communione) mit Haupt und Gliedern des Kollegiums ausgeübt werden können.«[27]

b) Die lehramtliche Vollmacht (munus docendi), die uns interessiert, ist also dem Bischofskollegium als Nachfolgeschaft des Apostelkollegiums zu eigen, sofern dieses Kollegium unter sich und mit dem römischen Bischof, als ihrem autoritativen und nicht bloß repräsentativen Haupt, eins ist. Die Einheit, sichtbar gelebt als Gemeinschaft (communio) bzw. Kollegialität, ist eine wesentliche Bedingung für die legitime Ausübung des Lehramtes.

Zur spezifischen Aufgabe des kirchlichen Lehramtes heißt es an anderer Stelle, nämlich in der Offenbarungskonstitution:»Die Aufgabe aber, das geschriebene oder überlieferte Wort Gottes verbindlich zu erklären (munus authentice interpretandi), ist nur dem lebendigen Lehramt der Kirche anvertraut, dessen Vollmacht im Namen Jesu Christi ausgeübt wird.«[28] »Authentisch« heißt »amtlich« und somit »verbindlich« für jedes Kirchenglied.Eine so qualifizierte Lehre besitzt das Privileg der Rechtsvermutung (praesumptio iuris) in bezug auf ihre Richtigkeit. Wer eine authentische Lehre in Frage stellen will, trägt die Beweislast.[29]
In Erfüllung der spezifischen Aufgabe steht das Lehramt, wie bereits vermerkt, im Dienst der Brüder. Es steht aber gleichzeitig im Dienst des Gotteswortes bzw. des Hl.Geistes. Was in der Sache nie bezweifelt wurde, hat das II. Vatikanum erstmals ausdrücklich gesagt:»Das Lehramt ist nicht über dem Wort Gottes, sondern dient ihm, indem es nichts lehrt, als was überliefert ist, weil es das Wort Gottes aus göttlichem Auftrag und mit dem Beistand des Hl. Geistes voll Ehrfurcht hört, heilig bewahrt und treu auslegt (pie audit, sancte custodit et fideliter exponit) und weil es alles, was es als von Gott geoffenbart zu glauben vorlegt, aus diesem einen Schatz des Glaubens (ex hoc uno fidei deposito) schöpft.«[30]

---

[27] LG 21. In der»Nota explicativa praevia 2« wird erklärt, daß durch die Weihe eine ontologica participatio an den drei Ämtern erteilt wird; vgl. LThK Ergbd. I, S. 352f. Zum Verhältnis dieser Drei-Ämter-Lehre zur juridischen Unterscheidung von potestas ordinis und potestas iurisdictionis meint P. Krämer, die Dreiteilung verdunkele das Beziehungsverhältnis zwischen Weihe und Jurisdiktionsgewalt und wurde deshalb im Codex iuris canonici von 1983 fallengelassen; vgl. P. Krämer, Die geistliche Vollmacht, in: J. Listl/H. Müller/H. Schmitz (Hg.), Handbuch des katholischen Kirchenrechts. Regensburg 1983, S. 124f.
[28] II. Vatikanum, Offenbarungskonstitution »Dei Verbum« (DV) Art. 10.
[29] Vgl. Knauer, Ökumenische Fundamentaltheologie, S. 224.
[30] DV 10. Vgl. J. Ratzinger, Kommentar zur Offenbarungskonstitution»Dei Verbum« (DV) Art. 10, in: LThK Ergbd. II, S. 527.

Im so verstandenen Dienst am Gotteswort werden Schrift, Tradition und Lehramt als drei zusammengehörende Faktoren verstanden. Diesen »pneumatologischen Zusammenhang« bzw. »untrennbaren Funktionszusammenhang«[31] hat das Konzil im nachfolgenden Satz eigens hervorgehoben: »Es zeigt sich also, daß die Heilige Überlieferung, die Heilige Schrift und das Lehramt der Kirche gemäß dem weisen Ratschluß Gottes so miteinander verknüpft und einander zugesellt sind, daß keines ohne die anderen besteht und daß alle zusammen, jedes auf seine Art, durch das Tun des einen Heiligen Geistes wirksam dem Heil der Seelen dienen« (DV 10).

c) Für unsere spezielle Sicht, nämlich die Zuständigkeit des Lehramtes im naturgesetzlichen Bereich, ist insbesondere der Hinweis auf den pneumatologischen, geistgewirkten Funktionszusammenhang von Lehramt, Schrift und Tradition höchst bedeutsam.

Hinzu kommt der vorausgesetzte Hinweis des Konzils auf den »einen Schatz des Glaubens« (unum fidei depositum), auf den die spezifische Aufgabe des Lehramtes bezogen ist, die darin besteht, das im Glaubensschatz enthaltene Wort Gottes voll Ehrfurcht zu hören, heilig zu bewahren und treu auszulegen (pie audire, sancte custodire, fideliter exponere). Der zuvor genannten, einheitlichen Sicht des lehramtlichen Zuständigkeitsbereichs (unum fidei depositum), entspricht die ebenso einheitliche Sicht der lehramtlichen Aufgabe in Gestalt des Hörens, Bewahrens und Auslegens. Es liegt am Dienstcharakter des Lehramtes, daß es ein Hörendes ist, bevor es ein Bewahrendes und Auslegendes sein kann, denn es lehrt nicht aus eigener Vollmacht, sondern steht im Dienst des Gotteswortes bzw. des Hl. Geistes. Für den genannten Bereich, der noch präzisiert werden muß, und für die aufgezählten Funktionen, ist das Lehramt mit authentischer, d.h. verbindlicher Kompetenz durch Christus selber ausgestattet.

Insbesondere die Funktionen des Bewahrens und Auslegens (sancte custodire et fideliter exponere) sind von Bedeutung für die Weite des lehramtlichen Zuständigkeitsbereichs. In Anwendung auf die höchste, unfehlbare Kompetenz heißt es in der dogmatischen Konstitution über die Kirche im Hinblick auf diese beiden Funktionen: »Diese Unfehlbarkeit, mit welcher der göttliche Erlöser seine Kirche bei der Definierung einer Glaubens- und Sittenlehre (in definienda doctrina de fide vel moribus) ausgestattet sehen wollte, reicht so weit wie die Hinterlage der göttlichen Offenbarung (divinae revelationis depositum), welche rein bewahrt und getreulich ausgelegt werden muß (sancte custodiendum et fideliter exponendum), es erfordert« (LG 25).
Die lehramtliche Kompetenz, sogar in höchster, unfehlbarer Ausprägung, endet somit nicht mit dem Bereich des »depositum fidei«, der Hinterlage

---

[31] Ratzinger, Kommentar zu DV 10, a.a.O., S. 528.

der göttlichen Offenbarung, wie manche Theologen meinen, sondern kann aufgrund des »sancte custodiendum« auch solche Wahrheiten betreffen, »die zum Schutz des eigentlichen Offenbarungsdepositum gehören, auch wenn sie nicht formell explizit oder implizit selbst geoffenbart sind.« Das betont im Kommentar K. Rahner, allerdings mit dem Vorbehalt: »... falls es solche Wahrheiten gibt, d.h. es eine fides mere ecclesiastica wirklich gibt, worüber bei den Theologen keine Einhelligkeit besteht.«[32]

d) Rahner spricht hier die nachtridentinische theologische Diskussion an. Im Bemühen, den Offenbarungsbegriff zu präzisieren und das »testimonium Dei revelantis« als formales Glaubensmotiv herauszustellen, machte man einen deutlichen Unterschied zwischen göttlich geoffenbarten Wahrheiten (fides divina), die als solche von der Kirche gelehrt werden (fides catholica, fides definita), und der »fides mere ecclesiastica«, d.h. der »rein« kirchlichen Lehre in bezug auf Wahrheiten, die nicht formell offenbart sind, aber zum Schutz der Offenbarungswahrheiten gehören. Insbesondere Neutomisten waren gegen diese Unterscheidung. Sie wiesen darauf hin, daß die Kirche schon bei Augustinus als »in universalibus« unfehlbar gedacht wurde. Doch das I. Vatikanum hat die Unterscheidung zumindest der Sache nach vertreten, indem es zwischen »ecclesia aliquid definit credendum« oder »tenendum« differenzierte.[33]

Wir kommen zum Ergebnis: Kirchenlehramtliche Stellungnahmen sind danach zu unterscheiden, ob sie formell (explizit oder implizit) offenbarte Wahrheiten betreffen oder Wahrheiten, die nicht formell offenbart sind. Sofern die letzten zum Schutz der Offenbarungswahrheiten gehören, d.h. in einem Offenbarungsbezug stehen, können sie auch zum Gegenstand unfehlbarer Lehraussagen werden. Daher ist die Ermittlung des Offenbarungsbezugs für die Frage nach der lehramtlichen Kompetenz im Bereich des natürlichen Sittengesetzes von großer Bedeutung. Es geht ja um Wahrheiten, die ex definitione nicht formell offenbart sind. Somit können sie nur über den Offenbarungsbezug zum Gegenstand höchster, d.h. unfehlbarer Lehraussagen aufrücken.

5. Der Offenbarungsbezug

Gibt es einen Offenbarungsbezug zum natürlichen Sittengesetz? Anders gefragt: Gehören Prinzipien des natürlichen Sittengesetzes zu der Sittenlehre, die im Zusammenhang mit der Glaubenslehre als die eine Doktrin (doctrina de fide vel moribus) in den zitierten Konzilsaussagen genannt wird?

[32] K. Rahner, Kommentar zu LG 25, in: LThK Ergbd. I, S. 238.
[33] Vgl. dazu P. Fransen, Art. »kirchlicher Glaube«, in: LThK VI, Sp. 301 f.

a) Wir gehen zunächst davon aus, daß Glaube (fides) und Sittlichkeit (mores) im praktischen Leben zusammengehören und nur abstrakt voneinander getrennt werden können. In der nachkonziliaren, theologischen Diskussion wurden jedoch an dieser Zusammengehörigkeit Zweifel laut, bis hin zur Behauptung, unter »mores« sei nicht das natürliche Sittengesetz zu verstehen, sondern »disziplinäre und liturgische Praktiken«.[34]

Das Binom »fides et mores« wurde vom I. Vatikanum als traditionsreiche Formel übernommen und hat auf diesem Konzil eine wichtige Rolle gespielt. »Dabei kann nicht länger zweifelhaft sein, daß man mit »mores« vor allem und vordergründig die Moral angesprochen sah«.[35] Genauer gesagt, die Bedeutung von »mores« wurde beim I. Vatikanum »in Richtung auf das »Sittengesetz« verschoben; die kirchliche Praxis als solche wird davon unterschieden«.[36] Demnach dürfte man nicht von vornherein bestreiten, daß das Sittengesetz im umfassenden Sinn — also auch das natürliche Sittengesetz — in den Bereich definitiver, d.h. unfehlbarer Lehraussagen einbezogen werden kann. Ja, man wird sogar positiv sagen müssen: »Grundsätzlich — dafür steht »mores« — kann das kirchliche Lehramt auch über Dinge des praktischen kirchlichen Lebens und nicht allein über Glaubensfragen im engeren, theoretischen Sinn definitive Lehraussagen machen, wobei Art und Grenze solcher »res (doctrinae) morum« nach dem Offenbarungsbezug zu bestimmen sind«.[37] Der Offenbarungsbezug ist somit das Kriterium, das bei unfehlbaren (definitiven) Lehraussagen im Bereich der »mores« eine entscheidende Rolle spielt. Wenn ich recht sehe, darf man als inhaltliche Bestimmung des Offenbarungsbezugs die schon zitierten Worte Rahners anführen, es handle sich um solche Wahrheiten, »die zum Schutz des eigentlichen Offenbarungsdepotitum gehören«.[38] Das soll später noch in Anwendung auf die Enzyklika »Humanae vitae« präzisiert werden.

b) Ein weiterer Aspekt muß jedoch noch berücksichtigt werden. Das Bleiben in der Wahrheit in dem Bereich, der durch das Binom »fides et mores« gekennzeichnet ist, wird durch den Beistand des Hl. Geistes gewährleistet. Diesen Beistand hat Jesus Christus seiner ganzen Kirche verheißen. Das Konzil lehrt: »Die Gesamtheit der Gläubigen, welche die Salbung von dem Heiligen haben (vgl. 1 Joh 2, 20 und 27), kann im Glauben nicht irren. Und diese ihre besondere Eigenschaft

[34] So J. David mit Berufung auf Murphy, in: Orientierung 35 (1971) S. 33; vgl. Ebd. S. 70 ff.
[35] A. Riedl, Die kirchliche Lehrautorität in Fragen der Moral nach den Aussagen des Ersten Vatikanischen Konzils. Freiburg Br. 1979, S. 363.
[36] Knauer, Ökumenische Fundamentaltheologie, S. 222.
[37] Riedl, a.a.O., S. 363.
[38] K. Rahner, Kommentar zu LG 25, in: LThK Ergbd. I, S. 238.

macht sie durch den übernatürlichen Glaubenssinn des ganzen Volkes (sensus fidei totius populi) dann kund, wenn sie »von den Bischöfen bis zu den letzten Gläubigen Laien« (Augustinus) ihre allgemeine Übereinstimmung in Sachen des Glaubens und der Sitten (universalis consensus de rebus fidei et morum) äußert« (LG 12).

Aus der Konzilsaussage zieht Rahner den Schluß, daß die Kirche als Glaubende vom Lehramt befragt werden müsse. Ebenso die Theologie, unter der Bedingung, daß sie den Glaubenssinn bzw. das Glaubensbewußtsein des Gottesvolkes reflektiert und »ein inneres Moment dieses Glaubensbewußtseins selbst« darstellt.[39] Der Glaubenssinn offenbart sich in Form einer »allgemeinen Übereinstimmung« (universalis consensus) im Bereich »des Glaubens und der Sitten« (in rebus fidei et morum). Diese Übereinstimmung darf nicht mit dem soziologischen Konsens, d.h. mit der statistisch ermittelten Mehrheitsmeinung verwechselt werden. Davor warnte Ratzinger, denn »die Statistik ist kein Orakel, um den göttlichen Willen zu erfragen ... Was die Mehrheit tut, kann auch falsch sein und kann sich im übrigen sehr schnell ändern.«[40]

c) Das II. Vatikanum hat das Bleiben in der Wahrheit als Privileg der ganzen Kirche — »von den Bischöfen bis zu den letzten gläubigen Laien (Augustinus)« — herausgestellt. Innerhalb dieser Kirche wird die Funktion des Lehramtes gesehen. Das Lehramt steht also nicht als abstrakte Größe über der Kirche oder neben ihr, wie es die falsche Unterscheidung von »Liebeskirche« und »Amtskirche« will, sondern »in« der Kirche. Aber bei der notwendigen Betonung, daß der Hl. Geist und damit auch das Bleiben in der Wahrheit der ganzen Kirche durch Christus verheißen wurde, darf nicht übersehen werden, daß das Konzil für das Bleiben in der Wahrheit die Leitung durch das Lehramt für wesentlich betrachtet. Die zuvor angeführte Konzilsaussage lautet in Fortführung: »Durch jenen Glaubenssinn nämlich, der vom Geist der Wahrheit geweckt und genährt wird, hält das Gottesvolk unter der Leitung des heiligen Lehramtes, in dessen treuer Gefolgschaft es nicht mehr das Wort von Menschen, sondern wirklich das Wort Gottes empfängt (vgl. 1 Thess 2,13), den einmal den Heiligen übergebenen Glauben (vgl. Jud 3) unverlierbar fest« (LG 12).

Das Verhältnis zwischen Gottesvolk und Lehramt, ihr gegenseitiges Angewiesensein für das Bleiben in der Wahrheit, vergleicht Grillmeier mit dem Zueinander »des gemeinsamen Priestertums aller Gläubigen und des Weihepriestertums, worin das Priestertum aller Getauften eingeht«.[41]

[39] Vgl. K. Rahner, Art. »Hl. Schrift und Theologie«, in: H. Fries (Hg.), Handbuch theol. Grundbegriffe (dtv-Bd. 4058). München 1970, S. 77.

[40] Josef Kard. Ratzinger, Brief an die Priester, Diakone und an alle im pastoralen Dienst Stehenden. München 1980, S. 8; Gesamttext in: HerKorr 35 (1981) 57-60.

[41] Vgl. A. Grillmeier, Kommentar zu LG 12, in: LThK Ergbd. I, S. 189.

Dieser Vergleich legt die Schlußfolgerung nahe, daß auch der Glaubenssinn des ganzen Gottesvolkes in die lehramtlichen Aussagen eingeht, daß also das Lehramt dieses geistgewirkte Glaubensbewußtsein thematisiert, nochmals unter dem Beistand des Hl. Geistes. Daher lehrt das Konzil, daß das Gottesvolk durch das Lehramt »nicht mehr das Wort von Menschen, sondern wirklich das Wort Gottes empfängt.«
Für unsere Frage nach der lehramtlichen Kompetenz im Bereich des natürlichen Sittengesetzes ist demnach sowohl der Offenbarungsbezug wie auch die zuletzt genannte Thematisierung des Glaubensbewußtseins von Bedeutung. Auf diese Weise kommt auch der doppelte Dienstcharakter des kirchlichen Lehramtes zur Geltung: der Dienst am Gotteswort und an den Brüdern. Unter diesen Bedingungen kann das lehramtliche Wort auch im Bereich des natürlichen Sittengesetzes die Autorität des Gotteswortes erlangen und entsprechenden Gehorsam bei den Gläubigen erwarten.

6. Religiöser Gehorsam und Glaubensgehorsam

Der Gehorsam der Gläubigen gegenüber dem kirchlichen Lehramt gründet in der Autorität Christi. Die Bischöfe mit dem Papst, dem römischen Bischof, als ihrem autoritativen Haupt, »sind authentische, d.h. mit der Autorität Christi ausgerüstete Lehrer« (LG 25). So gesehen ist der Gehorsam ein theologischer Grundbegriff und die Moral eine Gehorsamsmoral. Das darf nicht verdrängt werden.[42] Aber gleichzeitig ist im Gegenzug zu einer pauschalen Verdächtigung und Ablehnung des Gehorsams eine differenzierte Betrachtung notwendig, die ihre Aufmerksamkeit darauf richtet, wem wir gehorchen und von welcher Art dieser Gehorsam ist.[43]

a) Angesichts dieser Situation ist es zu begrüßen, daß die Konzilsväter zum Gehorsam gegenüber dem Lehramt eine differenzierte Aussage getroffen haben. In der dogmatischen Konstitution über die Kirche heißt es:
»Die Bischöfe, die in Gemeinschaft mit dem römischen Bischof lehren, sind von allen als Zeugen der göttlichen und katholischen Wahrheit (veritas divina et catholica) zu verehren. Die Gläubigen aber müssen mit einem im Namen Christi (nomini Christi) vorgetragenen Spruch ihres Bischofs in Glaubens- und Sittensachen (de fide et moribus)

[42] Vgl. F. Scholz, Art. »Gehorsam«, in: Handbuch theol. Grundbegriffe (dtv-Bd. 4056). München 1970, S. 84 ff. — Das Stichwort »Gehorsam« fehlt im »Neuen Handbuch theol. Grundbegriffe« von P. Eicher (Hg.), München 1984-1985.

[43] Vgl. K. Rahner, Art. »Autorität«, in: F. Böckle/F.-X. Kaufmann u.a. (Hg.), Christlicher Glaube in moderner Gesellschaft, Bd. 14. Freiburg Br. 1982, S. 32-34: »Lehrautorität in der Kirche«.

übereinkommen und ihm mit religiös gegründetem Gehorsam anhangen (religioso animi obsequio adhaerere). Dieser religiöse Gehorsam des Willens und des Verstandes (religiosum voluntatis et intellectus obsequim) ist in besonderer Weise dem authentischen Lehramt des Bischofs von Rom, auch wenn er nicht kraft höchster Lehrautorität spricht (cum non ex cathedra loquitur), zu leisten; nämlich so, daß sein oberstes Lehramt ehrfürchtig anerkannt und den von ihm vorgetragenen Urteilen aufrichtige Anhänglichkeit gezollt wird, entsprechend der von ihm kundgetanen Auffassung und Absicht (iuxta mentem et voluntatem manifestatam ipsius). Diese läßt sich vornehmlich erkennen aus der Art der Dokumente, der Häufigkeit der Vorlage ein und derselben Lehre, und der Sprechweise« (LG 25).

b) Zunächst ist vom »religiösen Gehorsam des Willens und des Verstandes« (religiosum voluntatis et intellectus obsequim) die Rede, der sowohl der Lehre des einzelnen Bischofs wie des Papstes (cum non ex catedra loquitur) zu leisten ist, und zwar »in Glaubens- und Sittensachen« (sententia de fide et moribus), also nicht im Bereich profaner Erkenntnisse. Es geht also nur um Lehren, die im »Namen Christi« vorgetragen werden. Gefordert wird »grundsätzlicher Respekt des Amtes im allgemeinen und innere Zustimmung zu seinen Erklärungen.«[44] Daß eine rein äußere Zustimmung nicht genügt, sondern die innere Zustimmung gefordert ist, wird durch die Worte »voluntatis et intellectus obsequium« zum Ausdruck gebracht. Der Fall eines »silentium obsequiosum« — eines ehrerbietigen Schweigens gegenüber einer lehramtlichen Entscheidung, ohne die innere Zustimmung — wird hier nicht erwähnt, wie K. Rahner im Kommentar vermerkt und hinzufügt: »... da allgemeine Lehre, hier gewiß nicht ausgeschlossen.«[45] Die letzte Anmerkung Rahners ist mit der Intention der Konzilsaussage kaum vereinbar, es sei denn, daß man das »silentium obsequiosum« auf das Gestuftsein der geforderten, inneren Zustimmung bezieht. Der Konzilstext erwähnt nämlich ausdrücklich die Notwendigkeit innerer Zustimmung, die allerdings verschiedene Grade zuläßt, »entsprechend der von ihm (Lehramt) kundgetanen Auffassung und Absicht«. Diese Absicht, und damit auch der entsprechende Zustimmungsgrad, läßt sich »vornehmlich« (praecipue) erkennen »aus der Art der Dokumente, der Häufigkeit der Vorlage ein und derselben Lehre, und der Sprechweise«. Gegen die Theorie vom »silentium obsequiosum« spricht aber auch, daß sie jansenistischen Ursprungs ist und (zumindest in jansenistischer Auslegung) vom kirchlichen Lehramt bald verworfen wurde.[46]

---

[44] K. Rahner, Kommentar zu LG 25, in: LThK Ergbd. I, S. 236.
[45] Ebd. S. 236.
[46] Vgl. A. Kolping, Art. »Silentium obsequiosum«, in: LThK IX, Sp. 754. Kolping verweist auf Vermeersch-Creusen I 205 n. 321 und schreibt: »Die Urgierung der

Sicher ist, daß der religiöse Gehorsam (religiosum obsequium) in Glaubens- und Sittensachen weder als pauschaler noch als blinder Gehorsam verstanden werden darf. Er erfordert vielmehr — nach der Glaubensüberzeugung, der er seine Bezeichnung verdankt — reife Einsicht und klares Unterscheidungsvermögen. Somit kann der religiöse Gehorsam nur aufgrund eines reifen Gewissens in rechter Weise geleistet werden. Das scheinen diejenigen zu übersehen, die den religiösen Gehorsam in der Nähe von Infantilität oder gar Fanatismus einordnen wollen.

c) Anderer Art ist der ebenfalls geforderte Glaubensgehorsam (obsequium fidei). Gemeint ist die absolute Glaubenszustimmung (assensus fidei) zu einer definierten, d.h. unfehlbar vorgetragenen Lehre. Obwohl der Glaubensgehorsam einem »absoluten und irreformablen Assens« gleichkommt, darf er trotzdem nicht mit blindem Gehorsam verwechselt werden. Der Glaubensgehorsam bezieht sich nämlich auf Geheimnisse (Mysterien), die die umfassende Begreifbarkeit der menschlichen Vernunft überschreiten.[47] Dem aufklärerisch denkenden Menschen fällt es schwer, das anzunehmen, denn er läßt Geheimnisse nur als Herausforderung an die Ratio gelten oder lehnt sie als Zumutung ab. In diesem Licht muß der Unfehlbarkeitsanspruch des Lehramtes als ideologisches Mißverständnis erscheinen. Daher ist die inhaltliche Bestimmung des Geheimnisbegriffs für den Glaubensgehorsam von fundamentaler Bedeutung. Vor allem ist die Klarstellung wichtig, daß Glaubensgeheimnisse nicht wider die Vernunft sind, sondern Wahrheiten betreffen, die die Vernunft zumindest ahnend »ertasten« kann. Die Lehre vom Geheimnischarakter der christlichen Botschaft »verbindet die immer gegebene, wenn auch nicht immer thematisierte Grunderfahrung des Menschen von seiner Ausgesetztheit in das Geheimnis, das sein Dasein durchwaltet, mit dem Inhalt der christlichen Botschaft ... Diese ist nicht die von Gott her verfügte Mitteilung einer willkürlichen Vielzahl dunkler Sätze, die mit der Daseinserfahrung des Menschen wenig oder nichts zu tun haben, sondern die eine, aber umfassende Deutung dieses von Gnade, also von Gott, schon immer erfüllten Daseins.«[48]

Da der Glaubensgehorsam gegenüber unfehlbar vorgetragenen Wahrheiten absolut verpflichtet, ist es für den Gläubigen nicht nur theoretisch

---

inneren Gehorsamspflicht differenziert sich freilich entsprechend dem differenzierten kirchlichen Autoritätseinsatz und nach Sachkunde des Gehorsamsverpflichteten«.

[47] K. Rahner, Kommentar zu LG 25, in: LThK Ergbd. I, S. 237. Vgl. ders., Art. »Geheimnis, theologisch«, in: Handbuch theol. Grundbegriffe (dtv-Bd. 4056). München 1970, S. 74-79. — Im »Neuen Handbuch theol. Grundbegriffe« fehlt das Stichwort »Geheimnis«.

[48] K. Rahner, Art. »Geheimnis«, in: Herders Theol. Taschenlexikon, Bd. 2. Freiburg/Br. 1972, S. 380.

sondern auch praktisch bedeutsam, die Bedingungen zu kennen, die für das Zustandekommen einer unfehlbaren Lehre erfüllt sein müssen. Damit hätte der Gläubige zugleich Kennzeichen zur Hand, die ihm unterscheiden helfen, ob er zum religiösen Gehorsam verpflichtet ist, der Abstufungen der Zustimmung zuläßt, oder zum Glaubensgehorsam, der eine absolute Zustimmung erfordert.

7. Kennzeichen unfehlbarer Lehre

Das II. Vatikanum hat die Bedingungen bzw. Kennzeichen einer unfehlbaren Lehre in der folgenden Aussage aufgezählt:
»Die einzelnen Bischöfe besitzen zwar nicht den Vorzug der Unfehlbarkeit; wenn sie aber, in der Welt räumlich getrennt, jedoch in Wahrung des Gemeinschaftsbandes (communionis nexum) untereinander und mit dem Nachfolger Petri, authentisch in Glaubens- und Sittensachen (res fidei et morum) lehren und eine bestimmte Lehre übereinstimmend (in unam sententiam) als endgültig verpflichtend (tamquam definitive tenendam) vortragen, so verkündigen sie auf unfehlbare Weise die Lehre Christi. Dies ist noch offenkundiger der Fall, wenn sie auf einem römischen Konzil vereint für die ganze Kirche Lehrer und Richter des Glaubens und der Sitten (pro universa Ecclesia fidei et morum doctores et iudices) sind. Dann ist ihren Definitionen mit Glaubensgehorsam (fidei obsequium) anzuhangen« (LG 25).

a) In der Konzilsaussage sind vier Kennzeichen einer unfehlbaren Lehre genannt, bzw. vier Bedingungen angeführt, die das Bischofskollegium erfüllen muß, wenn es als ordentliches oder außerordentliches Lehramt (auf einem Konzil) eine Lehre auf »unfehlbare Weise« verkünden will:
Erstens, das Bischofskollegium muß Gemeinschaft (communionis nexum) untereinander und mit dem Papst halten. Im Kommentar zu dieser Konzilsaussage betont K. Rahner, daß dieses Gemeinschaftsband als »eigentlich kollegialer Akt« (verus actus kollegialis) zu verstehen sei und nicht als »bloße Summierung« der Lehre einzelner Bischöfe, wenn man sich der »inneren Logik« der vorgetragenen Lehre »in ihrem Zusammenhang mit Artikel 22 unbefangen überläßt.«[49] Der »streng kollegiale Akt« (actus stricte collegialis) wird auch in der »nota explicativa praevia 4« ausdrücklich genannt.[50] Im Kommentar zur »nota« vermerkt J. Ratzinger: »Wichtig ist am Text sodann, daß er feststellt, das Kollegium existiere an sich immer, doch handle es nicht ständig auf strikt kollegiale Weise. Damit ist zugleich deutlich gemacht, daß neben den im strengen Sinn »kollegialen«, d.h. für die ganze Kir-

[49] K. Rahner, Kommentar zu LG 25, in: LThK Ergbd. I, S. 237.
[50] Vgl. LThK Ergbd. I, S. 357.

che verbindlichen Akten, auch Abstufungen kollegialen Handelns möglich sind (vgl. im Text Artikel 23).«[51]

Als zweite Bedingung für das Zustandekommen einer unfehlbaren Lehre ist die Übereinstimmung (in unam sententiam convenire) des Bischofskollegiums in dieser Lehre zu nennen. Diese Bedingung steht mit der erstgenannten in einem logischen Zusammenhang.

Als dritte Bedingung ist die Einhaltung des Bereichs unfehlbarer Lehraussagen zu nennen, der durch das Binom »Glaubens und Sittensachen« (res fidei et morum) eingegrenzt ist. Dazu wurde bereits ausführlich Stellung genommen. Die vierte Bedingung betrifft die Art der Verkündigung. Die Lehre muß als unfehlbare, d.h. als endgültig verpflichtende (tamquam definitive tenenda) vorgetragen werden. Im Kommentar vermerkt K. Rahner: »Nur die so qualifizierte Einhelligkeit ist ein Kriterium quoad nos für die Unfehlbarkeit der vorgelegten Lehre. Der Text geht natürlich nicht auf die schwierige, wenn auch unter Umständen praktisch bedeutsame Frage ein, *wie* eine solche qualifizierte Einhelligkeit von dem zum Glauben verpflichteten Gläubigen festgestellt werden kann.« Mit Bedacht, so betont auch Rahner, haben die Konzilsväter das Wort »tenenda« statt »credenda« gewählt, weil »nach weit verbreiteter Ansicht« unter Umständen eine Definition, d.h. eine unfehlbare Lehraussage möglich ist, »die sich nicht auf eigentliche Offenbarungswahrheiten bezieht, welche allein mit »göttlichem Glauben« *geglaubt* (credenda) werden kann wegen der unmittelbaren Autorität des sich offenbarenden Gottes.«[52]

b) Für unsere Kompetenzfrage im Bereich des natürlichen Sittengesetzes ergeben sich wichtige Einsichten:
Der Unterschied zwischen »tenenda« und »credenda« in bezug auf Wahrheiten, die vom Lehramt vorgetragen werden, kommt nochmals ins Blickfeld. Wir haben bereits festgestellt, daß durch Offenbarungsbezug und Thematisierung vorhandenen Glaubensbewußtseins auch solche Wahrheiten mit höchster Lehrautorität, d.h. unfehlbar verkündet werden können, die nicht formell (explizit oder implizit) offenbart sind. Die im Konzilstext angeführten Kennzeichen einer unfehlbaren Lehre sind formale Kriterien, die jedoch zur Materie, d.h. zum Glaubensinhalt, nicht rein äußerlich hinzukommen. Durch Befolgung der formalen Kriterien kann also nicht jede Materie unfehlbar werden. Es ist vielmehr so, »daß eigentliche Glaubenslehre, die aus ihrem Wesen heraus unfehlbar ist, auch nur mit dem Anspruch auf ihre Unfehlbarkeit gelehrt werden kann.«[53] Die unfehlbaren Lehren (Definitionen)

---

[51] J. Ratzinger, Kommentar zur »nota explicativa praevia 4«, in: LThK Ergbd. I, S. 357.
[52] K. Rahner, Kommentar zu LG 25, in: LThK Ergbd. I, S. 237.
[53] Knauer, Ökumenische Fundamentaltheologie, S. 224.

147

sind also »aus sich« (ex sese) wahr. »Diese Struktur von Glaubensaussagen ist der Sache nach identisch mit dem »Beistand des heiligen Geistes«, auf den sich die Kirche zur Garantie ihrer Glaubenswahrheiten
beruft.«[54]

Die letzte Feststellung führt nochmals, in Zuspitzung auf unser Problem,
zur folgenden Frage: Wenn Glaubensaussagen »ex sese« als Selbstmitteilung Gottes — wahr sind, und nicht erst durch die Zustimmung der Kirche (non autem ex consensu Ecclesiae — DS 3074), wie können dann
Wahrheiten aus dem Bereich des natürlichen Sittengesetzes Gegenstand
unfehlbarer Glaubensverkündigung werden? Nur in dem Sinn — so
meint Knauer, der schon zuvor zu Worte kam — »daß die Bedeutung des
Glaubens für sie ausgesagt wird«. Und er fährt fort: »Dementsprechend
wird vom II. Vatikanum die Formel »in den Dingen des Glaubens und der
Sitten« (in rebus fidei et morum) dahingehend ausgelegt, daß es sich um
den »zu glaubenden Glauben und seine Anwendung auf die Sitten«
(fidem credendam et moribus applicandam) handele.«[55]
Die Worte »fidem credendam et moribus applicandam« sind der dogmatischen Konstitution über die Kirche (LG 25) entnommen. Das II. Vatikanum hat an anderer Stelle erklärt, daß das kirchliche Lehramt ermächtigt
sei, »auch die Prinzipien der sittlichen Ordnung, die aus dem Wesen des
Menschen selbst hervorgehen, autoritativ zu erklären und zu bestätigen«
(DH 14).
Autoritativ erklären heißt verbindlich lehren, ob nicht unfehlbar oder unfehlbar bleibt in der soeben zitierten Konzilsaussage offen. Sie betrifft die
Prinzipien, d.h. die allgemeinen Normen des natürlichen Sittengesetzes.
Umfaßt diese Kompetenz aber auch Einzelnormen, die sich auf konkrete
Sachverhalte beziehen?

c) Die Frage ist um so wichtiger, wenn es um die höchste, unfehlbare
Kompetenz geht. Daß sie in bezug auf Prinzipien zur Geltung kommen kann, wurde bereits festgestellt. Gilt das aber auch in bezug auf
Einzelnormen? Knauer meint, »daß die inhaltliche Bestimmung des
Sittengesetzes in Einzelnormen nicht mit der Unfehlbarkeit des Glaubens gelehrt werden kann; und eine andere Unfehlbarkeit gibt es nicht
… Für die Frage, was zu tun ist, müssen wir uns letztlich an das halten, was Sachverstand und Klugheit sagen können, ohne daß man mit
dem christlichen Glauben argumentieren müßte.«[56]

---

54 Ebd., S. 229. Vgl. ebd. S. 227 mit Anm. 372 u. S. 230 mit Anm. 378. Mit der vorgenommenen Auslegung des »ex sese« weicht Knauer von den Theologen ab,
die das »ex sese« auf die Unfehlbarkeit des Papstes begrenzen und dadurch
auch anders verstehen.
55 Ebd., S. 223, mit Bezug auf LG 25.
56 Ebd., S. 223f. — Ziegler, Vom Gesetz zum Gewissen, S. 86-88, neigte folgender
Aufteilung zu: die Erlösungsordnung ist dem unfehlbaren Lehramt zugewie-

Im Sinne dieses Einwands kann es sich bei Einzelnormen nicht um den
»zu glaubenden Glauben und seine Anwendung auf die Sitten« (siehe
oben) handeln. Anders ausgedrückt, Einzelnormen sind nicht mehr
Glaubensaussagen, die als Selbstmitteilung Gottes »ex sese« wahr sind.
Das können Einzelnormen sofern nicht sein, als in diese auch durch
Sachverstand und Klugheit diktierte Sachaussagen eingehen. Damit soll
nicht gesagt sein, daß sich das Lehramt zu Einzelnormen des natürlichen
Sittengesetzes nicht verbindlich äußern könne. Nur die höchste, unfehlbare Verbindlichkeit wird durch den Einwand Knauers ausgeschlossen.
Ein ähnliches Fazit zitiert J. Schuster: »Der Autor (W.J. Levada) kommt zu
dem Ergebnis, daß naturrechtliche Normen nicht einfach vom depositum
fidei, auf das sich die genuine Kompetenz der Kirche und ihres Lehramtes bezieht, auszuschließen sind, daß aber materiale naturrechtliche Normen (= Einzelnormen bei Knauer — J.P.) nicht unter das Unfehlbarkeits-
objekt fallen können, weil ihr Gehalt essentiell von Gegebenheiten
menschlicher Erfahrung abhängig ist, für die das kirchliche Lehramt
keine besondere Kompetenz beanspruchen kann.«[57]
Im Artikel »Hat das ordentliche Lehramt zur Empfängnisregelung unfehlbar gesprochen?«[58] kam ich zur ähnlichen Schlußfolgerung:
»Daß das Lehramt im Bereich der »mores«, und das heißt auch im Bereich
des sittlichen Naturgesetzes, eine unfehlbare Aussage treffen kann,
wurde bereits festgestellt, jedoch mit dem wichtigen Vorbehalt, daß dies
zum Schutz des eigentlichen Offenbarungsdepositum notwendig sei, daß
also ein Offenbarungsbezug gegeben sein muß.
Zu dieser dogmatischen Klarstellung kommt noch folgende moraltheologische Eingrenzung hinzu: die unfehlbare Kompetenz des Lehramtes im
Bereich der »mores« bleibt auf die allgemeinen, unwandelbaren »principia« beschränkt und bezieht sich nicht mehr auf die konkreten, situationsbezogenen und sofern wandelbaren »conclusiones«. In GS 33, Ab-
schnitt 2, heißt es: »Die Kirche hütet das bei ihr hinterlegte Wort Gottes,
aus dem die Grundsätze der religiösen und sittlichen Ordnung gewonnen werden (ex quo principia in ordine religioso et morali hauriuntur),
wenn sie auch nicht immer zu allen einzelnen Fragen eine fertige Antwort
hat« (GS 33). Um Antworten dieser Art zu erlangen, konkrete Antworten
also, ist es notwendig — das wird im Konzilstext ausdrücklich gesagt —,
»das Licht der Offenbarung mit der Sachkenntnis aller Menschen in Verbindung zu bringen« (GS 33).
Die »conclusiones«, d.h. die konkreten, situationsbezogenen Normen
sind also »Mischurteile«. In ihnen wird ein allgemeines Prinzip, das wir

---

sen, die Schöpfungsordnung — also auch das sittliche Naturgesetz — dem fehl-
baren Hirtenamt.

[57] Schuster, Ethos und kirchliches Lehramt (siehe Anm. 3), S. 14.
[58] J. Piegsa, Hat das ordentliche Lehramt zur Empfängnisregelung unfehlbar gesprochen?, in: ThGegw 24 (1981) 33-41.

dem Licht der Offenbarung verdanken, mit einem Sachurteil verbunden. Das Ergebnis, die »conclusio«, ist eine konkrete Norm. Unwandelbar — und insofern auch unfehlbar — kann nur das Prinzip sein, nicht aber das Sachurteil, mit dem das Prinzip zu einer konkreten Norm zusammenwächst ... Die Exegese scheint diese Einsichten zu bestätigen. Sie weist der moraltheologischen Hermeneutik die Klärung des Geltungsanspruchs von »partikulären Wertungen und Weisungen« des Neuen Testaments zu. Die Problematik wird folgendermaßen umschrieben:»Wo das Liebesgebot sich freilich in operativen Handlungsnormen und konkreten Einzelanweisungen »verleiblicht«, ist zu prüfen, ob und in welcher Weise nicht nur zeitbedingte Wertungen, sondern auch besondere geschichtliche Verhältnisse die grundsätzliche Forderung einfärben, so daß in geänderter Situation nur eine analoge bzw. approximative, eine adaptive oder intentionale Befolgung gefordert sein kann«.[59] Aus der Sicht der Exegese geht es also darum, das eigentlich Gemeinte zu ermitteln, d.h. das unwandelbare Prinzip aus der Verbindung mit einem wandelbaren Sachurteil in Gestalt einer konkreten Norm herauszulösen und für eine veränderte Situation neu zu konkretisieren, d.h. mit einem neu gewonnenen Sachurteil zu verbinden.

Man darf die Empfängnisregelung von den dargelegten Erwägungen nicht ausnehmen. Hier wäre ebenso zu fragen: Was ist unaufgebbares Prinzip, dem Licht der Offenbarung entnommen oder im Offenbarungsbezug stehend, und was ist wandelbares Sachurteil, das vom jeweiligen Stand der Wissenschaft und anderen Situationsbezügen abhängig ist?«[60] Die zitierten Schlußfolgerungen sind durch den Hinweis zu ergänzen, der einführend erwähnt wurde und auf Thomas von Aquin zurückgeht: die Eigenständigkeit des Sachverstandes und der Klugheit gilt nicht im Sinn absoluter Autonomie, sondern sie ist im Rahmen einer göttlich vorgegebenen Ordnung zu verwirklichen, an die das menschliche Erkennen bzw. Erfahren, also auch der Sachverstand und die Klugheit, zurückverwiesen bleiben. Das II. Vatikanum sprach von der Notwendigkeit, Sachkenntnis bzw. Alltagserfahrung mit dem Glauben in Verbindung zu bringen.vom Glauben her ist nämlich dem kirchlichen Lehramt auch dann zu gehorchen, wenn es nicht mit höchster, unfehlbarer Kompetenz spricht. Aber dieser religiöse Gehorsam, der Stufen bzw. Grade der Zustimmung zuläßt, unterscheidet sich vom absoluten Glaubensgehorsam, der unbedingte Zustimmung erfordert.

---

[59] Vgl. H. Schürmann, Die Frage nach der Verbindlichkeit der neutestamentlichen Wertungen und Weisungen, in: J.Ratzinger (Hg.), Prinzipien christlicher Moral. Einsiedeln 1975, 34 f.

[60] Piegsa, a.a.O., S. 36-38 passim.

Schluß: Der lehramtliche Kompetenzanspruch in »Humanae vitae«

Einführend wurde vermerkt, daß die Enzyklika »Humanae vitae« den Anlaß zur nachkonziliaren Diskussion über die lehramtliche Kompetenzfrage gegeben hatte. Vor allem der Anspruch der Enzyklika, über Fragen des natürlichen Sittengesetzes authentische, d.h. verbindliche Aussagen treffen zu dürfen, erregte Anstoß. Anhand von Konzilsaussagen haben wir festgestellt, daß dem kirchlichen Lehramt diese Kompetenz zusteht, ja daß es sogar mit höchster, unfehlbarer Autorität Fragen der natürlichen Sittlichkeit beantworten kann. Die lehramtliche Kompetenz bleibt jedoch auf den Bereich des Glaubens und der Sittlichkeit begrenzt, und bei unfehlbarer Kompetenz kommen noch der Offenbarungsbezug sowie die Thematisierung des allgemeinen Glaubensbewußtseins als Bedingungen hinzu. Im Bereich des natürlichen Sittengesetzes ist zudem noch die Einschränkung zu beachten, daß auf unfehlbare Weise nur über Prinzipien entschieden werden kann.

Wir fragen nun abschließend: Entspricht der lehramtliche Kompetenzanspruch, der in »Humanae vitae« zum Ausdruck kommt, den angeführten Schlußfolgerungen?

a) Papst Paul VI. wendet sich im Grußwort seiner Enzyklika »Humanae vitae« (25.7.1968) nicht nur an die Katholiken, sondern »an alle Menschen guten Willens«[61]. In seinen Ausführungen schreibt der Papst: »Unserer Meinung nach sind die Menschen unserer Zeit durchaus imstande, die Vernunftgemäßigkeit dieser Lehre zu erfassen« (HV 12). Außerdem stellt Papst Paul II. fest, daß die Enzyklika eine »neue und vertiefte Überlegung über die Prinzipien der Ehemoral« vortrage, »die ihre Grundlage im natürlichen Sittengesetz haben, das durch die göttliche Offenbarung erhellt und bereichert wird« (HV 4).

Der Kompetenzanspruch des Lehramtes für den Bereich des sittlichen Naturgesetzes wird also deutlich zum Ausdruck gebracht. Aber vorbehaltlose Zustimmung zum lehramtlichen Anspruch erwartet der Papst wohl nur von gläubigen Christen, denn an sie wendet er sich, indem er fortfährt: »Kein gläubiger Christ wird bestreiten, daß die Auslegung des natürlichen Sittengesetzes zur Aufgabe des kirchlichen Lehramtes gehört« (HV 4). Als Schriftbeweis führt Papst Paul VI. Mt 28,18-19 an. Mit diesen Worten habe Christus »dem Petrus und den übrigen Aposteln« Anteil an seiner göttlichen Gewalt gegeben und sie »zu zuverlässigen Wächtern und Auslegern des ganzen Sittengesetzes bestellt, d.h. nicht nur des evangelischen sondern auch des natürlichen Sittengesetzes. Denn auch das natürliche Sittengesetz bringt den Willen Gottes zum Ausdruck, und dessen treue Befolgung ist ja allen Menschen zum ewigen Heil notwendig« (HV 4).

---

61 Papst Paul VI., Enzyklika »Humanae vitae«, Grußwort, zit. nach: Beilage zum Kirchl. Amtsblatt für das Bistum Mainz 1968. Nachkonziliare Dokumente Nr. 15.

In seiner Enzyklika will Papst Paul VI. »den ganzen Menschen im Auge behalten« und auf die »Gesamtschau« des Menschen zurückgreifen, die in der Pastoralkonstitution des II. Vatikanums zum Ausdruck kommt (HV 7). Kritiker weisen jedoch darauf hin, daß der Papst im entscheidenden Art. 10 seiner Enzyklika schon von dieser ganzheitlichen Sicht abkomme und eine biologistische Sicht des Naturgesetzes vortrage. Durch diesen Biologismus seien alle weiteren Ausführungen, insbesondere die Stellungnahmen zur Geburtenregelung, bestimmt.[62]

b) Die Kritik spricht direkt von einer Verfälschung oder zumindest Verflachung des sittlichen Naturgesetzverständnisses. Indirekt ist damit auch schon der Vorwurf einer Kompetenzüberschreitung verbunden, von der dann auch manchmal offen oder andeutungsweise die Rede ist. Es sind folgende Aussagen der Enzyklika, an die der Vorwurf des Biologismus geknüpft wird:
»Was zunächst die biologischen Vorgänge angeht, bedeutet verantwortungsbewußte Elternschaft die Kenntnis und die Beachtung der mit ihnen zusammenhängenden Funktionen. So vermag der Mensch (humana ratio) in seinen Fortpflanzungskräften die biologischen Gesetze zu entdecken, die zur menschlichen Person (ad humanam personam) gehören[9]« (HV 10).

Nach dieser Ausführung geht Papst Paul VI. dazu über, weitere Aspekte anzuführen, aus denen das Problem verantwortlicher Elternschaft betrachtet werden soll, nämlich aus der Sicht des Instinkts und der Leidenschaften, aus der Sicht materieller Verhältnisse, aus wirtschaftlicher, psychologischer, sozialer und schließlich auch moralisch-objektiver Sicht (die amtliche deutsche Übersetzung dieser Ausführungen ist leider nicht präzise ausgefallen). Die Darlegung der aufgezählten Aspekte wird mit dem Satz eingeleitet: »Sie (die verantwortliche Elternschaft) muß unter verschiedenen berechtigten und miteinander in Beziehung stehenden Gesichtspunkten betrachtet werden« (HV 10).
Der biologische Aspekt verantwortlicher Elternschaft wird also, wie die anderen Aspekte auch, als Teilaspekt behandelt und einer ganzheitlich-personalen Sicht zugeordnet. Das ist ein bewußt angestrebtes Vorhaben, das zuvor, nämlich in Art. 7 von »Humanae vitae«, mit folgenden Worten zum Ausdruck gebracht wurde: »Die Frage der Weitergabe menschlichen Lebens darf — wie jede andere Frage, die das menschliche Leben angeht — nicht nur unter biologischen, psychologischen, demographischen oder soziologischen Gesichtspunkten gesehen werden; man muß vielmehr den ganzen Menschen im Auge behalten, die gesamte Aufgabe, zu der er berufen ist ...« (HV 7).

[62] Vgl. A. Laun, Die naturrechtliche Begründung der Ethik in der neueren Katholischen Moraltheologie. Wien 1973, S. 30-32.

Die wichtige Aussage in Art. 10 (siehe oben), die als biologistische Verzeichnung des natürlichen Sittengesetzes von den Kritikern der Enzyklika charakterisiert wurde, endet mit Anmerkung 9, in der auf die »Theologische Summe« (I-II q 94,a 2) des Thomas von Aquin verwiesen wird.

Seine Ausführungen dürfen wir somit als Beleg und Erhellung dafür auffassen, wie die aufgezählten Teilaspekte einer Gesamtschau des Menschen und seiner Berufung (ut totum hominem, totumque, ad quod is vocatus est, munus complectatur — HV 7) zuzuordnen sind. Die Ausführungen des Thomas enthalten wesentlich folgende Gedanken: Gottes ewiges Gesetz (lex aeterna) kommt in seinen Geschöpfen dank eingegebener »natürlicher Neigungen« (inclinationes naturales) zur Geltung. Im Menschen gibt es drei Ordnungen natürlicher Neigungen, den drei Seinsstufen entsprechend, die in seinem Wesen integriert sind. Erstens, besitzt der Mensch mit allen Geschöpfen gemeinsam die Neigung zur Selbsterhaltung. Zweitens, teilt der Mensch mit den Tieren die Neigung zur Vereinigung von Mann und Frau, zur Aufzucht von Nachkommenschaft, und ähnliches mehr. Schließlich, drittens, hat der Mensch gemäß seiner Vernunftnatur die Neigung, die Wahrheit über Gott zu erfahren und in Gemeinschaft zu leben (I-II q 94, a 2).
In Antwort auf Einwände unterstreicht Thomas, daß die Neigungen der ersten und zweiten Ordnung erst dann als sittlich bedeutsames Naturgesetz zu verstehen sind, wenn sie von der Vernunft reguliert (secundum quod regulantur ratione) und auf das eine Grundprinzip zurückgeführt werden (et reducuntur ad unum primum praeceptum):das Gute ist zu tun und das Böse zu meiden. Sofern ist die Vernunft die Ordnungskraft für alles, was die Menschen betrifft (I-II q 94, a 2, ad 2 et ad 3).
Der letzte Satz des Thomas ist ein Beweis für die Hochschätzung der Vernunft, aber nicht im verabsolutierenden Sinne des späteren Rationalismus. Die vornehmste und erste Aufgabe der Vernunft ist nämlich das Vernehmen dessen, was als gottgewollte Schöpfungsordnung in der Wirklichkeit vorgegeben ist. Das hat Thomas vor den Ausführungen, auf die sich dle Enzyklika beruft, klargestellt (I-II q 91, a 2). Die ordnungsstiftende Kraft besitzt die Vernunft nicht aus sich, sondern dank der Teilhabe (participatio) am ewigen Gesetz. An diesem Gesetz partizipieren zwar alle Geschöpfe aufgrund ihrer eingegebenen Neigungen, aber die vernunftbegabte Schöpfung partizipiert auf »höhere Art«, nämlich »intellectualiter et rationaliter« (q 91, a 2, ad 3). Beide Termini sind wichtig, denn dem Intellekt sind die ersten Prinzipien (prima principia) eingegeben, während die Ratio das Finden der konkreten Normen zur Aufgabe hat. Nur die dem Menschen eigene, vernunftgemäße Teilhabe am ewigen Gesetz wird sittliches Naturgesetz genannt, während die Teilhabe der vernunftlosen Geschöpfe lediglich ähnlichkeitshalber (per similitudinem) Naturgesetz heißen kann (q 91, 2, ad 3)[63].

[63] Vgl. dazu die Anmerkungen und den Kommentar von O.H. Pesch, in: Deutsche Thomas-Ausgabe, Bd. 13. Heidelberg-Graz 1977, 552ff; 568ff; 574ff.

c) Der Vorwurf des Biologismus läßt sich in bezug auf die Enzyklika »Humanae vitae« nicht aufrechterhalten. Es trifft auch nicht zu, daß in Art. 10 (allein) die Weichen gestellt wurden, die alle nachfolgenden Ausführungen bestimmen. Die Aufzählung verschiedener Aspekte verantwortlicher Elternschaft, dargelegt in Art. 10, endet mit der Schlußfolgerung: »Daraus folgt, daß sie (die Eheleute) bei der Aufgabe, das Leben weiterzugeben, keinesfalls nach eigenem Gutdünken vorgehen dürfen, ... (sondern) ihr Verhalten auf den göttlichen Schöpfungsplan auszurichten haben, der einerseits im Wesen der Ehe selbst und ihrer Akte zum Ausdruck kommt, den andererseits die beständige Lehre der Kirche kundtut[10]« (HV 10, in Anm. 10 wird auf GS 50-51 verwiesen).

Der Schöpfungsplan Gottes ist also das entscheidende Kriterium, auf das sich Papst Paul VI. in seiner Enzyklika beruft. Das wird in Art. 12 gesagt: »Diese vom kirchlichen Lehramt oft dargelegte Lehre (»daß jeder eheliche Akt von sich aus auf die Erzeugung menschlichen Lebens hingeordnet bleiben muß« — HV 11) gründet in einer von Gott bestimmten unlösbaren Verknüpfung der beiden Sinngehalte — liebende Vereinigung und Fortpflanzung —, die beide dem ehelichen Akt innewohnen. Die Verknüpfung darf der Mensch nicht eigenmächtig auflösen« (HV 12). Papst Paul VI. versteht seine Enzyklika als lehramtliche Funktion des Bewahrens und Auslegens (das »sancte custodire et fideliter exponere« nach LG 25), und zwar in bezug auf die Schöpfungsordnung, die sich mit dem Bereich des natürlichen Sittengesetzes deckt. Dieser Kompetenzanspruch ist dem Geist des II. Vatikanums angemessen.

d) Aus pastoraler Sicht ist die Klärung der Frage wichtig, mit welcher Verbindlichkeit die Ausführungen der Enzyklika »Humanae vitae« die Kirchenglieder verpflichten.[64] Theologen, die den Verpflichtungsgrad der Enzyklika möglichst hoch eingeschätzt wissen möchten, räumen trotzdem ein, daß Papst Paul VI. »keine Definition ex cathedra« erlassen hat, behaupten jedoch, daß die Enzyklika »die Bestätigung einer längst infallibel verkündeten Lehre« sei. Der überzeugende Beweis für die letzte Behauptung wurde nicht erbracht.[65] Folglich müssen Wahrheiten aus dem Bereich »fides et mores« die in den Ausführungen der Enzyklika enthalten sind, grundsätzlich mit religiösem Gehorsam angenommen werden, es sei denn, daß es sich um bereits offenbarte Wahrheiten handelt, die »ex sese« zum Glaubensgehorsam verpflichten.

---

64 Anderer Meinung ist J.G. Ziegler, »Humanae vitae und kein Ende?«, in: B. Fraling/R. Hasenstab (Hg.), Die Wahrheit tun. Zur Umsetzung ethischer Einsicht (FS G. Teichtweier). Würzburg 1983, S. 191-216, hier S. 212.
65 Vgl. J. Piegsa, Hat das ordentliche Lehramt zur Empfängnisregelung unfehlbar gesprochen?, a.a.O. S. 34.

Die Deutschen Bischöfe haben in ihrer Stellungnahme zur Enzyklika »Humanae vitae«, in der sog. »Königsteiner Erklärung« vom 30.8.1968, ebenfalls vom »religiösen Gehorsam« gesprochen, den die Gläubigen der lehramtlichen Äußerung schulden.[66] Wir hatten gefragt: Entspricht der lehramtliche Kompetenzanspruch in »Humanae vitae« den Lehren des II. Vatikanums? Die Frage ist vollauf zu bejahen.

---

[66] Vgl. Wort der deutschen Bischöfe zur seelsorglichen Lage nach dem Erscheinen der Enzyklika »Humanae vitae« (= Königsteiner Erklärung). Königstein Ts. 30.8.1968, Nr. 3; vgl. J. Piegsa, »Humanae vitae« und die »Königsteiner Erklärung«, in: ThGl 72 (1982) 14-39, hier S. 33.

II. Konkretion

Helmut Borok

Sittliche Implikationen der Firmung

Im Dekret des Zweiten Vatikanischen Konzils über die Ausbildung der Priester finden sich grundlegende Aussagen über die Gestaltung der Moraltheologie:»Besondere Sorge verwende man auf die Vervollkommnung der Moraltheologie, die, reicher genährt aus der Lehre der Heiligen Schrift, in wissenschaftlicher Darlegung die Erhabenheit der Berufung der Gläubigen in Christus und ihre Verpflichtung, in der Liebe Frucht zu bringen für das Leben der Welt, erhellen soll.«(OT 16)[1] Diese Aussagen enthalten eine ekklesiologische und eine soziale Komponente: der Gläubige in Christus, das heißt der Getaufte und Gefirmte, wird zum Heilsdienst und zum Weltdienst berufen. Kraft und Motivation dazu erfährt er in der sakramentalen Christusbegegnung.[2] Die wissenschaftliche Grundlage zu seinem sittlichen Handeln bietet ihm die Moraltheologie. Deren Fundamente sind die Heilige Schrift als theologisches Erkenntnisprinzip, das Leben in Christus als Seinsprinzip und das Zeugnis der Liebe als Handlungsprinzip.[3] Dieses Konzilsdesiderat erfüllt eine sakramental begründete Moraltheologie.

J.G. Ziegler bietet ein christozentrisches Konzept einer sakramental begründeten Moraltheologie. Er definiert die Moraltheologie als die »wissenschaftliche Darstellung der gnadenvermittelten, geistgewirkten Grundlegung des »neuen Seins in Christus« und dessen gnadengetragener, geisterfüllter Entfaltung zu einem »neuen Leben in Christus« durch den Getauften und Gefirmten in der Kirche für die Welt zur Verherrlichung des Vaters.«[4] Für diese »kerygmatisch ausgerichtete, biblisch-dogmatische Moralauffassung« schlägt er den Namen »Gnadenmoral« vor.[5] Taufe und Firmung nehmen in dieser Definition eine Schlüsselstellung in der gnadenhaften Grundlegung des neuen Seins in Christus ein. Ebenso wird darin ein moraltheologisches Axiom zum Ausdruck gebracht: Vom Sein zum Sollen. Was dem Christen ontisch vorgegeben ist, ist ihm ethisch aufgegeben. Das Spezifikum von Taufe und Firmung beschreibt das Zweite Vatikanische Konzil. Danach werden die Gläubigen »durch die

---

[1] LThK[2] Erg. Bd. II 345.
[2] E. Schillebeeckx, Christus, Sakrament der Gottesbegegnung, Mainz [2]1965, 23-26.
[3] J.G. Ziegler, Moraltheologie nach dem Konzil, in: ThGl 59 (1969) 169f.
[4] J.G. Ziegler, Lebensgestaltung in Christus, in: MThZ 35 (1984) 176.
[5] J.G. Ziegler, ebd., 177.

Taufe der Kirche eingegliedert«, »durch das Prägemal zur christlichen Gottesverehrung bestellt« (LG 11).[6] Der Christ erfährt das »neue Sein in Christus« und wird zum direkten Kult des Vaters durch die Gottesverehrung befähigt (I.–III. Gebot des Dekalogs).

Weiter heißt es über die Firmung: »Durch das Sakrament der Firmung werden sie vollkommener der Kirche verbunden und mit einer besonderen Kraft des Heiligen Geistes ausgestattet. So sind sie in strengerer Weise verpflichtet, den Glauben als wahre Zeugen Christi in Wort und Tat zugleich zu verbreiten ond zu verteidigen« (LG 11).[7] In dieser Aussage wird die Zusammengehörigkeit von Taufe und Firmung als den Sakramenten der Eingliederung deutlich. Es handelt sich um verschiedene Stufen der einen Eingliederung.[8] Durch die Ausstattung mit einer besonderen Kraft des Heiligen Geistes wird der Gefirmte zum Zeugnisgeben in Wort und Tat für die Welt befähigt (IV.–X. Gebot des Dekalogs). Damit ist das ethische Sollen impliziert.[9] Nach J.G. Ziegler »qualifiziert das Firmmal das innerweltliche Tun und Lassen des Christen als Teilnahme am hohenpriesterlichen Kult Jesu Christi in indirekter Weise.«[10] In den folgenden Ausführungen soll der geschichtliche Werdegang der Konzilsaussage über die Firmung schwerpunktmäßig dargelegt und nach der Legitimität einer Firmtheologie gefragt werden. Auch soll auf konkrete Anwendungsmöglichkeiten der sittlichen Implikationen nicht verzichtet werden.dem Konzilsdesiderat über die Gestaltung der Moraltheologie entspricht auch die Disposition:

I.   Aussage der Offenbarung
II. Wissenschaftliche Darlegung
III. Berufung zum Leben in Christus in der Kirche für die Welt

---

6   LThK[2] Erg. Bd. I 183f; G. Biemer, Die Firmung als Sakrament der Eingliederung in die Kirche, in: Diakonia 4 (1973) 28-37.

7   LThK[2] Erg. Bd. I 185.

8   LThK[2] ebd. 69: In der Konstitution über die heilige Liturgie (SC 71) heißt es, beim Firmritus solle der innere Zusammenhang dieses Sakramentes mit der gesamten christlichen Initiation besser aufleuchten. Wenn es angebracht sei, solle der Firmung eine Erneuerung des Taufversprechens vorausgehen.

9   J. Reiter, Modelle christozentrischer Ethik. Eine historische Untersuchung in systematischer Absicht, Düsseldorf 1984, 189f; F. Wetter, Sakramentale Christusförmigkeit, in: TThZ 79 (1970) 13-23. 15: »Durch die Firmung wird er (der Getaufte) dem Herrn gleichförmig, insofern dieser vom Vater in die Welt gesandt ist, um an der Welt den Dienst des Heiles zu erfüllen.«

10 J.G. Ziegler, a.a.O. 178; O. Betz (Hrsg.), Sakrament der Mündigkeit. Ein Symposion über die Firmung, München 1967, 74: Der Charakter indelebilis ist zunächst eine deputatio, eine Beauftragung, ein Hingestelltwerden an einen bestimmten Platz im Leben der Kirche; A. Adam, Firmung und Seelsorge, Düsseldorf 1959, 52-54; E.J. Lengeling, Die Salbung der christlichen Initiation und die dreifache Aufgabe des Christen, in: H. Auf der Maur — B. Kleinheyer (Hrsg.), Zeichen des Glaubens, Einsiedeln 1972, 429-453; A. Stenzel, Dogmatische Erwägungen zu den Initiationssakramenten, in: LJ 21 (1971) 114f.

I. Die Aussage der Offenbarung

Die Offenbarung, dargestellt in der Einheit von Schrift und Tradition, bildet die primäre Erkenntnisquelle für die Moraltheologie. Daher gilt es zunächst nach dem biblischen Befund zu fragen.

Die Aussagen der Heiligen Schrift. Die klassischen Belegstellen für das Firmsakrament zeigen, daß sich in der Heiligen Schrift nur Ansätze für eine Theologie des Firmsakramentes finden lassen, denn nach dem Zeugnis des Neuen Testamentes verleiht bereits die Taufe den Heiligen Geist. Nur wer »aus Wasser und Geist« geboren wird, kann in das Reich Gottes eingehen (Joh 3,5).[11] Wasser und Geist besagen die Zusammengehörigkeit von Taufe und Firmung. Somit kann auch die Taufe das Sakrament des Heiligen Geistes genannt werden. Die Zusammengehörigkeit von Taufe und Firmung bildet auch den Inhalt des Corpus Paulinum, soweit es über die Geistmitteilung berichtet. »Durch den einen Geist wurden wir in der Taufe alle in einen einzigen Leib aufgenommen« (1 Kor 12,13). Auch die Gaben des Heiligen Geistes werden in der Taufe verliehen (1 Kor 12,1-11).[12] In der Apostelgeschichte lassen sich jedoch Ansätze für ein gesondertes Firmsakrament finden, obwohl auch hier betont wird, daß die Gläubigen nicht durch Handauflegung, sondern durch die Taufe den Heiligen Geist empfangen (Apg 2,38).[13] An manchen Stellen wird nämlich deutlich zwischen Taufe und Handauflegung als Form der Geistmitteilung unterschieden. Gemeint sind hier die Gläubigen, die zwar das Wasserbad, aber noch nicht den Heiligen Geist empfangen hatten. Die Geistmitteilung erfolgte durch nachträgliche Handauflegung. Apg 8,14-17: »Als die Apostel in Jerusalem hörten, daß Samarien das Wort Gottes angenom-

---

[11] Vgl. R. Schnackenburg, Nikodemusgespräch, in: Das Johannesevangelium, Freiburg 1965, 377-393. Aufgrund des textkritischen Quellenbefundes muß offengelassen werden, ob der Geistempfang unmittelbar an das Wasser gebunden ist; A. Wikenhauser, Zur Gotteskindschaft. Zeugen aus Gott, Wiedergeburt, in: Das Evangelium nach Johannes, Regensburg 1961, 91-94.

[12] W. Radl, »Firmung« im Neuen Testament?, in: Communio 11 (1982) 427-433. 428f: Der Ort der Geistmitteilung ist die Taufe. Die Art und Weise der Geistmitteilung erfolgt durch die Aufnahme in den pneumatischen Christusleib. Zu Apg 2,28: Nach den Ausführungen des Petrus wird der Heilige Geist durch die Taufe empfangen; H. Balz, Christus in Korinth. Eine Auslegung des 1. Korintherbriefes, Kassel 1970, 104-108.

[13] R. Schnackenburg, Das Heilsgeschehen der Taufe nach dem Apostel Paulus, München 1960, 6: »Es kennzeichnet die Verbindung Pauli mit der urapostolischen Verkündigung, daß sich bei ihm auch diese beiden anderen Merkmale in Verbindung mit der Taufe finden: die Taufe im Namen Jesu (1 Kor 1,13) und das Geistwirken (1 Kor 6,11; 12,13).« Vgl. A. Adam, Firmung, in: HThG I, München 1962, 382-387.

men hatte, schickten sie Petrus und Johannes dorthin. Diese zogen hinab und beteten für sie, sie möchten den Heiligen Geist empfangen. Denn er war noch auf keinen von ihnen herabgekommen; sie waren nur auf den Namen Jesu, des Herrn, getauft. Dann legten sie ihnen die Hände auf, und sie empfingen den Heiligen Geist.«[14] Diese Belegstelle muß von ihrem Kontext her beurteilt werden. Voraus geht die Missionierung Samariens durch Philippus, die ohne Beauftragung der Apostel in Jerusalem erfolgte. Die Geistmitteilung kann aber nur im apostolischen Auftrag erfolgen. Daher wurde die Handauflegung durch die Apostel Petrus und Johannes nachgeholt.

Ähnlich verhält es sich mit den Johannesjüngern in Ephesus. Apg 19,1-7: »Als sie (die Johannesjünger) das (die Rede des Paulus) hörten, ließen sie sich auf den Namen Jesu, des Herrn, taufen. Paulus legte ihnen die Hände auf, und der Heilige Geist kam auf sie herab.« Diese Belegstellen für die Firmung stehen im Zusammenhang mit der Taufe als dem Sakrament der Geistmitteilung. Nur in Ausnahmefällen war die gesonderte Handauflegung als Zeichen der Geistsendung üblich.[15]

Die Legitimität einer Firmtheologie.[16] Der biblische Befund ist für eine Firmtheologie unzureichend, denn im wesentlichen können die biblischen Aussagen über die Firmung auch von der Taufe gemacht werden.[17] Somit läßt sich eine Firmtheologie nur im Zusammenhang mit einer Tauftheologie ermöglichen.[18] Für die Moraltheologie ist jedoch die Heilige Schrift nicht die einzige theologische Erkenntnisquelle. Gleichbedeutend mit ihr ist die göttlich-apostolische Tradition (Lehramt, Konzil), da der Urheber von Schrift und Tradition der sich offenbarende Gott ist.[19] Die Tradition gehört gleichsam zum Kontext der Heiligen Schrift. Das Zweite Vatikanische Konzil vermerkt dazu:»Es zeigt sich also, daß die Heilige Überlieferung, die Heilige Schrift und das Lehramt der Kirche

---

[14] G. Schneider, Die Apostelgeschichte I: Einleitung. Kommentar zu Kap. 1,1-8, 40, Freiburg 1980, 481; Y. Congar, Der Heilige Geist, Freiburg 1982, 458:»Eine gesunde kritische Exegese verzichtet heute darauf, unser Sakrament der Firmung in den beiden Episoden der Apostelgeschichte zu finden: Apg 8 14-17; Apg 19,1-6.« Vgl. W. Radl, a.a.O. 430.

[15] J. Amougou-Atangana, Ein Sakrament des Geistempfangs? Zum Verhältnis von Taufe und Firmung, Freiburg 1974, 79; G. Schneider, Die Apostelgeschichte II: Kommentar zu Kap. 9,1-28, 31, Freiburg 1982, 264: W. Radl, a.a.O. 431ff.

[16] G. Biemer, Firmung (Pastorale Handreichungen 6), Würzburg 1973, 35-42. Biemer vergleicht die Firmtheologie der Westkirche mit der der Ostkirche. Daher spricht er von Firmtheologien.

[17] K. Lehmann, Zum Schriftzeugnis für die Firmung. Kleines Fragment eines Gesprächs zwischen Exegese und Dogmatik, in: Communio 11 (1982) 434-440.

[18] H. Küng, Die Firmung als Vollendung der Taufe, in: ThQ 154 (1974) 26-47; K. Richter, Die Einheit der Initiationssakramente Taufe, Firmung, Eucharistie, in: M. Probst u.a. (Hrsg.), Katechumenat heute, Freiburg 1976, 132-139.

[19] J. Mausbach—G. Ermecke, Katholische Moraltheologie I, Münster ⁹1959, 43-50.

gemäß dem weisen Ratschluß Gottes so miteinander verknüpft und einander zugesellt sind, daß keines ohne die anderen besteht und daß alle zusammen, jedes auf seine Art, durch das Tun des einen Heiligen Geistes wirksam dem Heil der Seele dienen« (DV 10).[20] So können Glaubenswahrheiten, die nicht ausdrücklich biblisch belegt sind, mit Hilfe der Tradition ermittelt werden. Nach dem heutigen Sakramentenverständnis wäre ein Verzicht auf eine Firmtheologie nicht möglich.[21] Zudem hat sich die Siebenzahl der Sakramente historisch geklärt.[22]

Die göttlich-apostolische Tradition als Quelle der Moraltheologie. Der Nachweis sittlicher Implikationen der Firmung wird hauptsächlich aus Traditionsargumenten erfolgen. Zwar werden durch Traditionsargumente keine neuen Heilswahrheiten vermittelt, aber die Heilige Schrift ist immer im Zusammenhang mit der ihr vorausgehenden und sie begleitenden Tradition zu sehen. Die Tradition ist auch nicht Ergänzung, sondern Interpretation der Schrift. Dazu das Zweite Vatikanum:»Diese Heilige Überlieferung und die Heilige Schrift beider Testamente sind gleichsam ein Spiegel, in dem die Kirche Gott, von dem sie alles empfängt, auf ihrer irdischen Pilgerschaft anschaut, bis sie hingeführt wird, ihn von Angesicht zu Angesicht zu sehen, so wie er ist« (DV 7).[23] Christus hat den Jüngern den Geist der Wahrheit verheißen, der die Fähigkeit hat, die Kirche in die ganze Wahrheit zu führen und ihr das, was auf sie zukommt, verständlich zu machen (Joh 16,13). Daher kann nicht bezweifelt werden, daß die göttlich-apostolische Tradition eine authentische Interpretation der Schrift vermittelt. Eine Moraltheologie, die ihre theologischen Prämissen lediglich der Heiligen Schrift entnehmen und auf die Tradition verzichten würde, müßte sich bereits von der Tradition sagen lassen, welche Bücher inspiriert sind und zum Kanon der Heiligen Schrift gehören.[24]

Konzilsaussagen als Traditionsargumente. Der entscheidende Beleg für eine Firmtheologie ist die Aussage des Zweiten Vatikanums über die Firmung, die in diesem Zusammenhang wiederholt werden soll:»Durch das Sakrament der Firmung werden sie (die Gläubigen) vollkommener der Kirche verbunden und mit einer besonderen Kraft des Heiligen Geistes ausgestattet. So sind sie in strengerer Weise verpflichtet, den Glauben als wahre

---

[20] LThK² Erg. Bd. II, 529.
[21] K. Rahner, Kirche und Sakramente, Freiburg ³1968, 46.
[22] K. Rahner, ebd. 51; J. Dournes, Die Siebenzahl der Sakramente — Versuch einer Entschlüsselung, in: Concilium 4 (1968) 32-40, bes. 35:»Der Heilige Geist hat unmittelbar nichts mit der Zahl sieben zu tun, aber in ihr als Symbol verbinden sich die siebenfältige Gnade und die sakramentale Siebenzahl, und diese Beziehung ist real.« B. Piault, Was ist ein Sakrament, Aschaffenburg 1964, 13-121.
[23] LThK² Erg. Bd. II 517.
[24] Ebd. 521:»Durch dieselbe Überlieferung wird der Kirche der vollständige Kanon der Heiligen Bücher bekannt.«

Zeugen Christi in Wort und Tat zugleich zu verbreiten und zu verteidigen«
(LG 11).[25] Niemand wird bestreiten, daß diese Konzilsaussage zur göttlich-apostolischen Tradition gehört. Dennoch verlangt die theologische
Wissenschaft, den Werdegang und die innere Berechtigung dieser Konzilsaussage zu untersuchen. Es wird sich herausstellen, daß diese Aussage noch nicht von Anfang an als Zeugnis der göttlich-apostolischen
Auslegungstradition erkennbar ist.[26] Erst im Laufe der Zeit hat sie sich
aus einer Vielzahl von theologischen Äußerungen herauskristallisiert.[27]
Ihre Genese ist zu analysieren, denn jede Konzilsaussage als theologische
Wahrheit kann nur adäquat in ihrem historischen Kontext vermittelt werden. »Quidquid recipitur, secundum modum recipientis recipitur.«[28] Der
»modus recipientis« bezieht sich in diesem Zusammenhang auf das zeitgenössische theologische Denken. Diesem scholastischen Axiom zufolge
handelt es sich bei einer Konzilsaussage um eine perspektivische Wieder-
gabe des Offenbarungsinhaltes. Das Zweite Vatikanum äußert sich zur
göttlich-apostolischen Tradition folgendermaßen: »Diese apostolische
Überlieferung kennt in der Kirche unter dem Beistand des Heiligen Geistes einen Fortschritt: es wächst das Verständnis der überlieferten Dinge
und Worte durch das Nachsinnen und Studium der Gläubigen, die sie in
ihrem Herzen erwägen (vgl. Lk 2,19.51), durch innere Einsicht, die aus
geistlicher Erfahrung stammt, durch die Verkündigung derer, die mit der
Nachfolge im Bischofsamt das sichere Charisma der Wahrheit empfangen
haben; denn die Kirche strebt im Gang der Jahrhunderte ständig der Fülle
der göttlichen Wahrheit entgegen, bis an ihr sich Gottes Worte erfüllen«
(DV 8).[29]
Die Aussage des Zweiten Vatikanischen Konzils über die Firmung geht
zurück auf das Konzil von Florenz (1439) und auf das Konzil von Trient
(1547). Konzilsaussagen können nur analoge Aussagen sein, wobei auch
Analogien zur Ausgestaltung der Sakramente aus dem profanen Bereich
genommen werden können.[30] Die theologische Wissenschaft kann zum
Beispiel die Wirkung der Firmgnade nicht strikt präzisieren, da die übernatürliche Wirklichkeit verborgen bleibt. Ein Hauptproblem für die Erstel-
lung einer Firmtheologie ist die vom Konzil von Trient geforderte Einset-

---

25 LThK² Erg. Bd. I 185; Über die Entstehung der Formulierung »Sacramento con-
   firmationis perfectius ecclesiae vinculantur ... tamquam veri testes Christi«,
   ebd. 184, informiert die umfassende Arbeit von J. Zerndl, Die Theologie der Firmung in der Vorbereitung und in den Akten des Zweiten Vatikanischen Konzils,
   Paderborn 1986.
26 K. Lehmann, a.a.O. 435.
27 F. Normann, Gedanken zur »Firmung« aus der Väterzeit, in: P. Nordhues —
   H. Petri, (Hrsg.), Die Gabe Gottes, Paderborn 1974, 45-56.
28 G. Söhngen, Die Weisheit der Theologie durch den Weg der Wissenschaft, in:
   Mys Sal I 967.
29 LThK² Erg. Bd. II 519.
30 G. Söhngen, a.a.O. 928f.

zung der Sakramente durch Jesus Christus.[31] Eine Klärung der Begriffe »Einsetzung« und »Jesus Christus« vermag die Problematik einer Lösung näherzubringen.[32] Dazu schreibt K. Rahner: »Vom Ansatz bei der Kirche als Ursakrament aus könnte man (und das wäre für eine weniger gequälte Apologetik dogmengeschichtlicher Art hinsichtlich der Einsetzung aller Sakramente durch Christus selbst wichtig) sehen, daß die Existenz wirklicher Sakramente im schärfsten und traditionellsten Sinn gar nicht notwendig und in jedem Fall gründen muß auf einem bestimmten (greifbaren oder präsumierten) Wort, in dem der historische Jesus explizit von einem bestimmten Sakrament spricht. Ein wirklich zum Wesen der Kirche als der geschichtlichen, eschatologischen Heilspräsenz gehörender Grundakt der Kirche auf den einzelnen in seinen entscheidenden Situationen hin ist eo ipso ein Sakrament auch dann, wenn die Reflexion auf diese seine aus dem Wesen der Kirche erfließende sakramentale Eigentümlichkeit erst spät erfolgt sein sollte. Die Einsetzung des Sakramentes kann (was natürlich nicht heißt: muß immer) auch einfach dadurch erfolgen, daß Christus die Kirche gestiftet hat mit ihrem Charakter als Ursakrament. Daraus ersieht man dann auch, daß der richtig verstandene Traktat »De sacramentis in genere« nicht eine abstrakte Formalisierung des Wesens der einzelnen Sakramente ist, sondern ein Stück des Kirchentraktates.«[33] Wenn also die Kirche als das Ursakrament von Gott ermächtigt und befähigt wird, sakramentale Zeichen zu setzen, dann ist es nicht erforderlich, die Einzelsakramente in ihren Wesenselementen biblisch zu begründen.[34] Auf der Grundlage der Tradition lassen sich be-

---

[31] H. Jedin, Geschichte des Konzils von Trient II, Freiburg 1957, 321: »Das Konzil von Florenz vertritt nicht ausdrücklich die Einsetzung aller sieben Sakramente durch Christus. Es will die Sakramente lediglich aufzählen und beschreiben (Denzinger 695). Trient dagegen setzt die Aufzählung von Florenz voraus und legt nun fest, es gebe nur sieben Sakramente, nicht mehr und nicht weniger. (Concilium Tridentinum, Editio Goerresiana V, 995 c. 1, Freiburg 1911: › Si quis dixerit, sacramenta novae legis non fuisse omnia a Jesu Christo Domino nostro instituta, aut esse plura vel pauciora, quam septem, videlicet baptismum, confirmationem, eucharistiam, poenitentiam, extremam unctionem, ordinem et matrimonium, aut etiam aliquod horum septem non esse vere et proprie sacramentum: anathema sit. ‹) Wo, wann und wie alle von Christus eingesetzt wurden, sagt das Konzil nicht. Zur Diskussion der Theologen über die Einsetzung der Sakramente nimmt das Konzil keine Stellung, obwohl in dieser Frage unterschiedliche Ansichten laut werden.«

[32] E. Schillebeeckx, Christus, Sakrament der Gottesbegegnung, Mainz ²1965, 121 ff.

[33] K. Rahner, a.a.O. 37 f; ders., Was ist ein Sakrament, in: K. Rahner, Schriften zur Theologie X, Einsiedeln 1972, 384 ff; E. Schillebeeckx, a.a.O. 119-121.

[34] L. Boff, Die Kirche als Sakrament im Horizont der Welterfahrung. Versuch einer Legitimation und einer strukturfunktionalistischen Grundlegung der Kirche im Anschluß an das II. Vatikanische Konzil, Paderborn 1972, 380-386; O. Semmel-

reits bei den Kirchenvätern Ansätze für eine Firmtheologie nachweisen. Die Ausgestaltung und wissenschaftliche Durchdringung erfolgt bei den großen Theologen der Hochscholastik. Thomas von Aquin († 1274) zum Beispiel hat vor allem in der Neuzeit eine solche Anerkennung von seiten der Kirche gefunden, daß seine Firmtheologie heute noch als zuverlässig betrachtet werden darf.

II. Die wissenschaftliche Darlegung

Die theologische Lehrentwicklung.[35] Wie bereits dargelegt, beweisen die biblischen Stellen für das Firmsakrament nicht seine Eigenständigkeit, sondern die Zusammengehörigkeit von Taufe und Geistempfang. Für die Trennung von Taufe und Firmung im Rahmen ihrer geschichtlichen Entwicklung waren weniger theologische Überlegungen, sondern primär praktische Gründe maßgebend. In der apostolischen Zeit gab es vorwiegend Erwachsenentaufen.[36] Christliche Gemeinden bereiteten sich rasch aus und die Kindertaufen bekamen das Übergewicht. Zudem wurde in der nachapostolischen Zeit der Bischof als Spender der postbaptismalen Chrisamsalbung und Handauflegung privilegiert.[37] So mußte der Getaufte auf den Besuch des Bischofs in seiner Gemeinde warten.[38] Nach der »Apostolischen Überlieferung« des Hippolyt von Rom († 235) ziehen die Täuflinge nach der Wassertaufe und der Salbung mit geweihtem Öl aus dem Baptisterium in die Bischofskirche. Der Bischof legt den Getauften die Hände auf und gießt auf das Haupt des einzelnen geheiligtes Öl mit den Worten: »Ich salbe dich mit dem heiligen Öl in Gott dem allmäch-

roth, Die Kirche als Ursakrament, Frankfurt 1953, 45-68; H. Mühlen, Die Firmung als sakramentales Zeichen der heilsgeschichtlichen Überlieferung des Geistes Christi, in: ThGl 57 (1967) 263-286, bes. 280.

35 F.J. Dölger, Das Sakrament der Firmung. Historisch-dogmatisch dargestellt. Theologische Studien der Leo-Gesellschaft 15, Wien 1906. Neudruck Hildesheim 1971; A. Benning, Gabe des Geistes. Zur Theologie und Katechese des Firmsakramentes, Kevelaer 1972, 22-29; Th. Schneider, Zeichen der Nähe Gottes. Grundriß der Sakramententheologie, Mainz 1979, 112f.

36 Zur Frage der Kindertaufe im Neuen Testament vgl. H. Leroy, Kennt das Neue Testament die Kindertaufe?, in: W. Kasper, (Hrsg.), Christsein ohne Entscheidung, Mainz 1970, 55-71; B. Neunheuser, Taufe und Firmung, in: Handbuch der Dogmengeschichte IV, Freiburg 1956, 65: Selbst der Anwalt der Kindertaufe, Gregor von Nazianz, rät zur Taufe im dritten Lebensjahr.

37 J. Neumann, Der Spender der Firmung in der Kirche des Abendlandes bis zum Ende des kirchlichen Altertums. Eine rechtsgeschichtliche Untersuchung, Meitingen 1963, 35f; R. Coffy, Der Spender der Firmung, in: Communio 11 (1982) 441-443.

38 G. Biemer, Die Firmung als Sakrament der Eingliederung in die Kirche, in: Diakonia 4 (1973) 18.

tigen Vater und in Jesus Christus und im Heiligen Geist.«[39] Allerdings
hat die Handauflegung noch nicht die Bedeutung einer Cyprian von Kar-
thago († 256) verbindet mit der Handauflegung die Geistmitteilung.[40]
Von großer Wichtigkeit ist seine Erklärung, die postbaptismale Handauflegung durch den Bischof sei die Vollendung der christlichen Initiation.[41]
Das »Decretum Gratiani« (1139-1142) wiederholt die Aussageintention Cy-
prians, durch die geistmitteilende bischöfliche Handauflegung würden
die Getauften zu Vollchristen.[42] In der mittelalterlichen Theologie wird
immer wieder der Vergleich zwischen der Waffenrüstung des Soldaten
und der Firmung durchgeführt. Vermutlich geht er auf einen in den Pseu-
doisidorischen Dekretalen (Mitte des 9. Jahrhunderts) dem Papst Mel-
chiades (Miltiades) zugeschriebenen Brief zurück. Der Heilige Geist ge-
währe ein »augmentum gratiae« für den Kampf gegen die Feinde.[43] Sehr
stark wird der Gedanke des geistlichen Kampfes von dem an
der Schwelle der Hochscholastik stehenden Wilhelm von Auvergne
(1180-1249) betont. Während die Taufe den Menschen zum Tempel Gottes
konsekriere, baue ihn die Firmung zu einer Festung aus. Die Taufe sei der
im Frieden erfolgenden Königssalbung und Krönung vergleichbar, die
Firmung der Kriegsrüstung des Königs. Die Taufe gleiche der Krone, die
Firmung dem Helm des Königs.[44]

[39] B. Botte, La tradition apostolique de St. Hippolyte. Liturgiewissenschaftliche
Ouellen und Forschung 39, Münster 1963, 52: »Et effundit oleum gratiarum ac-
tionis *(εὐχαριστία)* super manum suam et ponit manum super caput eius dicens:
Ungo te oleo sancto in deo patre omnipotenti *(παντοκράτωρ)* et Jesu Christo et
spiritu sancto.«

[40] J. Amougou-Atangana, Ein Sakrament des Geistempfangs? Zum Verhältnis von
Taufe und Firmung, Freiburg 1974, 151.

[41] C. Cyprian, Epistula 73,9 ad Jubaianum, CSEL III/2, 784: »... baptizari eos ultra
non oportebat sed tantummodo, quod deerat, id a Petro et Joanne factum est,
ut oratione pro eis et manu imposita invocaretur et infunderetur super eos spiritus sanctus. Quod nunc quoque apud nos geritur, ut qui in ecclesia baptizantur,
praepositis ecclesiae offerantur, et per nostram orationem ac manus impositio-
nem spiritum sanctum consequantur et signaculo dominico consumentur.«

[42] Gratianus, Decreti pars III, dist. V, cap. I-X, PL 187, 1855-1858.

[43] P. Hinschius, Decretales Pseudo-Isidoriae, Leipzig 1863. Neudruck Aalen 1963,
245: »Ergo spiritus sanctus ... in confirmatione augmentum praestat ad gra-
tiam.« Zu den dogmatischen Schwierigkeiten um die Vorstellung der Firmung
als »augmentum gratiae baptismalis« vgl. W. Breuning, Apostolizität als sakramentale Struktur der Kirche. Heilsökonomische Überlegungen über das Sakrament der Firmung, in: ders., Communio Christi. Zur Einheit von Christologie
und Ekklesiologie, Düsseldorf 1980, 191f.

[44] Wilhelm von Auvergne, De confirmatione, in: Omnia opera I, Parisiis 1674.
Nachdruck Frankfurt 1963, 426 (2) G: »Si bellum temporale, seu materiale pro
tuendis seu defendendis temporalibus ad hoc nos inducit, ut templa materialia
castra faciamus et arces, quanto fortius bellum spirituale incomparabiliter peri-
culosius ecclesias spirituales in castellari coget et templa exaltari et muniri in

Wissenschaftliche Ausgestaltung. Diese Gedankengänge sind weder biblisch belegbar noch in der frühen Tradition nachweisbar.[45] Trotzdem bilden sie das Gerüst für die Firmtheologie des Thomas von Aquin (†1274):»In hoc sacramento homo accipit Spiritum Sanctum ad robur spiritualis pugnae, ut fortiter etiam inter adversarios fidei Christi fidem confiteatur« (Sth III q 72 a 9).[46] Die thomanische Firmtheologie berücksichtigt mehr die Firmung von Jugendlichen und Erwachsenen.[47] Nur so lassen sich die sittlichen Implikationen verstehen. Gemäß der Analogie von physischem und geistlichem Wachstum ist die Taufe die geistliche Geburt, die Firmung das geistliche Erwachsensein.[48] Thomas unterscheidet zwischen Tauf- und Firmgnade, da sich beide Sakramente im äußeren Zeichen und im sakramentalen Charakter unterscheiden. Tauf- und Firmgnade dürfen nicht isoliert, sondern müssen als Aspekte der einen Heilsgabe Gottes betrachtet werden.[49] Auch der Getaufte hat sittliche Verpflichtungen. Die eine Heilsgabe wird aber je nach der besonderen Lebenssituation des Christen verschieden empfangen. Unter dieser Sichtweise sind die theologischen Bemühungen, eine spezielle Firmgnade und einen speziellen Firmcharakter[50] aufzuzeigen, gerechtfertigt, wenn auch manche dogmatische Schwierigkeiten nicht verkannt werden sollen.[51]

arces. Non enim aliud est rite baptizatus nisi templum sive ecclesia Dei eidem baptismali sanctificatione consecrata.« Vgl. H. Borok, Der Tugendbegriff des Wilhelm von Auvergne (1180-1249). Eine moralhistorische Untersuchung zur ideengeschichtlichen Rezeption der aristotelischen Ethik, Düsseldorf 1979, 151.

[45] Vgl. H. Weisweiler, Das Sakrament der Firmung in den systematischen Werken der Frühscholastik, in: Schol 8 (1933) 481-523.

[46] A. Adam, Das Sakrament der Firmung nach Thomas von Aquin. Freiburger theologische Studien 73, Freiburg 1958, 90: Die Bezeichnung »Spiritus Sanctus ad robur spiritualis pugnae« für die spezielle Firmgnade übernimmt Thomas von Petrus Lombardus. Petr. Lomb., Sent IV d.7 c.3 n 75: »Virtus vero huius Sacramenti est donatio Spiritus Sancti ad robur, qui in › baptismo datus est ad remissionem ‹.«

[47] H. Petri, Zur Geschichte des Sakraments der Firmung, in: P. Nordhues — H. Petri (Hrsg.), Die Gabe Gottes, Paderborn 1974, 66.

[48] Y. Congar, Der Heilige Geist, Freiburg 1982, 459f. Zu Thomas Sth III q 72 a 8c ad 2: Die Spendung der Firmung soll »tempore iuventutis vel pueritiae« erfolgen. Für ihn geht die pueritia von 7 bis 14 Jahren, die iuventus von 21 bis 50! Jahren (IV Sent d. 40 Expos. textus); vgl. J.Travers, Das Sakrament des Vollalters Christi. Die theologische Bedeutung der Firmung, in: ThGgw 8 (1965) 88-91.

[49] A. Adam, a.a.O. 93f.

[50] Vgl. L. Ott, Grundriß der katholischen Dogmatik, Freiburg ⁵1961, 438ff.

[51] R. Zerfaß, Zum Streit um das Firmsakrament, in: Trierer Forum 7 (1971) 2-5; vgl. W. Breuning, a.a.O. 189-193; P. Schoonenberg, Einheit von Taufe und Firmung, in: Diakonia 4 (1973) 53-55: Schoonenberg betrachtet alle theologischen Versuche, eine spezielle Firmgnade aufzuzeigen, nur als nachträgliche Rechtfertigung der Trennung von Taufe und Firmung.

Kirchenamtliche Bestätigung. Die Firmtheologie der Hochscholastik hat das Konzil von Florenz (1439) übernommen. Im »Decretum pro Armenis« wurden Taufe und Firmung als zwei eigenständige Sakramente definitiv festgelegt.[52] Das Tridentinum (1547) hat dies nochmals bestätigt.[53] Auch der Catechismus Romanus (1566) lehrt alle wesentlichen Elemente der hochscholastischen Firmtheologie und übernimmt deren sittliche Implikationen, angefangen von der Waffenrüstung für den geistlichen Kampf bis hin zum öffentlichen Glaubensbekenntnis.[54] Im Grunde genommen ist dies auch die Aussageintention des Zweiten Vatikanischen Konzils über die Firmung: vollkommenere Eingliederung in die Kirche — Ausstattung mit einer besonderen Kraft des Heiligen Geistes — Verpflichtung zum Bekenntnis und zur Verteidigung des Glaubens. K. Rahner bemerkt dazu:»Was die Kirche`faktisch tat, konnte sie auch legitim tun.«[55]

III. Die Berufung zum Leben in Christus in der Kirche für die Welt

Theoretische Überlegungen. Während die ontische Komponente des Firmsakramentes in der Firmgnade besteht, bezieht sich die ethische Komponente auf die Beauftragung mit einer besonderen Aufgabe in Kirche und Welt.[56] Das in der Taufe grundgelegte »Sein in Christus« wird durch die Firmung zu einem »Leben in Christus« als ekklesial und sozial verpflichtende Wirklichkeit entfaltet.[57] Dazu heißt es im Dekret des Zweiten Vatikanums über das Apostolat der Laien:»Denn durch die Taufe dem mystischen Leib Christi eingegliedert und durch die Firmung mit der Kraft des Heiligen Geistes gestärkt, werden sie (die Gläubigen) vom Herrn selbst mit dem Apostolat betraut. Sie werden zu einer königlichen Priesterschaft und zu einem heiligen Volk (vgl. 1 Petr 2, 4-10) geweiht, damit sie durch alle ihre Werke geistliche Opfergaben darbringen und überall auf Erden Zeugnis für Christus ablegen ... Zum Vollzug dieses Apostolates

---

[52] Im Dekret für die Armenier vom 22. November 1439 wird die allgemeine und spezielle Sakramentenlehre ausführlich dargestellt, DS 695-702.

[53] Concilium Tridentinum, Sessio VII vom 3. März 1547, DS 871-873.

[54] Catechismus Romanus I, Regensburg ⁴1905, 158-168.

[55] K. Rahner, Kirche und Sakramente, Freiburg 1961, 50.

[56] O. Semmelroth, Theologisches zur Frage des Firmalters, in: O. Betz (Hrsg.), Sakrament der Mündigkeit. Ein Symposion über die Firmung, München 1967, 77.

[57] G. Biemer, Glaubenszeugnis als Ziel des Dienstes der Kirche, in: ThQ 148 (1968) 315-320; K. Lehmann, Zum Schriftzeugnis für die Firmung. Kleines Fragment eines Gesprächs zwischen Exegese und Dogmatik, in: Communio 11 (1982) 439; Th. Schneider, Zeichen der Nähe Gottes. Grundriß der Sakramententheologie, Mainz 1979, 117 ff; S. Harkianakis, Die ekklesiologische Bedeutung von Taufe und Firmung, in: E.Chr. Suttner (Hrsg.), Taufe und Firmung, Regensburg 1971, 73-89.

schenkt der Heilige Geist ... den Gläubigen auch noch besondere Gaben« (AA3).[58] Demnach erfolgt durch die Taufe die Aufnahme in die Gemeinde. Die Firmung ist die sichtbare Übertragung der vollen Verantwortung in der Gemeinde. Im ontischen Indikativ »Du bist« steckt der ethische Imperativ »Du sollst«. Die volle Verantwortung hat sich im individuellen und sozialen Lebensbereich des Gefirmten zu bewähren — »durch besondere Gaben«. Gedacht werden könnte hier an die »Charismen« nach 1 Kor 7,7; 12,4-11.[59] Charismen sind zum Beispiel die Funktionen der Apostel, der Vorsteher, der Lehrer. Der Dienst an den Armen, Leidenden und Kranken ist eine Grundhaltung christlicher Ethik und kommt allen zu. Dennoch werden bestimmte Personen mit bestimmten Diensten beauftragt. Die Firmgnade ist »Gnade der Sendung in die Welt, des Weltauftrags, der Weltverklärung«.[60] Ziel der »charismatischen« Tätigkeit ist die persönliche Heiligung als Dienst an der Heiligung der anderen (Zeugnis des Glaubens) und die Sorge für das Wohl der Gemeinschaft.[61] Oberste Richtschnur ist die Würde und Freiheit des Menschen. Dabei handelt es sich nicht um einen Dualismus im Sinne von sakralprofan. Heilsdienst und Weltdienst sind nicht zwei getrennte Vollzüge, sondern müssen zur gleichen Zeit in ein und demselben menschlichen Leben gelebt werden.[62] Der Gefirmte gehört gleichzeitig ganz zur Kirche und ganz zur bürgerlichen Gemeinschaft. Die Kirche ist zwar nicht von der Welt, aber in der Welt. Sie ist nicht Selbstzweck, sondern hat in der Welt eine Sendung zu erfüllen.[63] In diesem Zusammenhang ist die Beauftragung des Gefirmten in Kirche und Welt zu sehen.

Praktische Schlußfolgerungen. Nach dem Zweiten Vatikanischen Konzil sind die Gefirmten dazu berufen, die Sendung Jesu Christi in dieser Welt fortzusetzen: alle Glieder sollen »auf ihre Weise« und »zu ihrem Teil« den missionarischen Auftrag zu verwirklichen suchen (LG 31).[64] Dieser mis-

---

[58] LThK² Erg. Bd. II 611f; E. Lengeling, Die Salbung der christlichen Initiation und die dreifache Aufgabe der Christen, in: H. Auf der Maur—B. Kleinheyer (Hrsg.), Zeichen des Glaubens, Einsiedeln 1972, 429-434.

[59] R. Lauretin, Zur Klärung des Begriffs »Charisma«, in: Concilium 13 (1977) 551-556; E. Schillebeeckx, Christus, Sakrament der Gottesbegegnung, Mainz ²1965, 61f; R. Pesch, Zur Initiation im Neuen Testament, in: LJ 21 (1971) 90-107.

[60] K. Rahner a.a.O. 81.

[61] Vgl. H. Volk, Ihr sollt meine Zeugen sein. Gedanken zu Firmung, Ehe, Priester- und Ordensleben, Mainz 1977; K. Rahner, Theologische Bemerkungen zum Begriff »Zeugnis«, in: K. Rahner, Schriften zur Theologie X, Einsiedeln 1972, 175f.

[62] K. Rahner, Über das Laienapostolat, in: ebd. II, Einsiedeln ⁷1964, 361.

[63] Y. Congar, Der Laie. Entwurf einer Theologie des Laientums, Stuttgart ³1964, 652-734; W. Kasper—K. Lehmann, Die Heilssendung der Kirche in der Gegenwart, Mainz 1970.

[64] LThK², Erg. Bd. I 265.

sionarische Auftrag ließe sich folgendermaßen umschreiben: den Menschen den Sinn ihres Lebens vom Glauben her erschließen, sich für bessere soziale und gesellschaftliche Verhältnisse einsetzen, bei der Lösung von Konflikten mithelfen und Menschen in Frieden zueinander führen.[65] Dabei kann es keine Alternative zwischen dem individuellen und sozialen Weltdienst geben. Aus dem Glaubensbekenntnis folgt notwendigerweise das Apostolat im Wort- und Tatzeugnis.

Der Heilsdienst des Gefirmten. Verkündigung im Gottesdienst und Verkündigung in der Welt müssen aufeinander bezogen sein.[66] Von Gerechtigkeit und Liebe zum Beispiel kann man nur dann überzeugend sprechen, wenn man selbst alles tut, um Gerechtigkeit und Liebe zu verwirklichen. So kann zum Beispiel das Wortzeugnis im Schrift- und Glaubensgespräch, in der Hinführung zu den Sakramenten Eucharistie und Firmung durch Eltern[67], in der Mitgestaltung von Gottesdiensten durch Kantoren, Lektoren, Meßdiener usw. bestehen. Gerade bei der Mitgestaltung von Gottesdiensten gibt es vielfältige Möglichkeiten: Anregungen zur Gewissenserforschung beim Bußakt, Vorbereitungsgespräche zur Predigt, wodurch die Botschaft des Evangeliums lebensnaher verkündigt werden kann, Formulierung von Fürbitten usw. Durch eine derartige Mitgestaltung könnte der Gottesdienst wesentlich bereichert und für viele ansprechender gemacht werden.[68]

Das Glaubenszeugnis hat seinen Ort nicht nur im Gottesdienst, sondern auch außerhalb der gottesdienstlichen Versammlung, etwa im Kirchenvorstand oder Pfarrgemeinderat, in Familienkreisen, Verbänden und freien Zusammenschlüssen. Pfarrliche und überpfarrliche Vereinigungen dienen der Erfüllung des kirchlichen Auftrags in der Gesellschaft.[69] Das Zweite Vatikanum sieht besondere Formen des Glaubenszeugnisses vor »nach Art jener Männer und Frauen, die den Apostel Paulus in der Verkündigung des Evangeliums unterstützten und sich sehr im Herrn be-

---

[65] Vgl. P.J. Cordes, Erfahrung als Hilfe zum Glauben, in: Communio 11 (1982) 285-290.

[66] R. Padberg, Pastoraltheologie der Firmung, in: HPTh III, Freiburg ²1971, 353f.

[67] A. Strutzenberger, Firmvorbereitung durch erwachsene Mitarbeiter, in: ThPO 125 (1977) 181-186; K. Disch, Firmvorbereitung in der Gemeinde, in: Lebendige Seelsorge 23 (1972) 254-256; K. Baumgartner—M. Brackmann—W. Stengelein, Überlegungen zu Theorie und Praxis der Gemeindekatechese, in: KatBl 102 (1977) 959-966; K. Rahner, Weihe des Laien zur Seelsorge, in: a.a.O. III, Einsiedeln ²1967, 323f.

[68] Y. Congar, a.a.O. 651; K. Lehmann, Gemeinde, in: F. Böckle u.a. (Hrsg.), Christlicher Glaube in moderner Gesellschaft 29, Freiburg ²1982, 27f.

[69] K. Lehmann, ebd. 43f. Lehmann zeigt am Beispiel der Schulbildungs- und Sozialpolitik auf, wie fatal sich ein Rückzug der christlichen Gemeinde aus der gesellschaftlichen Verantwortung auswirken könnte; W. Oberröder, Aspekte der Mitverantwortung in der Kirche, Donauwörth 1977, 117f.

171

mühten (vgl. Phil 4, 3; Röm 16, 3 ff). Sie haben die Befähigung dazu, von der Hierarchie zu gewissen Ämtern harangezogen zu werden, die geistlichen Zielen dienen« (LG 33).[70] Gedacht kann hier vor allem an die theologisch ausgebildeten Laien werden, die vor allem im Bereich von Schule und Erziehung, in der Erwachsenenbildung, in den Massenmedien und in der theologischen Forschung und Lehre tätig sind.[71]

Der Weltdienst des Gefirmten. Die Unterscheidung Heilsdienst — Weltdienst stellt nur eine methodische Differenzierung dar. Christlicher Glaube und politische Verantwortung sind nicht voneinander zu trennen.[72] Denn der Christ als Staatsbürger handelt immer irgendwie politisch. Aus solcher Doppelstellung heraus erwachsen ihm vielfältige und verschiedene Möglichkeiten, seinem Firmauftrag gerecht zu werden. Sein Eintreten für Wahrheit, Freiheit, Gerechtigkeit, Versöhnung, Frieden, Menschenwürde usw. hat eine politische Wirkung. Gerade heutzutage, wo sich die politischen, wirtschaftlichen und kulturellen Verhältnisse rasch wandeln und unüberschaubar geworden sind, stellt das politische Engagement hohe Anforderungen an den Christen dar.[73] Maßstab für sein politisches Handeln sind absolute ethische Normen. Diese müssen je nach Maßgabe der Sachkenntnis, Erfahrung und Wirkungsmöglichkeit in konkrete politische Zielsetzungen und konkretes politisches Handeln umgesetzt werden. Politische Ziele können in unserer Gesellschaftsordnung nur durch politische Parteien erreicht werden.[74] Dort können Einzelaktivitäten koordiniert und gefördert werden. Die Parteien haben im einzelnen festzustellen und zu verantworten, welcher konkrete Weg zum Beispiel aus einer ungerechten Ordnung in eine gerechte Ordnung führt, welche Maßnahmen zu treffen sind etwa zur Verwirklichung von mehr sozialer Gerechtigkeit, zur Gewährleistung der Freiheit, zur Sicherung des Friedens usw. Über solche konkreten Wege können selbstverständlich Meinungsverschiedenheiten bestehen, da absolute ethische Normen keine spezifischen Auskünfte über konkretes politisches Handeln geben.[75]

Übersicht. Es wurde nach den sittlichen Implikationen des Firmsakramentes gefragt. Anhand einer theologiegeschichtlichen Analyse konnte aufgezeigt werden, daß das Firmsakrament sittliches Handeln impliziert. Da

---

[70] LThK² Erg. Bd. I 271.
[71] Y. Congar, a.a.O. 502: »Es gibt kein Charisma für die theologische Wissenschaft, das mit dem Tragen der Soutane oder auch mit dem Priestertum gegeben wäre.«
[72] J. Zerndl, Die Theologie der Firmung in der Vorbereitung und in den Akten des Zweiten Vatikanischen Konzils, Paderborn 1986, 190-194.
[73] M. Schmaus, Der Glaube der Kirche V/4, St. Ottilien 1982, 62-75.
[74] K. Rahner, Über das Laienapostolat, in: K. Rahner, Schriften zur Theologie II, Einsiedeln ⁷1964, 362-370.
[75] Über die Befreiungstheologie in Südamerika zum Beispiel vgl. J. Ratzinger, Der Weltdienst der Kirche, in: Zehn Jahre Vatikanum II, Regensburg 1976, 41-47.

die biblischen Belegstellen für die Firmung als ein eigenständiges Sakrament nicht ausreichen, wurde die Bedeutung der Kirche als »Ursakrament« mit ihrer göttlich-apostolischen Tradition hervorgehoben. Im wesentlichen dient die Konzilsaussage des Zweiten Vatikanischen Konzils als Belegstelle für sittliche Implikationen. Hierbei ist die Zusammengehörigkeit von Heilsdienst (vertikale Komponente) und Weltdienst (horizontale Komponente) relevant. Der Weltauftrag an den Gefirmten ergibt sich nicht nur aus einer soziologischen Notwendigkeit, sondern vor allem aus einer besonderen Befähigung durch die Firmgnade und einer besonderen Berufung. Dadurch wird auch die Motivation zum sittlichen Handeln bestimmt. Wer seine politische und soziale Verantwortung übersieht, verletzt das Gebot der Nächstenliebe und wird als Christ unglaubwürdig. Wer hingegen seine Berufung nur im politischen und sozialen Bereich sieht, gerät bald in Gefahr zu erlahmen, weil ihm die Kraft aus dem Glauben dazu fehlt. Nur die vertikale und horizontale Komponente zusammen ergeben das Kreuz als Zeichen des christlichen Lebens.[76]

[76] Vgl. L. Hödl, Kirchliches Sakrament — Christliches Engagement, in: ZKTh 95 (1973) 17.

Alfons Nossol

Busse und Versöhnung

Theologische Aspekte der Bischofsynode 1983

Die Mitte des Christentums ist zweifelsohne Jesus Christus selbst. Er allein durfte sagen: »Ich bin der Weg, die Wahrheit und das Leben« (Joh 14, 6). Auf diese Weise ist seine Person zum Schnittpunkt aller zutiefst christlichen Theorien und Praxis geworden, und zwar ein für allemal. Dieser Grundstruktur unserer Glaubensexistenz trägt auch die Thematik der Bischofsynode von 1983 Versöhnung und Buße Rechnung.

Bevor wir, vorwiegend nur selektiv, auf ihre wesentlichsten systematischen Aspekte hinweisen (II) und zugleich ihre pastoralen Implikationen hervorheben (III), sollten wir wohl zuerst das in den beiden Gliedern der thematischen Umschreibung ihrer Beratungen enthaltene ungewöhliche Hoffnungspotential herausstellen um — abgesehen von der Erfahrung ihrer aktuellen Effektivität — auf diese bedeutungsvolle Synode noch einmal zu blicken, und zwar, nachdem bereits das Apostolische Schreiben »Reconciliatio et poenitentia« erschienen ist, dürfen wir in ihr fürwahr ein echtes Zeichen der Hoffnung für die Welt sehen. Am Schluß seiner Adhortatio stellt nämlich Johannes Paul II. fest: »Ich empfehle Gott dem Vater, der reich an Erbarmen ist, dem Sohn Gottes, der Mensch wurde und uns erlöst und versöhnt hat, und dem Heiligen Geist, der Quelle der Einheit und des Friedens, diesen meinen Aufruf als Vater und Hirte zu Buße und Versöhnung. Möge die allerheiligste und anbetungswürdige Dreifaltigkeit in der Kirche und in der Welt das kleine Samenkorn aufkeimen lassen, das ich in dieser Stunde dem fruchtbaren Erdreich so vieler Menschenherzen anvertraue«, verbunden mit der Hoffnung, »auf daß daraus an einem nicht allzu fernen Tag reiche Früchte erwachsen«[1].

---

[1] Papst Johannes Paul II., Apostolisches Schreiben »reconciliatio et paenitentia«, Rom 1984. Die in Klammern angeführten Ziffern deuten auf die Nr. des zitierten Textes, der in deutscher Übersetzung im St. Benno-Verlag, Leipzig, als »Kirchliche Dokumente nach dem Konzil. Heft 23« erschienen ist.

I. Versöhnung und Buße im Sendungsauftrag der Kirche

1. Jesus Christus ist unsere Versöhnung

Die Bibel stellt eigentlich eine große Umschreibung der heilsgeschichtlichen Suche Gottes nach dem, sich ihm gegenüber entfremdenden, Menschen dar; sie schildert die Geschichte der barmherzigen Neigung Gottes über dem Menschen, um mit ihm einen Friedensbund zu schließen. Die Geschichte dieser Bünde, mit ihrem Anfang im Alten Testament, erreicht mit dem Anbrechen der »Zeitfülle« (vgl. Gal 4, 4) ihren Kulminationspunkt, indem ein neuer und schon beständiger Bund im Geheimnis Jesu Christi, des Gottessohnes, geschlossen worden ist. Eine höhere Hoffnung als diesen Bund wird unsere Welt niemals mehr haben.

Indem Jesus Christus in seiner Person, sowohl die menschliche als auch die göttliche Natur vereinigte, nahm er in seinem Leben stellvertretend auch alle unsere Sünden auf sich und wurde für uns zur Sünde (vgl. 2 Kor 5,18-21) und zum »Lamm Gottes, das die Sünde der Welt hinwegnimmt« (Joh 1, 29). Er ist nämlich für uns am Kreuz gestorben und erhöht worden und zog uns alle zu sich empor. Dieser Heilsuniversalismus, schon in sich voller Hoffnung, erfährt eine unerhörte Vertiefung durch den Tod Christi, der überhaupt zum »Tod des Todes« geworden ist weil eben eine Pforte zum ewigen Leben. Die neue christliche Dimension der Hoffnung erhält erst ihren vollen Glanz im Ereignis der Auferstehung, die den Sieg Christi nicht nur über den Tod allein begründet, sondern zugleich auch über die Sünde, die Hölle und den Satan.

Und so ist Christus, der Herr, selbst ein lebendiger, neuer und ewiger Bund (Mt 26,18) für uns; noch weit mehr, denn Zeuge der Versöhnung und unsere Versöhnung, ja sogar — unserer Friede (vgl. Eph 1,14ff). Wieviel Freude und Hoffnung birgt diese Tatsache in sich, daß die einmal vollzogene Versöhnung, und zwar unter strikt geschichtlichen, temporal und lokal umrissenen Bedingungen, niemals mehr ihre Heilsbedeutung verlieren wird. Seiner Kirche verlieh der Erlöser nämlich die Macht der sakramentalen Vergegenwärtigung seines Sieges. Nach seiner Auferstehung gab er den Aposteln den Heiligen Geist, und damit auch die Vollmacht, die Sünden zu erlassen oder sie nicht zu erlassen (vgl. Joh 20,19-23), sowie den Auftrag, in seinem Namen allen Völkern Buße und Nachlaß der Schuld zu verkünden (vgl. LG 24,47).

2. Die Buße stellt unseren Weg zur Versöhnung dar

Obwohl der Begriff »Buße« beim zeitgenössischen Menschen für gewöhnlich einen pejorativen Klang hat, dürfen wir, Bekenner Christi, dies jedoch unter keinen Umstand außer Acht lassen, daß eigentlich das ganze Christentum überhaupt als eine »Gnade der Buße« zu umschreiben sei (Clemens Romanus). Christus der Herr hat nämlich seine irdische Tätigkeit mit dem Verkünden der Buße begonnen (vgl. Mk 1,15). Die Buße begriffen als eine gesunde und konsequente Reaktion des Menschen auf das Bewußtsein seiner Schuld ist eben unsere Antwort auf das Angebot der heilbringenden Versöhnung. Als solche geschieht sie stets in der Kraft des Heiligen Geistes und macht im Endergebnis den hoffnungsvollen Weg aus, effektiv an Jesus Christus, unsere Versöhnung heranzukommen.

In der Tat ist die Buße eine jedem einzelnen Menschen anvertraute Chance, auf daß sich in seinem Herzen die wahre Bekehrung, jene Metanoia vollziehen könne, die es dem schwachen und sündigen Mitglied der großen Menschheitsfamilie ermöglicht, wirklich »von neuem« seine Geschichte mit Gott zu beginnen. Nach seiner Stärkung von seiten Gottes, der voll Erbarmn ist (Eph 2,4), ist er somit wieder imstande die Wahrheit in Liebe zu tun (vgl. Eph 4,15), und so den Frieden und die Einheit unter den Menschen aufzubauen. Dies kann er, unabhängig von den in der heutigen Welt existierenden sozialen und strukturalen Sünden vollziehen, an deren Grundlagen — wie dies noch später zur Sprache kommt — sich irgendwie immer die individuelle Schuld befindet, die »einsame« Schuld mit ihrem sozialen Ausklang von Destruktion und Verwüstung der göttlichen Ordnung.

Es braucht uns somit nicht zu verwundern, daß der Buße in der Kirche Christi der höchste Rang zukommt, denn die Würde eines Sakraments, d.h. eines menschlichen Zeichens der persönlichen Begegnung mit Gott in seinem Heilswirken durch Christus. Sie ist vor allem ein Sakrament des barmherzigen Gottes, der dem reumütigen Sünder die Heilsfreude der »barmherzigen Liebe« schenkt. Und jene Liebe, wie wir dies aus dem Evangelium wissen, will alle umfangen, deswegen ruft auch Jesus: »Kommt alle zu mir ...« (Mt 11,28).

Um diese Erquickung und Heilungen dürfen stets alle zu Christus kommen, um die des öfteren schon verlorene Hoffnung und Fülle des menschlichen Lebens wiederzufinden. Sie ist selbstverständlich auch für jene da, die sich ihrem irdischen Lebensende nähern. Daher ist auch der Zusammenhang zwischen der Gnade der Buße und dem Sakrament der Krankensalbung wichtig. Auf diese Weise kann dem Sterbenden Hoffnung und Hilfe gebracht werden, und man kann ihm sterben helfen. Solch eine Geste ist nur im Kontext jener barmherzigen Liebe Realität, die alle umfaßt. Heute trachten einfach alle, wohlbegründet, nur danach, um leben zu helfen. Wir dürfen es jedoch nicht vergessan, daß der Tod auch zum Leben gehört, weil der Mensch nur so lange lebt, so lange er stirbt. Er stirbt folglich auch so lange, so lange er lebt. Nicht erst die Existentialisten riefen dies laut aus, sondern schon Augustinus pflegte zu behaupten, des Menschens Leben sei einfach ein Lauf zum Tode — cursum ad mortem est vita hominis! Aber auch hier tritt die außergewöhnliche Dimension des Todes auf; eben im Tod umfaßt uns alle Christus noch einmal mit dem Übermaß seiner barmherzigen Liebe, auf deren Affirmation er wartet, damit wir von nun an aus der Lebensfülle Gottes leben können.

3. Der Versöhnungsauftrag der Kirche stellt eine Hoffnung für die Welt dar

Sagen wir es von vornherein: das Christentum hat auch keine allgemein gültigen Rezepte für die Not und das Leid des Menschen. Es besitzt jedoch die Möglichkeit, dem Leid eine heilvolle Sinndeutung zu geben, so daß wir sogar berechtigt sind, von »salvifici doloris« zu sprechen[2]. Die ganze christliche Hoffnung konzentriert sich in diesem Fall keineswegs am nackten Kreuz, weil das Christentum eben keine Leidensreligion ist. Heils- und Erlösungscharakter kommt ausschließlich der Liebe zu, die das Motiv der Erlösung ist und die im Geheimnis Jesu Christi gründende Heilsmacht. Ihm, dem Erlöser, sollten wir somit weit unsere Herzen aufreißen. »Aperite portas Redemptori« — rief somit Papat Johannes Paul II., indem er das Sonderjubiläumsjahr und dabei ausdrücklich die Thematik der Bischofsaynode nannte, die auch im Laufe dieses Jahres abgehalten wurde.

Der Kirche gebührt es, in ihren Heilsauftrag stets auf Jesus Christus, den Versöhner und unsere Versöhnung, hinzudeuten. Diesen großen Auftrag erfüllt sie vor allem durch das Verkünden des Wortes Gottes, das Spenden der Sakramente, sowie durch die liturgische Versammlung. Auf diese Weise erinnert sie uns stets daran, daß Gott in Christus war, als er durch ihn die Welt mit sich versöhnte und darauf verzichtete, ihre Übertretungen anzurechnen; und durch uns hat er das Wort der Versöhnung eingesetzt. Wir sind also Gesandte an Christi Statt, und Gott ist es, der durch uns mahnt. »Wir bitten an Christi Statt: Laßt euch mit Gott versöhnen!« (2 Kor 5,19-21). Wie erfreulich und welch eine Hoffnung ist dies für den Menschen, daß der apostolische Ruf der Kirche in ihrem liturgischen Geschehen in die heilsgeschichtliche Vergegenwärtigung der Versöhnung hinübergeht, und zwar vor allem im Bußsakrament.

Die Kirche ist jedoch eine Gemeinschaft des Volkes Gottes und als solche macht sie in ihrer Ganzheit ein wahres »Sakrament der Versöhnung« für die ganze Welt aus. Die vertikale Versöhnung mit Gott beginnt nämlich vollkommene Früchte zu tragen, wenn sie zur horizontalen Versöhnung mit den Brüdern hinführt und in unserer Welt eine wahre »Zivilisation der Liebe« begründet. Nur sie allein, oder vielmehr: nur in ihrem Rahmen überwinden mit Gott und unter sich versöhnte Menschen alle feindlichen Teilungen in der Welt und sind auch imstande, dem haßvollen Streben ein Ende zu setzen, dem gemäß die einen Menschen über die anderen Übermacht gewinnen wollen. Als versöhnte Kinder Gottes erfahren sie sodann auch die heilsvolle Zugehörigkeit zu einer großen Menschheitsfamilie, zur Familie der erlösten Brüder und Schwestern Christi, die in vollem Ernst gewillt sind, den Frieden zu tun, indem sie auf diese Weise der Welt ihr heute auch verlorengegangenes Gleichgewicht zurückgeben.

---

2 Vgl. Papst Johannes Paul II., Apostolisches Schreiben »Salvifici doloris«. Vom christlichen Sinn des menschlichen Leidens, Rom 1984.

Der Versöhnungsauftrag der Kirche ad extra muß selbstverständlich stets darauf bedacht sein, auf der immer neu aktualisierten und vertieften Sendung ad intra zu gründen. Denn erst dann wird die Kirche zu einem zutiefst glaubwürdigen Zeichen der Versöhnung und der Buße, wenn sie in sich versöhnt ist, das heißt, wenn sie wirklich zu einer Herde und einem Hirten wird, wenn alle Christen nicht nur an keinen *Anderen* glauben, sondern auch aufhören *anders* zu glauben. Indem wir diese Tatssche im Blickfeld haben, wollen wir uns jetzt jener speziellen Elemente der Synode zuwenden, die es heute der Kirche ermöglichen, eben diesen Weg zu gehen.

II. Wesentliche systematisch-theologische Aspekte

1. Der Zusammenhang von Buße und Paschamysterium

In diesem Fall ist selbstverständlich das mysterium paschale im breiteren Sinn gemeint, d.h. sowohl in seiner trinitarischen, strikt christologischen, als auch pneumatologischen Dimension. »Laßt euch mit Gott versöhnen ... jetzt ist er da, der Tag des Heils« (vgl. 2 Kor 5, 20-6, 3) — so ruft die Kirche am Aschermittwoch, indem sie zugleich erklärt: »Umkehr und Versöhnung (sind) durch ein inneres Band eng miteinander verbunden: Es ist unmöglich, diese beiden Wirklichkeiten voneinander zu trennen oder von der einen zu sprechen und die andere zu verschweigen« (4). Versöhnung, als Frucht der Umkehr, ist vor allem »ein Geschenk Gottes und ganz seine Initiative. Unser Glaube belehrt uns, daß diese Initiative konkrete Gestalt im Geheimnis Jesu Christi annimmt, der den Menschen erlöst und versöhnt und ihn von der Sünde in all ihren Formen befreit« (5). Mit anderen Worten, Versöhnung ist vor allem »ein barmherziges Geschenk Gottes an den Menschen (und) die Heilsgeschichte der gesamten Menschheit wie auch jedes einzelnen Menschen zu allen Zeiten ist die wundervolle Geschichte einer Versöhnung, bei der Gott, weil er Vater ist, im Blut und im Kreuz seines menschgewordenen Sohnes die Welt wieder mit sich versöhnt und so eine neue Familie von Versöhnten geschaffen hat«. (4). Wir sollten es noch einmal deutlich hervorheben, daß der Vollzug dieser Gemeinschaft am Weg »des Geheimnisses oder Sakramentes der Frömmigkeit (mysterium pietatis)« geschieht. »Es ist in einer gedrängten Synthese das Geheimnis der Menschwerdung und der Erlösung, des vollen Ostergeschehens Jesu, des Sohnes Gottes und des Sohnes Marias: Geheimnis seines Leidens und Sterbens, seiner Auferstehung und Verherrlichung« (20). Wir wissen es, daß dieses Geheimnis heute sakramentell ausschließlich in Spiritu, kraft des Heiligen Geistes, vergegenwärtigt wird, der deswegen auch der Geist der Versöhnung ist (9).

2. Die Vieldimensionalität das Sündengeheimnisses

Wir sollten hier von vornherein feststellen, daß die in unseren Herzen durch den Heiligen Geist ausgegossene Liebe Gottes (Röm 5, 5) stärker ist als die Sünde[3]. Deshalb gibt auch der christlichen Existenz nicht die Hamartiozentrik sondern eine ausgesprochene Christozentrik den Ton an. Endgültig glauben wir nämlich nicht an die Sünde, sondern an die »Sündenvergebung«.

Die Problematisierung der Schuld in der Welt von heute und der Mangel des Schuldbewußtseins melden sich immer stärker zu Wort. Deshalb konnte schon Pius XII. einmal mit einem emphatischen Wort, das nahezu sprichwörtlich geworden ist, erklären, daß »die Sünde des Jahrhunderts der Verlust des Bewußtseins von Sünde ist«. Woher kommt das? Das Problem eines gesunden Schuld- und Sündenbewußtseins, somit also auch der Buße, erweist sich endgültig als die Gottesfrage. »Das Sündenbewußtsein hat nämlich seine Wurzel im Gewissen des Menschen und ist gleichsam dessen Barometer. Es ist an das Bewußtsein für Gott gebunden, da es sich von der bewußten Beziehung herleitet, die der Mensch zu Gott, seinem Schöpfer, Herrn und Vater, hat.«»Deshalb ist es unvermeidlich, daß in dieser Situation auch das Sündenbewußtsein verdunkelt wird, welches eng mit dem moralischen Bewußtsein, mit der Suche nach der Wahrheit, mit dem Willen, die Freiheit verantwortlich zu gebrauchen, verbunden ist. Mit dem Gewissen wird auch das Gottesbewußtsein verdunkelt, und mit dem Verlust dieses entscheidenden inneren Bezugspunktes verliert man dann auch das Sündenwußtsein« (18).

Die Erbsünde macht die Wurzel der Menschensünde aus, also jener existentiale Bruch gleich zu Beginn der Menschheitsgeschichte. »In der Geschichte vom Garten Eden wird der innerste und dunkelste Kern der Sünde in seiner ganzen Ernsthaftigkeit und Dramatik sichtbar: der Ungehorsam gegen Gott, gegen sein Gesetz, gegen die moralische Norm, die er dem Menschen ins Herz geschrieben und mit seiner Offenbarung bestätigt und vervollkommnet hat ...«. Die Sünde ist eben »Ungehorsam des Menschen, der mit einem freien Willensakt die Herrschaft Gottes über sein Leben nicht anerkennt, zumindest in jenem Augenblick, wo er das Gesetz Gottes verletzt« (14). Bei der näheren Umschreibung des Phänomens Sünde behalten die Kriterien der traditionellen Moraltheologie voll und ganz ihr Recht. Deswegen ist auch die dualistische Einteilung der Sünde in die läßliche und schwere nicht überholt. Das will besagen, daß eine schwere Sünde in Praxis, Lehre und pastoraler Tätigkeit der Kirche gleichbedeutend mit der Todsünde ist. Man sollte dies nämlich wissen: »Während der Synodenversammlung wurde von einigen Vätern eine dreifache Unterscheidung der Sünden vorgeschlagen, die in läßliche,

---

3 »Die Liebe ist größer als die Sünde« lautet der Titel des zweiten Teiles, dessen I. Kapitel (Nr. 14-18) dem »Geheimnis der Sünde« gewidmet ist.

schwere und todbringende Sünden einzuteilen wären. Eine solche Dreiteilung könnte deutlich machen, daß es bei den schweren Sünden Unterschiede gibt. Dabei bleibt es jedoch wahr, daß der wesentliche und entscheidende Unterschied zwischen jener Sünde besteht, die die Liebe zerstört,und der Sünde, die das übernatürliche Leben nicht tötet: Zwischen Leben und Tod gibt es keinen mittleren Weg«. Beim genannten Vorschlag einer Dreiteilung sei noch »auf die Gefahr hinzuweisen, daß man dazu beiträgt, in der heutigen Welt den Sinn für die Sünde noch mehr abzuschwächen«. Gleichfalls muß man deswegen auch vermeiden, »die Todsünde zu beschränken auf den Akt einer Grundentscheidung gegen Gott (› optio fundamentalis ‹), wie man heute zu sagen pflegt, unter der man dann eine ausdrückliche und formale Beleidigung Gottes oder des Nächsten versteht. Es handelt sich nämlich auch um Todsünde, wenn sich der Mensch bewußt und frei aus irgendeinem Grunde für etwas entscheidet, was in irgendeiner Weise der Ordnung widerspricht«. Eins steht fest: »Aus der Betrachtung des psychologischen Bereichs kann man jedoch nicht zur Aufstellung einer theologischen Kategorie übergehen, wie es gerade die › optio fundamentalis ‹ ist, wenn sie so verstanden wird, daß sie auf der objektiven Ebene die traditionelle Auffassung von Todsünde ändert oder in Zweifel zieht« (17).

Und noch ein weiterer wichtiger Hinweis, nämlich soweit es um den Begriff der »strukturellen« oder eigentlich »sozialen Sünde« geht, den wir heute gewillt sind des öfteren vorschnell anzuwenden. In diesem Kontext muß bedacht werden, daß »Sünde im wahren und eigentlichen Sinne immer ein Akt der Person (ist), weil sie ein Akt der Freiheit des einzelnen Menschen ist, nicht eigentlich einer Gruppe oder einer Gemeinschaft«. Freilich, wirkt sich eine jede personale Sünde in irgendeiner Weise immer auch auf die anderen aus. Dies geschieht »kraft einer menschlichen Solidarität, die so geheimnisvoll und verborgen und doch real und konkret ist«. Sozial in diesem Sinne ist vor allem »die Sünde gegen die Nächstenliebe, die im Gesetz Christi noch schwerer wiegt, weil es hierbei ja um das zweite Gebot geht, das dem ersten gleich ist«. Es ginge dabei um »jede Sünde gegen die Gerechtigkeit in den Beziehungen von Person zu Person, von Person zu Gemeinschaft, oder auch von Gemeinschaft zu Person« ferner »jede Sünde gegen die Rechte der menschlichen Person«, »jede Sünde gegen die Würde und Ehre des Nächsten«, »gegen das Gemeinwohl und seine Forderungen im weiten Bereich der Rechte und Pflichten der Bürger«.»Die dritte Bedeutung von sozialer Sünde meint die Beziehungen zwischen den verschiedenen Gemeinschaften der Menschen. Diese Beziehungen sind nicht immer in Übereinstimmung mit dem Plan Gottes, der in der Welt Gerechtigkeit und Frieden zwischen den Individuen, den Gruppen und den Völkern will. So ist der Klassenkampf ein soziales Übel, wer immer auch dafür verantwortlich ist oder seine Gesetze diktiert. So ist die Bildung fester Fronten zwischen Blöcken von Nationen und von einer Nation gegen die andere und zwischen Gruppen innerhalb desselben Volkes ebenfalls ein soziales Übel«.

»Indem wir das bedenken darf auf jeden Fall das Sprechen von sozialen Sünden, und sei es im analogen Sinne, niemanden dazu verführen, die Verantwortung der einzelnen zu unterschätzen, es will vielmehr die Gewissen aller dazu aufrufen, daß jeder eigene Verantwortung übernehme, um ernsthaft und mutig jene unheilvollen Verhältnisse und unerträglichen Situationen zu ändern.« Hier genügt es keineswegs ideologisch und systembedingt die »soziale Sünde« der personalen entgegenzustellen, denn — wie dies bereits hervorgehoben wurde — stehen »hinter jeder Situation von Sünde immer sündige Menschen ..., die für eine solche Situation direkt oder indirekt verantwortlich sind«. Eine Situation selbst — ebenso wie eine Institution, eine Struktur, eine Gesellschaft — ist an sich kein Subjekt moralischer Akte; deshalb kann sie in sich selbst nicht moralisch gut oder schlecht sein« (16).

In der Hamartiologie der Synode scheint noch implizit ein neuer und zweifelsohne enorm aktueller Akzent enthalten zu sein, und zwar die Herausstellung der Sünde »gegen die Schöpfung« (vgl. 15, 26f, 45, 76, 93, 118). So oft nämlich die Rede von der Notwendigkeit der Versöhnung mit Gott, mit sich selbst und den Brüdern ist, tritt — wenn auch nur indirekt — eine ähnliche Notwendigkeit gegenüber der erschaffenen Welt zu Tage, der Welt als dem Ort der menschlichen Existenz. Dies ist ein, im Zeitalter der Ökologie, sehr wichtiges Detail, weil heute nicht nur verschiedene Theorien von Umweltschutz entworfen werden, sondern direkt auch schon die Rede von einer Art »ökologischer Religion« zu vernehmen ist[4]. Vom systematisch theologischen Standpunkt aus würde uns in diesem Kontext selbstverständlich vor allem der enge Zusammenhang von Protologie und Eschatologie interessieren, denn Gott ist schließlich »der Ursprung und das höchste Ziel des Menschen, und dieser trägt in sich einen göttlichen Keim« (18).

3. Die Vermittlung der Kirche im Prozeß der Versöhnung und der Buße

Man kann sagen, daß auch das II. Vatikanische Konzil, indem es die Kirche definiert hat als › das Sakrament ‹, das heißt › Zeichen und Werkzeug für die innigste Vereinigung mit Gott wie für die Einheit der ganzen Menschheit ‹, und indem es als ihre Aufgabe bezeichnet, › die volle Einheit in Christus ‹ für die Menschen zu erlangen, › die heute durch vielfältige ... Bande enger miteinander verbunden sind ‹, damit anerkannt hat, daß sich die Kirche vor allem dafür einsetzen muß, die Menschen zu einer vollständigen Versöhnung zu führen. Im engen Zusammenhang mit der Sendung Christi kann man also die an sich reiche und vielschichtige Sendung der Kirche zusammenfassen in der für sie zentralen Aufgabe der Versöhnung des Menschen mit Gott, mit sich selbst, mit den Brü-

4 Siehe: H. Mynarek, Religiös ohne Gott?, Düsseldorf 1983, 219, 239ff.
5 Vgl. A. Nossol, Theologie im Dienst des Glaubens, Oppeln 1978, 93.

dern, mit der ganzen Schöpfung; und dies fortwährend: denn ... die Kirche ist von Natur aus immer versöhnend«. Über allen Wegen und Weisen, vor allem der sakramentalen dieser Versöhnungsaktion, ragt jenes Sakrament hervor, »das wir zu Recht Sakrament der Versöhnung oder auch das Bußsakrament zu nennen pflegen« (8). Aber die ganze Kirche ist ein großes Sakrament, d.h. ein Zeichen und Werkzeug der Versöhnung. Dies besagt, »daß die Kirche, um Versöhnung zu wirken, bei sich selbst beginnen muß, eine versöhnte Kirche zu sein ...«; sie muß »immer mehr zu einer Gemeinschaft (und sei sie auch die › kleine Herde ‹ der ersten Zeiten) von Jüngern Christi werden, einig im Bemühen, sich beständig zum Herrn zu bekehren und als neue Menschen zu leben, im Geist und in der Wirklichkeit der Versöhnung.« In diesem Bereich liegt auch der Vollzug »ihrer ökumenischen Dimension«. Hier muß die Einheit »das Ergebnis einer wahren Bekehrung aller, der gegenseitigen Vergebung, des theologischen Dialogs, des brüderlichen Umganges miteinander, des Gebetes, der vollen Offenheit für das Handeln des Heiligen Geistes sein«. Dabei geht es in jeden Falle um eine »Versöhnung in der Wahrheit«, denn »weder Versöhnung noch Einheit sind außerhalb oder gegen die Wahrheit möglich« (9). Somit ist das ganze Volk Gottes stets sowohl Subjekt als auch Objekt der Versöhnung.

4. Die Rolle des Priesters als »Versöhner« in der Kirche.

Man wäre befugt zu sagen: »Sacerdos — reconciliator« das klingt hoch. Selbstverständlich, »wie bei der Feier der Eucharistie am Altar und bei jedem anderen Sakrament handelt der Priester auch als Verwalter des Bußsakramentes »in persona Christi ‹«. Diese außergewohnlich einzigartige Spendung der barmherzigen Liebe ist als Dienst des Priester ohne Zweifel »der schwierigste und delikateste, der am meisten ermüdet und die höchsten Anforderungen stellt, zugleich aber ist er auch eine der schönsten und trostreichsten Aufgaben«. Außer der sakramentalen Ermächtigung bedarf dieser Dienst zur wirksamen Erfüllung auch besonderer menschlicher Qualitäten, christlicher Tugenden und pastoraler Fähigkeiten, die man »nicht aus dem Stegreif besitzen oder ohne Anstrengung erwerhen (kann)«. Neben der speziellen systematisch-theologischen und pastoralen Vorbereitung, sowie einer gründlicheren Kenntnis der Anthropologie und der Methoden des Dialogs, muß sich der Priester »durch ständiges Studium um seine eigene Vervollkommnung und zeitgemäße Weiterbildung bemühen« (29). Hier geht es vor allem um die notwendige »educatio permanens«[6]. Damit der Priester ein guter Beichtvater ist, d.h. »ein guter und wirksamer Diener des Bußsakramentes« muß er auch sel-

---

[6] Papst Johannes Paul II., Schreiben zum Gründonnerstag an alle Bischöfe und Priester der Kirche, Rom 1979, Nr. 10.

ber aus dieser Quelle der Gnade und Heiligkeit schöpfen. Als glaubwürdiger Mensch der Buße kommt ihm somit im Versöhnungswerk der Kirche ein exemplarischer Charakter zu, denn nur auf diese Weise kann er überzeugend Beweise dafür fördern, daß »jeder Beichtstuhl ein privilegierter und gesegneter Ort ist, von dem her nach der Behebung der Spaltungen neu und makellos ein versöhnter Mensch, eine versöhnte Welt entstehen!« (31).

5. Der ordentliche und außerordentliche Weg der Buße

Obwohl »der Erlöser und sein Heilswirken nicht in der Weise an ein sakramentales Zeichen gebunden (sind), daß sie nicht jederzeit und überall in der Heilsgeschichte auch außerhalb der Sakramente und über sie hinaus wirksam werden können«, sollte jedoch nicht außer Acht gelassen werden, daß »für den Christen das Bußsakrament der ordentliche Weg ist, um Vergebung und Nachlaß seiner schweren Sünden zu erlangen, die nach der Taufe begangen worden sind«. Diese Überzeugung hat auch für uns heute noch verbindlichen Charakter. Die nach dem Konzil vorgenommene Erneuerung der Liturgie berechtigt in dieser Hinsicht zu keiner Illusion und Änderung in dieser Richtung. Vielmehr sollte und soll diese nach der Absicht der Kirche jedem einzelnen von uns helfen, einen neuen Anlauf zu nehmen zu einer Erneuerung unserer inneren Haltung: hin zu einem tieferen Verständnis der Natur des Bußsakramentes, die mehr vom Glauben, nicht von Angst, sondern von Vertrauen geprägt ist zu einem häufigeren Empfang dieses Sakramentes, das wir von der barmherzigen Liebe des Herrn ganz umfangen wissen« (31).
Die neue Bußordnung, der Ordo Poenitentiae, (legt) drei mögliche Formen vor, die es unter jeweiliger Wahrung der wesentlichen Bestandteile gestatten, die Feier des »Bußsakramentes an bestimmte pastorale Situationen anzupassen«. Die beiden zwei Formen, d.h. die Versöhnung für einzelne, sowie die Versöhnung für eine Gemeinschaft, jedoch mit Bekenntnis und Lossprechung der einzelnen, darf man als den ordentlichen Weg des Vollzugs der sakramentalen Buße betrachten. »Die dritte Form hingegen — Gemeinschaftliche Feier der Versöhnung mit allgemeinem Bekenntnis und Generalabsolution — hat den Charakter einer Ausnahme und ist darum nicht der freien Wahl überlassen, sondern wird durch eigens dafür erlassene Bestimmungen geregelt« (32); zuletzt auch durch das neue Kirchenrecht (Kan. 661-963). Das Kirchliche Lehramt äußert sich also dazu klar und entschieden: »Den Seelsorgern obliegt die Pflicht, den Gläubigen die Praxis des vollständigen und persönlichen Bekenntnisses ihrer Sünden zu erleichtern, zu dem diese nicht nur verpflichtet sind; sondern auf das sie ein unverletzliches und unveräußerliches Recht haben, abgesehen davon, daß es auch ein Bedürfnis der Seele ist.« Abgesehen davon ermöglichen außergewöhnliche pastorale Gründe, sowie eine spezifische kirchlich-existentiale Situation, die Anwendung bzw. das Befolgen des außerordentlichen Weges der sakramentalen Buße. Solch

ein Faktum verpflichtet sodann die Gläubigen »alle Bestimmungen zu beachten, die deren Anwendung regeln, einschließlich der Anordnung, vor dem Empfang einer weiteren Generalabsolution sobald wie möglich eine reguläre vollständige und persönliche Beichte der schweren Sünden abzulegen. Auf diese Anordnung und deren verpflichtende Beobachtung müssen die Gläubigen durch den Priester vor der Lossprechung hingewiesen und darüber entsprechend unterrichtet werden« (33). Unter gewissen Umständen könnte das Gesagte auch so formuliert werden: in einem jeden berechtigten Fall von Anwendung des außerordentlichen Weges der sakramentalen Buße muß in ihr »in voto« der ordentliche Weg enthalten sein, d.h. die Feier der Einzelbeichte mit Lossprechung.

III. Wichtige pastorale Implikationen

1. Eine Krise der Bußpraxis, nicht aber der sakramentalen Buße

»Die Synode wurde mit der oft wiederholten und mit verschiedenem Ton und Inhalt vorgebrachten Feststellung konfrontiert: Das Bußsakrament befindet sich in einer Krise. Dieser Tatsache hat sich die Synode gestellt. Sie empfahl eine Vertiefung der Katechese, aber auch eine ebenso eingehende Untersuchung theologischer, geschichtlicher, psychologischer, soziologischer und rechtlicher Art über die Buße im allgemeinen und das Bußsakrament im besonderen. Dadurch beabsichtigte sie die Gründe der Krise zu klären und zum Wohl der Menschheit Wege zu einer positiven Lösung aufzuzeigen« (28). Aus theologischer Sicht wissen wir es allzu gut, daß die innere Frische und Stabilität eines Sakraments keinerlei Krisen duldet. Anders sieht jedoch schon die konkrete Bußpraxis heute aus. Der egoistische Lebensstil, Bequemlichkeit und Konsumhaltung vieler entscheiden gerade über solch eine Krise. Und hier sollten wir selbstkritisch hinzufügen: nicht zuletzt durch unser Versagen. Es mangelt uns Priestern nämlich des öfteren an wahrem Diensteifer; häufig treten verschiedene Unzulänglichkeiten bei uns, den Spendern des Bußsakraments, auf. Hier gilt es einfach zur früheren Radikalität unseres priesterlichen Einsatzes zurückzukehren; zu unserer interessenlosen pastoralen Proexistenz, weil sie so manches positiv zu ändern imstande wäre. Ferner sollten wir vielleicht noch weit mehr den Zusammenhang zwischen dem Bußsakrament und der Gesamtgestalt des liturgischen Jahres nützen und zwar vermittels geistiger Sammlungen, Exerzitien, Missionen, und überhaupt spezieller geistlicher Konzentration.

2. Die sozial-destruktive Dimension der Sünde

Davon war bereits die Rede, und zwar im Kontext der Problematik der sog. »sozialen Sünde«. Jedesmal, wenn der Egoismus: die Entscheidung für sich selber gegen Gott und die Nächsten, und auch gegen die uns umfassende Schöpfung, einen Sieg davonträgt, muß es konsequenterweise auch zu einer Lockerung der Bande mit der Gemeinschaft kommen, insbesondere der sakralen Gemeinschaft, die zutiefst »communio salutis« ist. Das Übel einer jeden Sünde löst Strahlungen aus, die tief in die Gesellschaft greifen, indem sie in ihr eine Destruktion verbreiten und die allgemeine »soziale Unempfindlichkeit« fördern.

3. Buße und Versöhnung als Weg zu einer »Zivilisation der Liebe«

Das Bedürfnis einer Überwindung des aus der Sünde kommende Ärgernisses und der Boshaftigkeit hört niemals auf aktuell zu sein. Eine Frucht dieses »Hasses« ist wohl auch die seit langem schon weit und breit propagierte These vom »Gleichgewicht der Kräfte« in unserer heutigen Welt. Im Endergebnis eines »Gleichgewichts« kann es jedoch plötzlich zur Verwirklichunq einer grausamen »Zivilisation des Todes« kommen. Uns allen, der ganzen Welt, tut heute am meisten ein »Gleichgewicht des Vertrauens« not, wie dies immer wieder der Papst hervorhebt, weil ein Gleichgewicht dieser Art zur heilbringenden Alternative hinführt, d.h. zu einer »Zivilisation der Liebe«, die endgültig an einer »neuen Kultur«, die sich auf das höchste Gebot Christi stützt, gründet. Der einzig und allein einleuchtende und für unsere Welt rettende Weg scheint in dieser Stunde im Bemühen zu bestehen, »die Macht der Liebe zur Macht kommen zu lassen«[7]. Nur in diesem Fall wird es uns auch leichter fallen, die verhängnisvolle Theorie von der Notwendigkeit des »Kampfes« um den Frieden in die Praxis seines wirklich realen *Tuns* umzuwenden. Strikt genommen sind wir allein und aus eigenen Kräften eigentlich nur fähig den Friedhofsfrieden zu »erkämpfen«, weil der wahre »der uns befriedende Friede« eben im Alltag getan werden will. Beim eigenen Herzen selbstverständlich angefangen, weil hier einfach jeder Krieg und Friede beginnt. Deswegen auch gilt der »Friede des Herzens als das Herz des Friedens«, wie dies Johannes Paul II. eindeutig festgestellt hat. Darum werden auch die wahren Friedensstifter in der Heiligen Schrift gepriesen (vgl. Mt 5,9). In der Tat beginnt die Kirche »eine von Haß und Gewalt geprägte geschichtliche Situation in eine Zivilisation der Liebe zu verwandeln«. Sie bietet einfach allen das evangelische und sakramentale Prinzip der Urversöhnung und fundamentalen Aussöhnung, »aus der jede andere versöhnende Geste oder Handlung auch im gesellschaftlichen Bereich hervorgeht« (4).

4. Aufgaben der Katechese im Hinblick auf Buße und Versöhnung

»Im weiten Bereich, in dem die Kirche mit dem Mittel des Dialoges ihre Sendung auszuführen sucht, wendet sich die Pastoral der Buße und der Versöhnung an die Glieder der kirchlichen Gemeinschaft vor allem mit

---

[7] Vgl. H. Zahrnt, Westlich von Eden, München 1981, 163.

einer entsprechenden Katechese.« Von den Hirten der Kirche erwartet sie zuallererst eine Katechese über die Versöhnung, d.h. von der vierdimensionalen Versöhnung des Menschen: mit Gott, mit sich selbst, mit den Brüdern und mit der ganzen Schöpfung.

Eine gute Katechese von der Buße hebt vor allem den Wert der Bekehrung, der wahren Metanoia hervor, jener Metanoia die wörtlich besagt: »den Geist umzuwenden, um ihn auf Gott hinzuwenden«. Ja, sie muß eindeutig aufzeigen: »wie die Reue ebenso wie die Bekehrung weit davon entfernt (ist), nur ein oberflächliches Gefühl zu sein, eine wirkliche Umwandlung der Seele darstellt« (26). Eine integrale Katechese von der Buße und der Versöhnung vertieft wieder ein gesundes Schuldgefühl beim zeitgenössischen Menschen, ohne dabei irgendwelche Arten von verkappter Hamartiozentrik zu lancieren, für die es im gesunden und realen Christentum überhaupt keinen Platz gibt. Sie wird auch gewiß den heute äußerst erschwerten Reueakt erwecken helfen, der konsequenterweise zur authentischen Bekehrung hinführt. Zumal es nötig ist, daß wir uns stets von neuem zu bekehren haben, wobei gerade das Gebet »die erste und letzte Bedingung der Bekehrung« ist[8].

Noch ein weiteres wichtiges Ziel unserer Katechese muß durchaus genannt werden, und zwar die Wiedergewinnung der geistlichen Andacht zur Mutter des Herrn, »in der › die Versöhnung Gottes mit der Menschheit erwirkt worden ist ... und sich das Werk der Versöhnung erfüllte, da sie von Gott aus der Kraft des erlösenden Opfers Christi die Fülle der Gnade empfangen hat ‹. Dank ihrer göttlichen Mutterschaft ist sie in Wahrheit zur › Verbündeteten Gottes ‹ im Werk der Versöhnung geworden« (35).

5. Besondere Fürsorge der Kirche im Hinblick auf alle, die in schwieriger Situation leben

»Heute (gibt es) nicht selten Siuationen, in denen sich Christen befinden, die weiterhin am sakramentalen Leben teilnehmen möchten, aber daran gehindert sind durch ihre persönliche Situation, die im Widerspruch zu ihren vor Gott und der Kirche freiwillig übernommenen Verpflichtungen steht. Diese Situationen erscheinen als besonders schwierig und fast unentwirbar.« Indem sich hier die Kirche auf zwei komplementare Prinzipien stützt, d.h. auf den »Grundsatz des Mitgefühls und der Barmherzigkeit«, sowie den »Grundsatz der Wahrheit und Folgerichtigkeit«, kann sie ihre Söhne und Töchter, die sich in jener schmerzlichen Lage befinden, nur dazu einladen, sich auf anderen Wegen der Barmherzigkeit Gottes zu nähern, jedoch nicht auf dem Weg der Sakramente der Buße und der Eu-

---

[8] Vgl. Papst Johannes Paul II., Schreiben zum Gründonnerstag, Rom 1979, Nr. 10: »Das Gebet ist in einem bestimmten Sinn erste und letzte Vorbedingung der Bekehrung, des geistigen Fortschritts und der Heiligkeit«.

charistie, solange sie die erforderlichen Vorraussetzungen noch nicht erfüllt haben«. Konkret genommen würde es dabei um wiederverheiratete Geschiedene gehen, sowie allgemein um jene Christen, die unrechtmäßig zusammenleben; schließlich auch noch darum,»den Priestern, die ihren mit der Weihe übernommenen schweren Verpflichtungen nicht nachkommen und sich deshalb in einer irregulären Lage befinden, jede mögliche Hilfe zu gewähren. Keiner dieser Mitbrüder darf sich von der Kirche verlassen fühlen«. In all diesen schwierigen Situationen steht jenen unglücklichen Mitgliedern der Kirche eins ganz sicher offen:»Die Übung anderer Formen der Frömmigkeit als die der Sakramente, das aufrichtige Bemühen um Verbundenheit mit dem Herrn, die Teilnahme an der heiligen Messe, die häufige Erneuerung von möglichst vollkommenen Akten des Glaubens, der Hoffnung, der Liebe und der Reue den Weg bereiten zur vollen Versöhnung in einer Stunde, die nur der göttlichen Vorsehung bekannt ist« (34).

Wir dürfen es in diesem Zusammenhang keinesfalls übersehen, daß heute auch jene Kategorie von Unglücklichen einer besonderen Fürsorge der Kirche bedarf, die man allerorts einfach als Alkoholiker und Drogensüchtige zu bezeichnen pflegt; ferner sind hier sogar noch diese tragischen Menschen gemeint, die nicht vor Gewalt und brutalem Terror zurückschrecken.

In diesem Fall muß auf die früher bereits schon erwähnte Rückkoppelung des Problems der Buße mit der Gottesfrage erinnert werden. Das Bekenntnis zur Schuld und der Entschluß, den Weg der Buße einzuschlagen, muß einem sinnlos erscheinen, wenn er nicht an die Existenz der unendlichen, verzeihenden Liebe glaubt, an den»reichen an Barmherzigkeit Gott«, der nicht nur reell die Schuld verzeiht, sondern zugleich auch die wahre Kraft und Macht zum echten Neubeginn am Weg der Herzensumwandlung durch die Gnade der Buße und metanoia gibt. Andershin erträgt ein sündiger Mensch nicht den Druck der Schuld und die Last des eingestandenen Übels. Er wird bemüht sein sie einfach um jeden Preis von sich zu schütteln. Außerhalb des Glaubensweges, der auf die weitaufgerissenen Arme der barmherzigen Liebe Gottes hindeutet, steht in diesem Fall eine andere, triadisch bedachte Möglichkeit offen, die leider fast immer auf eine Selbstzerstörung oder das wahre Unheil hinausläuft, und zwar: die selbsttrügerische Flucht in den Alkohol- oder Drogenkonsum, die aufrührerische Sackgasse der Gewalt und des Terrors, oder schließlich der tragische»Heroismus des Selbstmordes«. Anstatt dazu abschließend einen ausführlichen und rein verbalen Kommentar zu liefern, wäre es vielleicht angebrachter, invokativ festzustellen: der Versöhner führe uns alle, Kraft des Geistes unserer Versöhnung, zum endgültigen Quell der heilbringenden Einheit, zu»Gott der voll Erbarmen ist« (Eph 2, 4).

Karl-Heinz Kleber

Unverfügbarkeit des Lebens
Anfragen an die Moraltheologie

Introduktion

Es läßt sich kaum übersehen: der heutige Mensch hält sich für den »Macher« schlechthin. Das will sagen, daß er sich zumindest einbildet, auch all das tatsächlich ausführen zu können, was er als Möglichkeit vor sich sieht. In manchen Fällen scheint es lediglich ein Problem der Zeit zu sein, wann das gesteckte Ziel erreicht sein wird. Der Mensch scheint allmächtig geworden zu sein. So ging ein Aufhorchen durch die Welt, als ein »Retortenbaby« geboren worden war. Fachleute hatten, so sah es aus, der Natur ein Schnippchen geschlagen. Wenn man nur wolle, könne man jetzt sogar dort Menschenleben ermöglichen, wo es auf rein natürlichem Weg nicht gelinge. Dann kam die Nachricht von der Implantation künstlicher Herzen. Ein neuer Triumph der Medico-Technik! Hat der Mensch jetzt doch alles in der Hand, auch das Leben? Aber heißt es nicht in der Heiligen Schrift:»Dann sprach Gott, der Herr: Seht, der Mensch ist geworden wie wir; er erkennt Gut und Böse. Daß er jetzt nicht die Hand ausstreckt, auch vom Baum des Lebens nimmt, davon ißt und ewig lebt!« (Gen 3, 22)? Soll das alte Gesetz nicht mehr gelten, daß Gott allein Herr des Lebens ist?

Bislang hielt man sich an das unwidersprochene Gesetz, daß der Mensch über alles verfügen dürfe, nur nicht über das Leben; und zwar, weil er nicht Eigentümer, sondern nur Nutzungsberechtigter des leiblichen Lebens ist. Pius XII. hatte betont, daß es kein freies Verfügungsrecht über das Menschenleben gibt. Humane Beweggründe allein, die einen Menschen zum Eingriff in das Leben veranlassen könnten, gelten nach dieser Sicht weder als ausreichend noch als maßgeblich.[1] Der Schöpfer habe in die Natur eine eigene Ordnung gelegt, nahm man an. Man bildete sich ein, sie genau und völlig erkannt zu haben. Ihre Gesetzmäßigkeit schien unumstößlich.

Jedoch sah sich der Mensch imstande, mit seinen Verstandeskräften und auf Grund seines eigenen freien Willens die vorgegebenen Stoffe zu for-

---

[1] Vgl. Mausbach-Ermecke, Katholische Moraltheologie III, Münster ¹⁰1962, 249.

189

men und die Entfaltung der ihm anvertrauten Schöpfung zu fördern. Dementsprechend machte er sich ans Werk. Darum gibt es allenthalben Entwicklung. A. Gehlen erklärt lapidar:»Der Mensch [ist] von Natur ein Kulturwesen.«[2] Die Kirche bejaht diese Kulturarbeit.»In der Person des Menschen selbst liegt es begründet, daß sie nur durch Kultur, das heißt durch die entfaltende Pflege der Güter und Werte der Natur, zur wahren und vollen Verwirklichung des menschlichen Wesens gelangt. Wo immer es daher um das menschliche Leben geht, hängen Natur und Kultur engstens zusammen. Unter Kultur im allgemeinen versteht man alles, wodurch der Mensch seine vielfältigen geistigen und körperlichen Anlagen ausbildet und entfaltet; wodurch er sich die ganze Welt in Erkenntnis und Arbeit zu unterwerfen sucht; wodurch er das gesellschaftliche Leben in der Familie und in der ganzen bürgerlichen Gesellschaft im moralischen und institutionellen Fortschritt menschlicher gestaltet ... zum Segen vieler, ja der ganzen Menschheit.«[3]

Andererseits warnt das 2. Vatikanische Konzil auch vor den möglichen Gefahren einer Fehlentwicklung und dringt darauf, daß die obersten Maßstäbe sittlichen Handelns beachtet werden. Der Mensch dürfe sich nicht den Zwängen eines Automatismus ausliefern, noch in Überschätzung seiner Errungenschaften sich selbst genügen und nichts mehr darüber hinaus suchen.[4]

Dementsprechend sagt Papst Johannes Paul II. in einer Ansprache an die Teilnehmer einer Studienwoche der Päpstlichen Akademie der Wissenschaften vom 23. Oktober 1982:»Ich habe das feste Vertrauen in die wissenschaftliche Weltgemeinschaft, daß dank ihr der Fortschritt und die biologischen Forschungen, wie übrigens jede andere wissenschaftliche Forschung und ihre technologische Anwendung, in voller Respektierung der sittlichen Normen und unter Wahrung der Würde, Freiheit und Gleichheit der Menschen sich entwickeln.«[5]

Doch damit sind die Probleme nicht gelöst. Vielmehr bleiben Fragen offen. Sie richten sich als Anfragen an die Moraltheologie.

Gilt der Satz von der Unverfügbarkeit des Lebens absolut? Was heißt überhaupt Verfügen und was ist das Leben des Menschen, das nicht zur Disposition gestellt werden darf? Welche moraltheologischen Prinzipien lassen sich anführen, und ist es möglich daraus Handlungsnormen abzuleiten? Wie soll der Christ sich in den entsprechenden Fällen verhalten?[6]

Im folgenden soll der Versuch unternommen werden, Antwort zu finden.

---

[2] A. Gehlen, Anthropologische Forschung, (rde 138) Reinbek bei Hamburg 1963, 78.

[3] Vat. II, Gaudium et spes (GS), 53. In: LThK E III (1968) 446/447—450/451.

[4] Vgl. Vat. II, GS, 57 und 61. A.a.O. 460/461—462/463, 474/475—476/477.

[5] AAS 75 (1983) 35—39, hier 36.

[6] Vgl. dazu: J. Fuchs, Verfügen über menschliches Leben? Fragen heutiger Bioethik. In: StdZ 110 (1985) 75—86; ders., Christlicher Glaube und Verfügung über menschliches Leben. In: StdZ 111 (1986) 663—675.

Perkontation

Es dreht sich hier nicht um rein akademische Fragen oder um bloße theoretische Spekulationen. Vielmehr bringt der Alltag jedermann derartige Problemfälle ins Haus, die ihm Gewissensnöte bereiten. Wenn man auch nicht alle gleich persönlich durchstehen muß, so werden sie einem doch durch die Medien in allen Details geschildert. Ein Ausweichen gibt es nicht. Mitbetroffen sind irgendwie alle. Jeder muß Stellung beziehen. Aber wie soll er sich entscheiden? Eine Frage ist drängender als die andere. Sicher am weitesten verbreitet ist heute die Besorgnis über die Nutzung von *Kernenergie*. Wird da nicht mit dem Leben gespielt? Die Darlegungen der Fachleute sind widersprüchlich. Einerseits preisen sie hierin die umweltfreundlichste Energiequelle. Andererseits müssen sie zugeben, daß im Falle eines immer möglichen Unglücksfalles nicht nur der Tod für ungeahnte Menschenmassen, sondern auch gräßliche Verstümmelungen und unsägliche Leiden für zahllose Opfer einer solchen Katastrophe drohen. Wer über diese atomaren Kräfte verfügt, verfügt über das Leben in seiner ganzen Vielfalt. Und es wird immer der Mensch sein, der verfügt, einer also, der unschuldig irren, der aber auch absichtlich fehlen kann, dem aber auch seine technischen Instrumente außer Kontrolle geraten können.

Dagegen erhebt sich die Frage, ob nicht das Gebot der Unverfügbarkeit des Lebens, konsequent und umfassend angewandt, zur Hemmschwelle für jede Qualitätsverbesserung des Lebens wird, letztlich die Grenze jeden Fortschritts markiert? Was bleibt dem Techniker zu tun? Längst wagt kein Politiker mehr das Sprichwort zu zitieren »Si vis pacem, para bellum«, doch bedeutet die derzeitige Politik der gegenseitigen Abschreckung resp. die des Gleichgewichts der Waffen gar nichts anderes. Wer Waffen schmiedet, ist bereit, sie zu gebrauchen, also auch zu verletzen und zu töten. Was soll der mündige Bürger angesichts dieser Sachlage tun? Darf der Christ dabei mitwirken, wo ihm doch ein Verfügungsrecht über das Leben nicht zukommt?

Oder was soll derjenige tun, der ein Kommando hat, wenn er Menschen in einen Einsatz schicken müßte, der aller Wahrscheinlichkeit nach Leben kosten wird? Zu denken ist da etwa an den Feuerwehrkommandant oder den Sprengmeister des Technischen Hilfswerkes oder den Einsatzleiter in einem Katastrophenfall, wo ein Ausweichen unmöglich ist. Er muß sich entscheiden und eine Verfügung treffen.

Es ist nicht lange her, da bewegte die Frage der Zwangsernährung die Gemüter. Der Staat übernimmt für Inhaftierte eine besondere Fürsorgepflicht. Er darf darum nicht einfachhin zusehen, wenn einer sich ums Leben bringt. Was tun, wenn nun einer bei klarem Verstand aus einer bestimmten Überzeugung heraus in Hungerstreik tritt, selbst auf die Gefahr hin, sein Leben zu riskieren? Ihn gewähren lassen? Ihn gegen seinen freien Willen mit lebenserhaltenden Infusionen versorgen? Jedenfalls verfügen hier Menschen über das Leben.

Vielleicht waren die bisher vorgetragenen Fragen einigermaßen ausgefallen. Es gibt auch alltäglichere.

Zu nennen ist der Schwangerschaftsabbruch. Man hat die Gesetze geändert, um nicht ganze Heerscharen von Straffälligen zu haben und um die trotz allem geplanten Abtreibungen in legaler Weise durch Mediziner vornehmen zu lassen. Das ändert nichts an der Tatsache, daß unzählige Mütter, Väter, Ärzte und Sozialarbeiter, Berater und Hilfesuchende samt den mit ihnen arbeitenden Hilfskräften über ungeborenes Leben verfügen. Die Unterschiede der Indikationen, etwa zwischen der sog. sozialen und der sog. kindlichen, werden dabei nicht vergessen. Sie ändern an der Problematik nichts.

Hingewiesen werden soll auch auf die Euthanasie, die sog. Tötung auf Verlangen. Immer lautstarker wird sie als Ausdruck modernen Selbstverständnisses des Menschen reklamiert unter dem humanen Deckmantel des Rechts auf den eigenen Tod.

Es geht beim Verfügen über das Leben nicht allein um Tötung. Auch das Eingreifen in den natürlichen Ablauf des Lebens gehört dazu. Wie soll man es mit der Gentechnologie halten? Sind Eingriffe aus therapeutischen Gründen ethisch zu verantworten?

Fällt nicht auch die Reanimation unter das Verdikt über die Verfügbarkeit des Lebens? Wann und wie lange soll man künstlich beatmen und ernähren? Der Fall der Ann Quinlan in den USA gibt zu denken.

Der Fragen sind es genug. Die vorgelegte Auflistung ist keineswegs vollständig. Sie könnte weitergeführt werden und wird auch ständig durch den konkreten Alltag ergänzt. Überdies soll die Reihenfolge keine Rangabstufung bedeuten.

Wie weit reicht die Unverfügbarkeit des Lebens oder anders gefragt, wann und wie darf der Mensch über das Leben verfügen? Nach welchen Kriterien muß er sich richten?

Reflexion

Die Verfügungsgewalt des Menschen in einem wesentlichen Bereich steht in Frage. Demnach ist das Menschenbild, das der Ethik zugrunde liegt, relevant. Da Ethik Normwissenschaft ist, muß sich sittliches Verhalten aus ihrem Selbstverständnis heraus argumentieren lassen. Schließlich ist der Stellenwert des Lebens innerhalb der Sittlichkeit auszuweisen.

Das christliche Menschenbild

1) Verdankte Existenz

Der Mensch erfährt sich als wirklich existent. Er *ist*. Aber er erfährt ebenso seine Abhängigkeit. Er ist zwar in sich selbst stehend, geht aber nicht aus sich selbst hervor. Niemand gibt sich das Leben selbst; er hat es woanders her. Daß dieses sein Leben anders ist als das seiner Umgebung, sieht er. Er unterscheidet sich von den anderen Lebewesen, spürt sein Anderssein, das Besondere. Sein personales Leben kann ihm freilich nur von jemand zueigen geworden sein, der selbst Person ist. Er ist »verdankte Existenz«, wie K. Rahner sagt.

Das weist weiter: Menschliche Existenz als personaler Vorgang kann tiefer gefaßt werden: als Begegnung in Liebe. Der Mensch weiß sich angesprochen. Er spürt in seinem Innersten, daß er in Pflicht genommen ist und Antwort geben muß. Zugleich merkt er, daß sein Gegenüber nicht als ein despotischer Herr über ihm steht, sondern ihm als liebender Vater begegnet. Das bestätigt ihm die Offenbarung Gottes: Die tragende Kraft dieser Welt ist die Liebe.

Treffend muß man also vom Menschen sprechen als dem geliebten Wesen.

2) Verfügbarkeit als Ausdruck des Personseins

Damit ist schon etwas über die Größe des Menschen ausgesagt: daß Gott ihn liebt; daß er ihn als Kind annimmt; daß der Mensch Du zu ihm sagen darf; daß er in ihm einen Vater hat.

Zu dieser Größe gehört, daß alles Geschaffene auf den Menschen hingeordnet ist. In ihrer eigenen Erzählweise spricht davon die Bibel auf ihren ersten Seiten. Nie hat der Mensch diese seine herausragende Stellung vergessen. Der Psalmist jubelt: »Du hast ihn nur wenig geringer gemacht als Gott, hast ihn mit Herrlichkeit und Ehre gekrönt« (Ps 8,6). Aber all dieser Glanz ist nur der Widerschein der Herrlichkeit des Schöpfers. Der Mensch hat Eigenwert, dennoch bleibt er Geschöpf. Mag auch die ganze Welt auf ihn zentriert sein, er ist nur *relative* Sinnmitte der Schöpfung. Mit aller Kreatur, über die er befindet, ist er rückbezogen auf den Schöpfer. Ziel der Schöpfung ist die *Verherrlichung Gottes,* die Anerkenntnis der Tatsache, daß Gott der unumschränkte Herr ist. Dieses Ziel kann der Mensch erkennen. Er muß es auch anerkennen! Er hat zur Verfügung zu stehen. Menschliches Herrschen in dieser Welt heißt also nichts anderes als Dienen.

Verfügen bedeutet, etwas jederzeit beliebig verwenden zu können. In der Rechtssprache versteht man darunter ein Rechtsgeschäft, das unmittelbare Rechte überträgt, belastet oder aufhebt. Solch ein Verfügungsrecht hat der Schöpfer dem Menschen hinsichtlich des Lebens nicht verliehen. Im Gegenteil reklamierte er für sich speziell dieses Recht nach Gen 3,22f! Adam hat nur das Leben wie alle anderen Geschöpfe neben ihm. Das wird drastisch klargemacht. Und als Kain sich anmaßt, diese Ordnung selbstherrlich aufzuheben, wird er unmißverständlich in die Schranken verwiesen (Gen 4,8-16). Das Leben ist dem Menschen zwar anvertraut, aber er muß Rechenschaft über seine Verwaltung geben.

Verfügen besagt auch Hingeben-können. Dies umschließt die Fähigkeit und die Bereitschaft des Menschen, alles, u.U. auch das Leben, um eines höheren Gutes willen dranzugeben. So wird Verfügen über das Leben zur Tat der Liebe. Es ist etwas Großes, sich verfügbar zu halten, für den liebenden Anruf eines geliebten Du. Darum kann es letztlich nichts Größeres geben, als sich Gott mit seinem ganzen Leben zur Verfügung zu stellen. Verfügen muß endlich als Dienst an der Sache verstanden werden. Gen 1, 28 wird gern als Übertragung des Verfügungsrechtes über die Welt auf den Menschen verstanden. Doch stimmt dem die Exegese zu? N. Lohfink hat sich eingehend mit dieser Stelle und den einschlägigen Darlegungen anderer Fachleute dazu befaßt.[7] Er sagt: »Man wird den Text ... am besten möglichst undramatisch übersetzen, etwa ... › Nehmt sie (d.h. die Erde) in Besitz ‹. Und man wird das so verstehen, daß die Menschheit, wenn sie einmal so gewachsen ist, daß sie aus vielen Völkern besteht, sich über die ganze Erde verteilen und jedes Volk sein Territorium in Besitz nehmen soll ... Sind die Völker im Besitz ihrer Länder, dann sollen sie dort herrschen, und zwar über die *Tiere*. Mit dieser Idee schließt Gen 1, 28 ab.« Lohfink fragt selbst weiter, was denn hiermit gemeint sei, und antwortet: »Wir können jede Art von Ausbeutung der Tierwelt durch Jagd oder Schlachtung von vornherein ausschließen.« An dieser Stelle müsse es sich »um etwas viel Friedlicheres und Normaleres handeln.«[8] Nach Lohfink wird der Mensch hier »als der bezeichnet, der, sobald er in seinem Land ansässig ist, die Tiere regieren soll, und das geschieht offenbar, indem er sie auf die Weide führt, als Zugtiere benutzt, ihnen Befehle gibt, die sie ausführen, mit einem Wort: indem er sie domestiziert.«[9] Mehr scheine nicht gesagt zu werden, hält Lohfink gegen andere Exegeten fest. Gen 9, 2 müsse allerdings »als eine Revision der ursprünglichen Verhältnisbestimmung für die Beziehung zwischen Mensch und Tier« angesehen werden. Denn es werden Formulierungen aus der Sprache des Krieges verwendet, was darauf schließen lasse, daß durch die nachsintflutliche Erlaubnis, Fleisch zu essen, ein kriegsähnliches Verhältnis zwischen Mensch und Tier geschaffen wurde. Der Mensch bleibe zwar Sieger; aber die Ausrottung ganzer Tierarten sei deshalb keineswegs gestattet. Im Hinblick auf Gen 1, 28 könne man nur sagen, »daß dort mit der universalen Domestikation der Tierwelt zugleich so etwas wie ein paradiesischer Tierfrieden gemeint war, der aber von der Sintflut ab nicht mehr in Frage kommt. Was nach der Sintflut als Tierdomestikation existiert, muß wohl als Restbestand des Friedens betrachtet werden. Es ist aber immer gemischt mit Krieg.«[10]

---

7 N. Lohfink, »Macht euch die Erde untertan?« In: Orientierung 38 (1974) 137—142; ders., Die Priesterschrift und die Grenzen des Wachstums. In: StdZ 192 (1974) 435—450.
8 N. Lohfink, »Macht euch die Erde untertan?«, 139.
9 N. Lohfink, a.a.O.
10 N. Lohfink, a.a.O.

Was bringen diese Erkenntnisse der Exegese für die Moraltheologie? »Die Lehre vom Menschen, die oft aus Gen 1,28 herausgelesen wurde, findet sich dort nicht. Man darf diesen Text nicht zur Legitimierung dessen verwenden, was die Menschheit in der Neuzeit begonnen hat und dessen bitterböse Folgen sich nun am Horizont anzudeuten scheinen«, konstatiert Lohfink. Wer mit Berufung auf diesen Bibeltext glaube, der Mensch sei allmächtig und besitze ein Gehirn, »das ihm nicht nur die Fähigkeit, sondern auch das Recht gibt, alle anderen Geschöpfe und alles, was die Welt zu bieten hat, ohne Rücksicht auf die Folgen auszubeuten«, irre gewaltig.[11] Und das gelte keineswegs nur für den »vortechnischen Erfahrungshorizont«, stellt Lohfink ausdrücklich fest. Auch für den Verfasser der Priesterschrift habe es »Erfahrung der Technik, der rationalen Organisation des Zusammenlebens und der Grenzen menschlicher Lebensmöglichkeiten« gegeben. Nur habe die Technik nicht in den unmittelbaren Zusammenhang mit dem Schöpfungssegen gehört. Denn am Anfang des Buches Exodus werde die technische Zivilisation, allerdings in ihrem negativen Aspekt, gezeichnet.[12] »In positiver Weise erscheint die Technik in der priesterschriftlichen Darstellung der Sinaiereignisse.«[13] Sachverstand wird herausgestellt, Kunstfertigkeit bewundert, Bildung unterstrichen, Wissen und handwerkliches Können werden anerkannt. »Der leitende Techniker wird geradezu enthusiastisch eingeführt.«[14] Es handelt sich um Gaben Gottes, die einzelnen Menschen gegeben werden.

Die Leistungen von Technik und Kultur gehen also genau besehen auf Gott als Urheber zurück. Alles Schaffen des Menschen hat der Verherrlichung Gottes zu dienen. Was ist es also mit dem Verfügungsrecht des Menschen über das Leben in der Welt im Lichte der Exegese von Gen 1,28? Wieder soll N. Lohfink zitiert werden: »Wir können also sagen: Sobald die Herrschaft des Menschen über die Natur zu einer Herrschaft von Menschen über Menschen, und zwar im Sinne der Ausbeutung von Menschen durch Menschen wird, sagt Gott sein Nein. Da von der heute stattfindenden, immer größeren Ausbeutung und Beherrschung der Natur keineswegs alle Menschen in gleicher Weise Nutzen haben, der größere Teil der Menschheit vielmehr durch den ganzen Prozeß eher benachteiligt und in seinen physischen und geistigen Lebensmöglichkeiten eher beschnitten wird, damit es dem kleineren Teil besser gehe, ist wohl deutlich, was dazu aus der Priesterschrift zu erheben ist. Und in dem Maß, in dem der Mensch heute den Menschen selbst ausbeutet, wenn er angeblich nur seine Herrschaft über die Natur erweitern will, wird man sicher niemals sagen können, dies sei — wenn nicht explizit, so doch wenigstens keimhaft — schon in dem Schöpfungssegen von Gen 1,28

---

[11] N. Lohfink, a.a.O.
[12] N. Lohfink, a.a.O. 140.
[13] N. Lohfink, a.a.O.
[14] N. Lohfink, a.a.O.

grundgelegt. Die Exodusdarstellung der Priesterschrift beweist das Gegenteil.«[15] »Ihre Sinaiperikope zeigt, daß der Mensch zwar diese Welt verwandeln soll, aber in ein Abbild eines himmlischen, mit dem Werk der ersten sechs Tage in Harmonie stehenden Modells. Durch diese Verwandlung soll es möglich werden, daß Gott unter den Menschen wohnt. Nicht der Mensch, sondern Gottes Wohnen unter den Menschen ist nach der Priesterschrift › telos, Ende und Ziel des Weltgeschehens ‹.« Die jüdisch-christliche Tradition denkt sehr hoch vom Menschen, schließt N. Lohfink seine Ausführungen zu Gen 1, 28, »aber nie würde sie ihn zum absoluten Herren des Kosmos stilisieren«.[16]

Die Herr-lichkeit des Menschen kann schon seiner Kreatürlichkeit wegen nur Abglanz der Herrlichkeit des Schöpfers sein. Wo immer der Mensch über sich, seine Mitmenschen, die lebendige Kreatur und die materielle Umwelt verfügt, muß er sich in Dienst genommen wissen. Selbstherrlichkeit wäre ein fataler Irrtum.

Sorgfältige Exegese bestätigt also, daß nach dem Schöpfungsplan, gemäß der Aussage des Alten Testaments, dem Menschen eine Führungsrolle in dieser Welt zugewiesen ist. Er darf die geschaffene Kreatur im Rahmen des Weltplanes zu eigenem Nutzen gebrauchen.

Allerdings kommt ihm kein unumschränktes Herrscherrecht zu. Er steht selbst in Pflicht. Er soll die Idee des Schöpfers immer mehr verwirklichen.

Das eigentliche Ziel der Schöpfung ist die Kabod Jahwe, die Verherrlichung Gottes. Dabei muß hier das Wort *Herr* eigens betont werden: Es geht um die Anerkenntnis der Herrschaft, der »Herrscherlichkeit« Gottes.

So sieht es auch das Neue Testament. Christus ist gekommen, die Welt dem Vater zu unterwerfen. »Alles gehört euch; ihr aber gehört Christus und Christus gehört Gott.« Wie ein roter Faden durchzieht die neutestamentlichen Schriften dieses »ad gloriam Dei Patris per Christum Dominum nostrum in Spiritu Sancto«.

Der Mensch ist Sinnmitte dieser Welt, aber dies nur relativ. Auf ihn ist alles insoweit orientiert, als es sein Leben ermöglicht. Er selbst wiederum bleibt rückbezogen auf Gott, den eigentlichen Souverän!

Darum ist das oberste Kriterium der rechten Ausübung seiner Verfügungsgewalt in der Welt für den Menschen die Anerkenntnis des Willens Gottes. Gott hinwiederum, das absolute Gute, will, daß alles in sich gut ist.

Was aber ist gut, wenn der Mensch über etwas verfügt?

Aus den bisherigen Darlegungen folgt, daß gut ist, was dem Wesen der Schöpfungs- und Erlösungsordnung entspricht. Das ist dann eigentlich »sachgerecht«, weil schöpfungskonform, wo es um die materielle Umwelt

---

[15] N. Lohfink, a.a.O. 140.
[16] N. Lohfink, a.a.O. 141.

und die Tierwelt, und »personengerecht«, wo es um die personale Mitwelt des handelnden Menschen geht. Dabei darf nicht außer acht gelassen werden: Mitwelt und Umwelt sind zielgerichtet auf Gott. Überall dort, wo sie mißbraucht werden, werden sie »zweckentfremdet«! Wer das tut, handelt wider den eigentlichen »Sinn der Sache«, weil er Gottes Plan stört, wenn nicht sogar punktuell zerstört. Darum wäre ein solches Verfügen sittlich schlecht. Wo dagegen Gott auch in der Leibhaftigkeit irdischer Wirklichkeit verherrlicht oder wenigstens etwas zur Gloria Dei beigetragen wird, was ja nie und nimmer entgegen der Ordnung Gottes geschehen kann, dort handelt der Mensch gut.

So rundet sich das Bild der Verfügbarkeit des Menschen ab in jenem Verständnis von Verantwortung, die eigentlich nichts anderes ist als die Rückantwort der Liebe. Dabei bleibt es keineswegs der Lust und Laune des Menschen überlassen, sich dieser Pflicht zu unterziehen oder nicht. Er ist einer absoluten, seinem eigenen Zugriff entzogenen Instanz unterworfen, die wir das Gewissen nennen.[17] M. Weber hat als ethischen Leitsatz aufgestellt: »daß man für die voraussehbaren Folgen seines Handelns aufzukommen habe.«[18] Der verantwortliche Mensch, d.i. der sittlich handelnde Mensch, muß sein Tun in einen größeren Sinnzusammenhang gestellt sehen und hat sich selbst dem Urteil eines für ihn unantastbaren Höheren zu unterwerfen. Das lehrt ihn auch seine eigene Erfahrung.

Menschliches Leben ist immer verantwortetes Leben. Dennoch ist menschliches Versagen nicht auszuschließen. Wie leicht sündigt der Mensch und verfehlt das ihm gesteckte Ziel!

Gut — und hier schließt der Kreis der Reflexion über den Menschen — daß der Mensch Geschöpf der Liebe ist! So kann er Gnade erwarten, wenn er sich dereinst vor dem Schöpfergott verantworten muß.

Das Selbstverständnis der Moraltheologie

1) Moraltheologie als Glaubenswissenschaft:

J.S. Drey, einer der Großen der Tübinger Schule des vorigen Jahrhunderts, hat die Moraltheologie als »umgewandte Dogmatik« bezeichnet.[19] Am Beginn der Neuzeit erst aus organisatorischen Gründen als selbständiger Zweig der systematischen Theologie von der Dogmatik abgetrennt, hat sie zur Aufgabe, durch wissenschaftliche Forschung und lernbereites Lehren dem Getauften bei der Verwirklichung seines Lebens aus Chri-

---

[17] Vgl. Röm 2, 15.
[18] M. Weber, Politik als Beruf (1919). In: ders., Gesammelte Schriften, hrsg. v. J. Winckelmann, Tübingen 1958, 539f.
[19] J. S. Drey, Kurze Einleitung in das Studium der Theologie mit Rücksicht auf den wissenschaftlichen Standpunkt und das katholische System, Tübingen 1819, Nachdruck Frankfurt/M. 1966, 175f.

stus, das durch sein neues Sein in Christus ermöglicht ist, zu helfen. Von rein innerweltlichen Ethiken unterscheidet sie sich jedoch nicht nur durch die Aufgabenstellung, sondern auch durch ihre Quellen, aus denen sie ihre Aufgabe ableitet. Das sind neben der Vernunft die Heilige Schrift und die Lehrüberlieferung der Kirche sowie das lebendige sittliche Bewußtsein der Gläubigen.[20]

2) Nicht Gebotsmoral, sondern Verantwortungsethik:

Da Moraltheologie den konkreten Lebensvollzug geschichtsbedingter Menschen kritisch erfaßt, wird sie bei durchaus bewußt anerkannter Verwurzelung in der Überlieferung sittlicher Grundsätze des Corpus Christi mysticum die konkrete Erfahrung der glaubenden Gemeinde und ihr — freilich zeitbedingtes — Verständnis von Berufung zum christusförmigen Leben widerspiegeln.[21] Rechtes sittliches Verhalten ist nicht gleichbedeutend mit blinder Erfüllung unverstandener Gebote. Also bemüht sich Moraltheologie, dem je einzigartigen Menschen in seiner sozialhistorischen Verflechtung bei der Suche nach einer persönlichen, verantwortungsbewußten Haltung vor Gott gegenüber sich selbst, der personalen Mit- und der sonstigen kreatürlichen sowie materiellen Umwelt zu helfen. So verstanden ist Moraltheologie nicht die permanente Bedrohung des sich seiner Schwäche bewußten Menschen, sondern vielmehr Heilsdienst.

3) Normorientiertes Handeln setzt Kriterien voraus:

Johannes Paul II. fordert, daß die naturwissenschaftlichen Forschungen »moralischen Prinzipien und Werten unterworfen sein müssen die die Würde des Menschen in ihrer ganzen Fülle achten und verwirklichen«.[22] Soll der Mensch sittlich gut handeln, dann müssen ihm Maßstäbe zur Verfügung gestellt werden. Maßgebend ist allein der Wille des Schöpfers, der in der Schöpfungsordnung kundgetan ist. Daß darin nicht kalte Gesetzlichkeit waltet, ist offenkundig. Die Offenbarung der Heiligen Schrift unterstreicht das. Die Liebe ist die tragende Kraft der Welt, dem steht eine Ordnung nicht entgegen. »Gerechtigkeit als Liebe«[23] kann daher das Moralprinzip lauten, von dem her konkret die Normen für das sittliche Leben abgeleitet werden müssen.

Zwei Leitlinien könnten dabei als hilfreich angeführt werden:

a) das *Totalitätsprinzip*. Es besagt kurz gefaßt folgendes: Die einzelnen Glieder des Leibes gehören total, gänzlich in jeder Hinsicht dem Leibe

---

20 Vgl. J. Ratzinger, »Adventsbrief«, München 8. 12. 1980, 9.
21 Vgl. B. Häring, Frei in Christus I, Freiburg–Basel–Wien ³1979, 74, 101f, 104, 108.
22 AAS 75 (1983) 38.
23 Vgl. K.-H. Kleber, Gerechtigkeit als Liebe. Die Moraltheologie Herkulan Oberrauchs OFM (1728–1808) (MSH 7), Düsseldorf 1982.

an. Darum dürfen sie bis hin zu ihrer Vernichtung in den Dienst der Gesunderhaltung des ganzen Leibes gestellt werden. Im Gegensatz dazu gehören die einzelnen Personen zwar als Ganzes (totum), aber nicht gänzlich (totaliter) zum moralischen Organismus einer menschlichen Gemeinschaft (Staat oder Familie). In ihr gilt das Totalitätsprinzip nicht! Weder der Staat noch eine andere menschliche Organisation haben eine direkte und unbegrenzte Verfügungsgewalt über den Menschen und dessen Leib.

b) Das *Solidaritätsprinzip*. Man versteht darunter »das sittliche Prinzip der Gemeinhaftung der Glieder miteinander für das Wohl des Ganzen und der Glieder untereinander im Rahmen des Ganzen«. Es setzt voraus, daß die Glieder einer Gemeinschaft untereinander für das Ganze und im Ganzen verbunden sind.[24] B. Häring sagt: »Ohne eine radikale Bekehrung zur Solidarität in Hoffnung und Hoffnung in Solidarität können die Voraussetzungen für schöpferische Freiheit und Treue nicht geschaffen werden.«[25]

Leben als Grundbegriff und Grundwert

1) Das rein biotische Leben ist ein kostbares Gut. Das haben die Menschen von jeher gewußt. Wie sehr sie sich eh und je darum sorgten, beweist schon ihr Verhalten in frühgeschichtlicher Zeit. Funde belegen das eindrucksvoll.
Wie dürftig nimmt sich da die Beschreibung eines modernen Lexikons aus: »Leben, stationärer › Zustand ‹ eines materiellen Systems komplizierter chemischer Zusammensetzung, der aus einem Zusammenwirken aller Einzelbestandteile auf Grund physikalischer und chemischer Wechselwirkungen resultiert. Allen Lebenwesen gemeinsam sind folgende Merkmale: Stoffwechsel, Fortpflanzung, Veränderung der genetischen Information, Aufbau aus einer oder mehreren Zellen, Besitz bestimmter Strukturen innerhalb der Zellen, Ablauf bestimmter biochemischer Reaktionen. Diese Gemeinsamkeiten weisen auf einen gemeinsamen Ursprung des Lebens hin, was besonders durch die Universalität des genetischen Codes sowie der Aufbauprinzipien der makromolekularen Strukturen belegt wird.«[26] Allerdings unerheblich, auch für die hier zu behandelnde Problematik, ist eine solche Darstellung nicht. Aber es bleiben Fragen: Wann fängt Leben an? Wann endet es? Gibt es »lebensunwertes« Leben, wie behauptet wird? »In naturwissenschaftlicher Hinsicht«, sagt W. Bröker, »kann eine gültige Antwort auf die Frage nach dem Leben noch nicht gegeben werden«, obwohl eingehende Charakterisierungen des daran Ty-

---

[24] Mausbach-Ermecke, Katholische Moraltheologie III, Münster [10]1961, 49.
[25] B. Häring, Frei in Christus II, Freiburg 1980, 378.
[26] Leben. In: Mayers Großes Taschenlexikon Bd. 13, Mannheim 1981, 32.

199

pischen möglich sind.[27] Auch naturphilosophisch tun sich mehr Fragen auf, als beantwortet werden können.[28]

2) Leben ist mehr als rein biotisches Leben

Nirgendwoanders erfährt der Mensch so sehr seine Kreatürlichkeit wie am Leben selbst. Er kann es sich nicht geben, er kann es nicht zurückholen. Er ist verdankte Existenz, wie aufgezeigt wurde. Nur einer, der ganz anders ist, der das Leben in der Fülle hat, dem es wirklich zueigen ist, kann es schenken. Der religiöse Mensch nimmt es dementsprechend als Gabe von Gott an. So sieht es auch die biblische Erzählung. Wenn auch die alttestamentlichen Theologen sich in einer gewissen Scheu zurückhalten, wo sie über die Herkunft des Lebens sprechen. »Man hat sich in Israel religiös offenbar wenig mit der Urgeschichte des Lebens befaßt«, sagt Gerhard von Rad, »man wußte von der letzten Quelle, aber ungleich wichtiger war für den Lebenden die aktuelle schlechthinnige Gebundenheit seines Lebens an Gott: Er ist der Herr über Leben und Tod, er führt das Lebensbuch. Und da er für Israel der war, der dem Volk seinen Bund und seine Weisung gegeben hatte, kam es von selber zu der Folgerung, daß Erhaltung oder Verlust des Lebens sich an der Stellung zu seinem *Wort* entscheidet.«[29] Aus diesem Glauben heraus sucht Israel das Leben in der Treue zu Gottes Wort, »denn dieses Wort ist kein leeres Wort, sondern es ist euer Leben«, heißt es Dtn 32, 47. War ursprünglich der Besitz des Lebens als das höchste Gut begriffen worden — ein Werturteil, das sich durch das ganze AT zieht —, so hätte Israel doch längst lernen sollen, daß es letztlich nicht um dieses irdische Leben geht. Dtn 8, 3: »Er wollte dich erkennen lassen, daß der Mensch nicht nur von Brot lebt, sondern daß der Mensch von allem lebt, was der Mund des Herrn spricht.« Mit großer Deutlichkeit haben dies die Propheten herausgearbeitet.[30] »Israel hat schon das elementare Leben grundsätzlich vom Gnadengedanken her verstehen sollen. Es ist ihm nicht nur ein Exponent, sondern die elementarste Grundlage des Heilszustandes. Nur durch den Glauben, d.h. durch das Festhalten an dem Heilsgott, wird der Gerechte das Leben haben.«[31] Wo das Neue Testament vom Leben spricht, geschieht es zunächst im Rahmen der alttestamentlichen Tradition. Menschliches Leben findet seinen letzten Sinn nicht in sich selbst. Die Lebensführung muß dem Schöpfungsplan Gottes entsprechen. Der Mensch, vorab der gläubige,

---

[27] W. Bröker, Leben. In: Herders Theologisches Taschenlexikon Bd. 4, Freiburg 1972, 278.
[28] Vgl. a.a.O. 280.
[29] G. v. Rad, ζάω. B. Leben und Tod im AT. In: Kittel, ThWNT II, 846.
[30] Am 8, 11ff; Ez 3, 18f; 14, 13ff; Jer 38, 20; Am 5, 4.
[31] G. v. Rad, a.a.O. 849.

soll sein Leben nicht für sich leben, sondern für Gott bzw. für den *Kύ-ριος*.[32] Würde er für sich leben wollen, so würde er für die Sünde und den Tod leben.[33] Das eigentliche, das wahre Leben ist das künftige nach dem Tod, das in der Auferstehung der Toten dem Menschen am Ende der Zeit geschenkt wird. Durch sein Verhalten im irdischen Leben muß der Mensch sich dessen würdig erweisen. Eigenmächtig nehmen kann er es sich nicht! Die Souveränität Gottes wird unmißverständlich herausgestellt. So ist alles Leben zielgerichtet. Es steht in der eschatologischen Spannung des Zwar-schon, aber doch Noch-nicht. Obwohl es dem Menschen zur freien Gestaltung überantwortet ist, trägt er dafür Verantwortung und wird dereinst vor Gott Rechenschaft darüber geben müssen.

3) Leben als Gabe und Aufgabe

Verdankte Existenz besagt, daß dem Menschen das Leben geschenkt ist. Die christliche Tradition sieht damit eine Aufgabe verknüpft.»Im Johannesevangelium ist das Leben ein Grundbegriff und Grundwert. Menschliches Leben ist der Gipfelpunkt der Schöpfung im Worte Gottes, deren Erhabenheit sich in der Menschwerdung des Wortes Gottes voll offenbart (Joh 1,14). In seinem leiblichen Leben verherrlicht Jesus den Vater, insbesondere durch die Hingabe des Lebens als höchsten Erweis seiner Liebe für seine Freunde (Joh 15,3). In ebendiesem Leben vollendet sich das Geheimnis der Erlösung ... Jesus nennt sich › das Brot des Lebens ‹; er ist Lebensquelle für die anderen. Er offenbart sich ... als den Träger und Bringer des wahren Lebens ... Darum gehört es zur Grunderfahrung des Jüngers Christi, daß er Sinn und Wert des Lebens nur im Dienste Gottes und der Mitmenschen ergreifen kann ... (Röm 14,7-8) ... Die Wahrheit unseres Lebens lichtet sich in dem Maße, als wir dem Leben der anderen dienen. Leben ist der Freiheit und Mitverantwortung der Menschen anvertraut. Wir sind nicht unabhängige Herren unseres Lebens, sondern Verwalter unter der Oberhoheit Gottes. Verantwortung für das eigene Leben und Mitverantwortung für das Leben anderer zu übernehmen, ist ein ursprünglicher Ausdruck der Bundestreue. Mitsorge für das Leben anderer, verantwortliche Weitergabe und Pflege des Lebens sind Bezeugung des Ein-Gott-Glaubens, lebenswahrer Ausdruck unseres Bewußtseins, daß wir im Ja zu Gott uns als seine Familie betrachten.«[34] Einen besonderen Akzent erhält das christliche Verständnis vom Leben dadurch, daß es als Transitus, als Übergang, angesehen wird. Damit bekommt eine bestimmte Phase des Lebens eine neue Dimension: das Sterben, der Tod.»Leiden und Tod«, so formuliert Gemma Hinricher,»ja gerade gewaltsames Leiden und Sterben, das menschlich gesehen den

---

[32] Röm 14,7; 2 Kor 5,15; Gal 2,19, vgl. 1 Petr 2,24.
[33] 2 Kor 5,15; Röm 6,2; vgl. R. Bultmann, *ζάω*. D. Der Lebensbegriff des Judentums. In: Kittel, ThWNT II, 864.
[34] B. Häring, Frei in Christus III, Freiburg 1981, 21f.

Menschen zutiefst entwürdigt und entrechtet, schließt von Gott her gesehen ungeheure Möglichkeiten der Verwandlung in sich, wenn dieser Tod nur hineingegeben wird in den Tod unseres Herrn am Kreuz, des Entrechteten schlechthin«. Sie sagt weiter:»Daß aus Tod Leben werden kann, läßt uns durchstoßen zu der grundlegenden Realität, daß unser aller Leben ein Leben aus dem Tod Christi ist. Und von ihm her kann durch unser gegenwärtiges Leben Vergangenheit heil werden, in eine heilere Zukunft überführt werden, weil die Hoffnung, die aus dem Tod Christi kommt, Vergangenheit, Gegenwart und Zukunft heilend umgreift.«[35]

Konkretion

Moraltheologie kann sich nicht mit der theoretischen Reflexion begnügen. Als handlungsorientierte Wissenschaft muß sie die Anwendbarkeit der erarbeiteten Überlegungen nachweisen. Das kann wegen der gebotenen Kürze hier nur exemplarisch erfolgen. Allerdings sind auch schon einige Beispiele ausreichend. Denn wenn an ihnen die Probe aufs Exempel stimmt, dürfte auch für andere Fälle der Beweis der Richtigkeit der Theorie erbracht sein.
Freilich muß ein jeder ganz persönlich die Anwendung in einer konkreten Situation seines Lebens vollziehen und verantworten. Moraltheologie entmündigt nicht!
Die Beurteilungskriterien wurden in der Reflexion gewonnen: Jede Ethik geht aus von einem bestimmten Menschenbild. Für den christlichen Moraltheologen ist der Mensch geliebtes Geschöpf Gottes. In dieser Liebe liegt alles umschlossen, was eine Sittlichkeitslehre fordert, die sich als Glaubenswissenschaft versteht. Dem personalen, geschaffenen Wesen eignet eine unverwechselbare Größe. Doch ist es zur Rechenschaft verpflichtet. Der Mensch hat seinen Platz in einer ihm vorgegebenen Ordnung und nur dort, wo er die je eigene Position sachlich richtig, d.h. dem Gesamtschöpfungsplan gemäß, einnimmt, entspricht er dem eigentlichen Entwurf. Es geht also dabei nicht bloß um die Einhaltung einiger Verhaltensmaßregeln im Sinne einer Erfüllungsethik, sondern um die eigenverantwortete Verherrlichung Gottes, d.h. die in aller Liebe rechte, nicht selbstgerechte Einschätzung des Menschen. Das Leben bekommt von daher seinen eigenen Stellenwert als Gabe und Aufgabe. Zweifellos rangiert es in der innerweltlichen Werteskala an sehr hoher Stelle. Doch es ist eingebettet in einen Gesamtplan, der über die Schöpfungsordnung hinausweist in die Heilsordnung, die Christus geoffenbart hat. Deshalb kann Leben an sich nicht uneingeschränkt als der höchste aller Werte an-

---

[35] G. Hinricher, Dankeswort. In: 25 Jahre Katholische Akademie in Bayern, Sonderdruck Nr. 7, München 1982, 20. Das erste Zitat bei F. Henrich, Preisbegründung und Laudatio zum Romano Guardini Preis 1982, a.a.O. 17.

gesprochen werden. Das Hauptgebot christlicher Sittlichkeit, die Liebe zu Gott und dem Nächsten, kann den Einsatz des Lebens fordern für einen anderen Menschen oder um eines noch höherwertigen Gutes willen, etwa der Treue zum Glauben. »Die Pflicht, sein Leben auch unter schwersten äußeren oder inneren Belastungen zu erhalten, die Materialität der Handlung«, sagt J.G. Ziegler, »darf bzw. muß unter Umständen gemäß der Rangordnung der Werte höheren sozialen, geistigen Zielen nachgeordnet werden, z.b. der Verherrlichung Gottes im Martyrium, einem sozialen Einsatz für die Gemeinschaft, der Notwehr oder der Erfüllung von Berufspflichten u.U. durch den Arzt oder den Seelsorger. › Eine größere Liebe hat niemand, als wer sein Leben hingibt für seine Freunde ‹ (Joh 15,13).«[36] Zweifelsfrei verfügt auch in einem solchen Fall der Mensch über das Leben. Aber er tut es nicht aus Überheblichkeit, sondern im Dienst der Sache.

Aus der Fülle der möglichen Problemstellungen im Alltag sollen drei herausgegriffen werden. Die Auswahl geschieht nicht wegen einer besonderen Bedeutung. Es soll damit auch keine Rangordnung angedeutet werden. Vielmehr wurden diese drei gewählt, weil sie augenblicklich in den Vordergrund der allgemeinen Diskussion getreten sind.

1) Schwangerschaftsabbruch

Nach der einhelligen Überzeugung der Embryologen entwickelt sich von der Gametenverschmelzung an stets ein spezifisch menschliches Wesen, das in allen Einzelheiten für seine künftige Entwicklung vorprogrammiert ist und das auf zahlreiche Reize reagiert, bei dem man auch Gefühlsempfindungen nachweisen kann. »Die Geschichte des Menschen und seiner Personalität beginnt nicht erst mit der Geburt. Was vorher geschieht, ist für das spätere Leben tief eingeprägt und bleibt prägend. Der Mensch ist Mensch von Anfang an.«[37] Entsprechend urteilt das Bundesverfassungs-gericht: »Der Nasziturus ist ein selbständiges menschliches Leben, das unter dem Schutz der Verfassung steht.«[38] Zu Unrecht hat N. Greinacher behauptet, daß hiermit Andersdenkenden ein christliches Menschenbild aufgedrängt werden solle.[39] »Vielmehr steht hier zur Diskussion, ob Christen und Nicht-Christen in unserem Volk bereit sind, sich die Erkenntnisse der modernen Biologie und Anthropologie über das Wesen der menschlichen Embryogenese anzueignen und gemeinsam daraus die

---

[36] J.G. Ziegler, Hungerstreik und Zwangsernährung bei Häftlingen. Moraltheologische Aspekte. In: ThGl 73 (1983) 11f.
[37] Die Deutschen Bischöfe, Dem Leben dienen. Die Deutschen Bischöfe zur Situation nach der Änderung des §218. Hrsg. v. Sekretariat der Deutschen Bischofskonferenz, Bonn 1979, 10.
[38] BVG Urteil vom 25.2.1975.
[39] N. Greinacher. In: »Konkret« vom 29.3.1972, 11.

der Sache gemäßen Folgerungen für Recht und Sitte in deutschen Landen zu ziehen.«[40] Wann immer und aus welchem Grund, gleichgültig auch durch welche Eingriffe eine Schwangerschaft abgebrochen wird, wird dabei unzweifelhaft eigenmächtig über fremdes Menschenleben verfügt. Nach den o.g. Kriterien überschreitet dabei der Mensch ganz entschieden seine Befugnis. Vor einer solchen sittlichen Fehlentwicklung hatte R. Guardini schon 1947 gewarnt.[41] Die Neufassung des § 218 StGB hat — wie befürchtet — zu einer Bewußtseinsveränderung in breiten Schichten des Volkes geführt, die man als Anspruchshaltung charakterisieren muß. Sie wird durch die Medien und interessierte Gruppen ständig neu indiziert und gefördert. Auf Gesetzgebungsorgane und Gerichte werden ebenso wie auf Ärzte und Pflegepersonal ständig massive indirekte Zwänge ausgeübt. Der Indikationenkatalog, den man sich zurechtgelegt hat, um wenigstens vor dem Strafgesetz Rechtfertigung für sein Handeln zu finden, zeugt nur von einer offenkundigen Unruhe des Gewissens. Sehr deutlich formuliert H. Hepp:»Mit Blick über die betroffenen Eltern hinaus auf das nachgewiesen oder nur vermutet kranke Kind haben wir in der › kindlichen ‹ Indikation zum Schwangerschaftsabbruch eine neue Ethik akzeptiert, in der das menschliche Leben einen relativen Wert hat. Diese Ethik hat ihren Ursprung u.a. in einer Bedürfnisideologie, wobei menschliches Leben neuen Normen gegenübergestellt wird, die eine körperliche Vollkommenheit und eine Nützlichkeit ansprechen. Unausgesprochen folgen wir der Tendenz, nur das Gesunde, nur das Starke, nur das Erfolgreiche anzuerkennen.«[42]
Wieder einmal wird die leidfreie Gesellschaft postuliert! Welch gespenstische Vision der Zukunft, wenn irgendwer, aus welchen Gründen auch immer über das Leben anderer verfügen würde! Kein Mensch wäre mehr seines Lebens unter Mitmenschen sicher.

2) Künstliche Zeugung — In-vitro-Fertilisation (IVF)

Vor dem Hintergrund des ersten Beispiels nimmt sich das nächste geradezu aberwitzig aus. War dort natürlich keimendes menschliches Leben im Wege, so wird der Humanmediziner hier umgekehrt bedrängt, auf künstlichem Weg Menschenleben zu »zeugen«.

[40] F. Büchner, Embryonale Entwicklung und Menschwerdung. In: Fragestellungen einer Akademie. Ausgewählte Beiträge zum 25jährigen Bestehen der Katholischen Akademie der Erzdiözese Freiburg. Hrsg. v. D. Bader, München—Zürich 1981, 278—294, hier 293.
[41] R. Guardini, Die soziale Indikation für die Unterbrechung der Schwangerschaft. Ein Vortrag vor Ärzten. In: Frankfurter Hefte 2 (1947) 926—938; ders., Sorge um den Menschen, Würzburg 1962, 162—185.
[42] H. Hepp, Schwangerschaftsabbruch aus kindlicher Indikation. Aus der Sicht des Frauenarztes. In: StdZ 108 (1983) 3—17, hier 15f.

Wie immer man argumentiert: Hier verfügt der Mensch über das Leben, gleichgültig, ob es sich dabei um extra- oder intrakorporale, um homo- oder heterologe Insemination handelt.

Nicht jedes derartige Verfügen des Menschen über das Leben muß aber auch zugleich ein Unrecht gegenüber dem eigentlichen Willen Gottes sein. Vielmehr, wo die getroffenen therapeutischen Maßnahmen dem Menschen helfen, die Schöpfungs- und Erlösungsordnung zu erfüllen, sind sie nach den oben entwickelten Maßstäben ethisch akzeptabel. Nicht ungebundene Selbstherrlichkeit entscheidet dann, sondern die von Gott gegebene Ordnung. So stellt Papst Johannes Paul II. fest:»Den er aus Liebe ins Dasein gerufen hat, berief er gleichzeitig zur Liebe ... Die Liebe schließt auch den menschlichen Leib ein, und der Leib nimmt an der geistigen Liebe teil. Infolgedessen ist die Sexualität, in welcher sich Mann und Frau durch die den Eheleuten eigenen und vorbehaltenen Akte einander schenken, keineswegs etwas rein Biologisches, sondern betrifft den innersten Kern der menschlichen Person als solcher.«[43]
Um der ganzheitlichen Struktur der Ehe willen, zu deren Sinnerfüllung nach dem Schöpferwillen auch die Ausrichtung und der Wunsch nach dem Kind gehören, ist also die extrakorporale Befruchtung seinsgemäß und daher unter gegebenen Umständen sinnvoll. Innerhalb der Ehe kann bei IVF von einer intentionalen Einheit zwischen Partnerschaft und Zeugung gesprochen werden. »Die in der Seins- und Sinnstruktur der Schöpfungswirklichkeit begründete innere Verschränktheit der dreifachen Grundbeziehung jeden Verhaltens, nämlich der Beziehung zu Gott, dem Nächsten und zu sich selbst,« bleibt gewahrt.[44]
Dabei ist nur an die homologe Insemination gedacht. »Eine heterologe Insemination, die Zeugung durch den Samen eines außerehelichen, meist anonymen Mannes ist ausgeschlossen.«[45] Denn damit würde die natürliche Einbettung des Kindes in die Liebe des eigenen Vaters und der eigenen Mutter sowie der eigenen Familie bewußt sabotiert. Das Leben und seine Zeugung sind in eine bestimmte Ordnung eingebettet. Weil das Leben einen relativen Sinn hat und nicht absoluter, höchster Wert ist, kann genausowenig ein Recht auf ein eigenes Kind postuliert werden, wie andererseits die Beseitigung einer unerwünschten Schwangerschaft mit dem Recht der Mutter auf ihr ungestörtes Eigenleben legitimiert werden kann.

3) Euthanasie

Das Thema der Euthanasie wurde schon seit der Antike mit wechselnder Intensität diskutiert. Mit neuer Dringlichkeit und in einem scheinbar hu-

---

[43] Johannes Paul II., Familiaris Consortio. Verlautbarungen des Apostolischen Stuhls 33, Bonn 1981, Art. 11, S. 15.
[44] J.G. Ziegler, Zeugung außerhalb des Mutterleibs. In: ThPQ 131 (1983) 238.
[45] J.G. Ziegler, a.a.O. 240.

manen Gewand tritt die Frage nach der »Sterbehilfe«, wie man das aus unseliger Zeit belastete Fremdwort gern umschreibt, heute durch die Aktivitäten etwa der »Deutschen Gesellschaft für humanes Sterben« vor eine breite Öffentlichkeit. »Euthanasie«, schreibt die bekannte Nobelpreisträgerin Pearl S. Buck, die selbst Mutter eines körperbehinderten Kindes war, »ist ein schönes, sanftklingendes Wort; es verbirgt seine Gefahr wie alle sanftklingenden Worte, aber die Gefahr ist nichtsdestoweniger da.«[46] In der Tat ist das Wort, das in der deutschen Übersetzung »schönes Sterben« besagt, verführerisch. Es wird darum auch bewußt so gewählt, nicht anders als das jetzt übliche Wort Sterbehilfe. Mit H.-D. Hiersche kann man sagen, daß die Vokabel Euthanasie »heute mitmenschliches Tun und unmenschliches Verbrechen, Humanitas und Ideologie« umfaßt.[47] Es soll und kann an dieser Stelle nicht die ganze, ungemein belastende Problematik der Euthanasie behandelt werden.[48] Es soll vielmehr lediglich herausgestellt werden, daß dabei ganz eindeutig, und zwar gleichgültig aus welchem Beweggrund, über Menschenleben verfügt wird. Hierunter wird freilich nicht jene echte Sterbehilfe verstanden, bei der einer seinem Mitmenschen beisteht, die end-gültige Phase seines Lebens, eben das Sterben, zu meistern. Es geht vielmehr um Euthanasie als Sterbehilfe durch Unterlassung einer das Sterben nur hinauszögernden Therapie oder als jene andere Art Beistand, dem durch die Behandlung mit einer schmerzlindernden, aber den Sterbevorgang verkürzenden Nebenwirkung das Sterben eines Menschen durch den Arzt lege artis erleichtert wird. Wo Euthanasie bewußte Nachhilfe beim Sterbevorgang ist, handelt es sich zweifelsfrei um direkte Tötung, selbst wenn das Einverständnis des Sterbenden vorausgesetzt werden kann oder wenn er ausdrücklich darum ersucht. Die Prinzipien der Achtung vor der Menschenwürde und des Respekts vor der Schöpfungs- und Erlösungsordnung gebieten dem Christen, jedem Sterbenden ohne Ausnahme beizustehen. Zu beachten ist freilich dabei, daß gerade in einer solch extremen Notsituation des Lebens, wie sie Sterben und Tod darstellen, die Einschätzung des irdischen Lebens durch den Christen als eines nur vorläufigen Wertes *maßgebend* ist. Entsprechend den o.g. Überlegungen zur Verfügungsgewalt des Menschen über das Leben muß bei allem Anspruch auf ein menschenwürdiges Sterben jede Manipulation entschieden verworfen werden, die im Grunde ge-

---

46 P.S. Buck, Geliebtes, unglückliches Kind, München [4]1986, 45.

47 H.-D. Hiersche, Euthanasie. Probleme der Sterbehilfe. Eine interdisziplinäre Stellungnahme, München 1975, 9.

48 Vgl. dazu K.-H. Kleber, Euthanasie — Zeichen einer Krise mitmenschlicher Liebesbereitschaft. In: Königsteiner Studien 22—24 (1976—1978) 43—53; ders., Euthanasie gefordert — christliche Sterbehilfe gefragt. In: Passauer Bistumsblatt 46 (1981) 3 f.

nommen doch absichtliche Tötung ist.[49] Es bleibt festzustellen: »Niemand kann das Leben eines unschuldigen Menschen angreifen, ohne damit der Liebe Gottes zu ihm zu widersprechen und so ein fundamentales unverlierbares Recht zu verletzen ... Jeder Mensch muß sein Leben nach dem Ratschluß Gottes führen ... Der Freitod oder Selbstmord ist daher ebenso wie der Mord nicht zu rechtfertigen; denn ein solches Tun des Menschen bedeutet die Zurückweisung der Oberherrschaft Gottes und seiner liebenden Vorsehung. Selbstmord ist ferner oft die Verweigerung der Selbstliebe, die Verleugnung des Naturinstinktes zum Leben, eine Flucht vor den Pflichten der Gerechtigkeit und der Liebe ...«[50]

Konklusion

Unverfügbarkeit des Lebens — so lautete das Thema. Doch wurde eben demonstriert, daß der Mensch vielfach sehr wohl über sein eigenes Leben wie das anderer Mitmenschen und sonstiger Lebewesen verfügt. Nun war bisher noch nie vom 5. Gebot des Dekalogs die Rede. Soll das heißen, daß solche Weisung Gottes heutiger Moraltheologie nichts mehr gilt? Keineswegs! Das müßte aus den bisherigen Darlegungen hervorgegangen sein. Allerdings lehrt die Exegese, genau zuzusehen, was der biblische Text tatsächlich aussagen will. Dem Menschen ist vom Schöpfer wirklich ein großzügiges Verfügungsrecht über das Leben eingeräumt worden. Aber der Mensch ist nicht irgendwer, sondern als von Gott verdankte Kreatur ein »ens responsabile«. Er hat sich also in aller Liebe zu verantworten. Maßgebend ist die Schöpfungs- und Erlösungsordnung. Ihr hat der Mensch sich ein- und unterzuordnen und auf diese Weise Gott zu verherrlichen, der allein Herr der Welt ist. Morden, d.h. schöpfungswidriges Verfügen über das Leben, ist ausdrücklich verboten. Jede Eigenmächtigkeit dem Leben gegenüber ist reine Verblendung. Wann und wo immer der Mensch sich als absoluter Souverän aufspielt, irrt er in verhängnisvoller Weise. Selbst die oft hervorgehobene, ihm eigene Autonomie ist nur relativ, d.h. recht verstanden theonome Autonomie! Eigentlich müßte das Thema »Unverfügbarkeit des Lebens«, wenn man den Moraltheologen anfragt, ins Positive übersetzt werden! Denn die sittliche Forderung lautet fraglos: Dienet dem Leben! Es geht um den rechten, d.h. sittlich einwandfreien, also verantwortlichen Umgang mit dem Leben. Darüber muß unausweichlich Rechenschaft abgelegt werden vor dem, der allein Leben nicht nur gibt, sondern es selbst ist. Er gibt jedem

---

[49] Vgl. Die Deutschen Bischöfe, Das Lebensrecht des Menschen und die Euthanasie, Bonn 1975.

[50] Erklärung der Kongregation für die Glaubenslehre zur Euthanasie vom 5. Mai 1980. Verlautbarungen des Apostolischen Stuhls 20, Bonn 1980, 7.

einzelnen Leben Sinn und Ziel. Niemals ist irdisches Leben egozentrisch, d.h. ohne Rücksicht auf andere, die Leben haben; vielmehr ist es generativ und sozial, d.h. es zeugt neues Leben und weist über sich hinaus auf andere Lebewesen. Wie dem Menschen sein eigenes Leben als Gabe kostbar zu sein hat, die es zu hüten gilt, so muß jeder Mensch anderes Leben respektieren, ermöglichen, bewahren.

Zwei Grundfragen Gottes an ihn kann er nicht ausweichen, wie die Bibel lehrt: »Adam, wo bist du?« (Gen 3, 9) und »Kain, wo ist dein Bruder Abel?« (Gen 4, 9).

Moraltheologie ist eigentlich recht verstanden Dienst an der Lebensfreude des Menschen.[51] Sie will dem Christen helfen, seiner großen Verantwortung gerecht zu werden. Darum ist es nicht unerheblich, ihre Vorstellungen über die Möglichkeiten und Grenzen der »Verfügbarkeit des Lebens« nicht nur einfachhin zur Kenntnis zu nehmen, sondern genau zu überdenken und endlich zu beherzigen.

[51] Vgl. 2 Kor 1, 23; dazu W. v. Keppler, Mehr Freude, Freiburg 1921; M. Müller, Frohe Gottesliebe, Freiburg ³1948.

Dr. Johannes Reiter

Christliche Politik —
Politik angesichts des Reiches Gottes

Politik bewegt sich ihrem Ziel nach um den Menschen. Es geht ihr um die Gestaltung eines Lebensraumes, der die elementaren Lebensinteressen des Menschen in ein vernünftig geordnetes Ganzes integriert.[1] Sie ist also die hohe Kunst, das menschliche Leben recht zu ordnen. Politik ist somit dem Handeln des Menschen aufgegeben; sie entspringt seiner freien Entscheidung und ist in seine Verantwortung gestellt. Insofern schließt jedes Problem der politisch-sozialen Ordnung eine ethische Dimension ein, von der nicht abgesehen werden kann. Politisches Handeln impliziert — ob es dies will oder nicht — immer Werte und Wertungen, deren Rangordnung sich wiederum aus der Relation zu einem Höchstwert ergibt. Um gerade diesen Höchstwert geht es in der theologischen Ethik, um ein letztes Prinzip, an dem alles menschliche Tun und Lassen ausgerichtet werden muß, um Menschsein in all seinen Dimensionen glücken zu lassen.

Die Frage nach der Beziehung zwischen christlichem Glauben und politischer Praxis ist ein traditionelles Thema der christlich orientierten politischen Theorie. Der Anspruch des christlichen Glaubens, im Bereich der Politik mitreden zu wollen, ja mitreden zu müssen, wurde nicht immer anerkannt bzw. zum Teil sogar bestritten. Aber für die theologische Ethik wie auch für jede echte Relgiosität ist die *innere Verbindung von Politik und Religion* schlechthin unaufhebbar.[2]

Für wichtige Vorarbeiten zu diesem Beitrag danke ich meinem Mitarbeiter Michael Schlitt.

1 Vgl. H. J. Höhn, Politischer Glaube, in: ThPh 61 (1986) 1—23, hier 5. Zum ganzen vgl. auch K. Lehmann, Politik — Moral — Recht, in: Herder Korrespondenz 40 (1986) 530—536; B. Vogel, Wie wir leben wollen. Grundsätze einer Politik für morgen, Stuttgart 1986; D. Seeber, Politik und Kirche, in: Handwörterbuch religiöser Gegenwartsfragen, hrsg. von U. Ruh, D. Seeber und R. Walter, Freiburg—Basel—Wien 1986, 357—362.

2 Vgl. R. Hauser, Ethik und Politik, in: G. Teichtweier und W. Dreier, Herausforderung und Kritik der Moraltheologie, Würzburg 1971, 365—384.

Im Christentum wird dieser grundsätzliche Zusammenhang zwischen Ethik und Politik besonders deutlich. Aus dem Kern der christlichen Lehre, dem Gebot der Gottes- und Nächstenliebe, erwächst die Verpflichtung der Christen zur Mitarbeit am Aufbau einer gerechten Gesellschaftsordnung. Wo Christen diese Mitarbeit unterlassen und auf ihr politisches Mandat verzichten, unterlassen sie zugleich auch die Wahrnehmung der Verantwortung, die aus ihrem Glauben erwächst — oder, um es schärfer zu formulieren: Christen machen sich schuldig, wenn sie die Politik ihrem Selbstlauf überlassen.

»Die Politik ist unser Schicksal«, hat Walter Dirks in diesem Zusammenhang zu Recht festgestellt.[3] Die Frage nach den Grundsätzen einer christlich orientierten Politik wird im folgenden unter zwei Aspekten betrachtet: zum einen unter dem Aspekt der sozialethischen Lehre über die politischen Phänomene (I.), zum anderen unter dem Aspekt des spezifisch Christlichen in der Politik (II.). Die Frage nach den Grundsätzen einer christlich orientierten Politik wird hier unabhängig von einer Analyse der politischen Landschaft gestellt; auch unabhängig davon, wer oder welche Partei sich zum Träger solcher Grundsätze macht.

I. Politik und christliche Soziallehre

Bis zum Eintritt und zur Wirksamkeit der christlichen Botschaft in die Menschheitsgeschichte wurde der Mensch überwiegend als Gesellschaftswesen verstanden, d. h. als ein Wesen, das von der Gesellschaft und für die Gesellschaft bestimmt ist. Daß das Christentum den Menschen nicht nur als Glied der Gesellschaft, sondern auch als ein Wesen in *unverwechselbarer Einmaligkeit* betont, ist ein bedeutsamer Beitrag zu einem umfassenden Verständnis des Menschen. Freilich kann sich diese Individualität nur in der Gesellschaft entfalten; sie verhindert aber, daß der Mensch in der Gesellschaft aufgeht bzw. in die Gesellschaft hinein aufgelöst wird. Gesellschaft und Staat sind des Menschen wegen da. Beide Komponenten des Menschlichen — die Individualität und Sozialität — sind wichtig und unaufhebbar, eben originär menschlich. So betont die christliche Anthropologie einerseits die *Individualität*, den Wert und die Würde jedes einzelnen Menschen, seine Freiheit und Verantwortung. Andererseits weist sie aber auch auf die schon in der biblischen Urgeschichte implizierte grundlegende Gemeinschaftsbezogenheit *(Sozialität)* des Menschen hin: »Es ist nicht gut, daß der Mensch allein bleibt« (Gen 2, 18). Der Mensch ist sowohl in seiner Leiblichkeit als auch in seiner Geistigkeit auf andere Einzelmenschen sowie auf das Leben in der Gemein-

---

3 Vgl. W. Dirks, Das schmutzige Geschäft? Die Politik und die Verantwortung des Christen, Olten—Freiburg 1964.

schaft hingeordnet. Weiterhin beinhaltet die christliche Lehre die Überzeugung, daß der Mensch um seiner selbst willen da ist. Er ist unver-
wechselbar, und deshalb darf er niemals bloß als Mittel zum Zweck verstanden werden. Schließlich sei auf ein weiteres wichtiges Wesensele-
ment des christliches Menschenbildes hingewiesen: auf die *Transzenden-
talität* des Menschen. Der Mensch, der sich in seinem Leben selbst verwirklichen will, macht als Teil der materiellen Welt die Erfahrung, daß
seine Kraft begrenzt ist. Jenseits dieser Grenzen erfährt er eine Wirklichkeit, über die er nicht verfügen kann; er kann sein eigenes Wesen nur verwirklichen, indem er die materielle Welt und sich selbst auf diese andere
Wirklichkeit hin übersteigt.

Die eben aufgezeigte Wesensbeschaffenheit des Menschen wird von der
Philosophie und Theologie mit dem Begriff *»Person«* bezeichnet. Die Idee
der Person (= *Person- oder Personalitätsprinzip*) ist die Grundlage und sinn-
gebende Mitte christlicher Soziallehre, aus der alle weiteren Prinzipien
und Einzelaussagen abgeleitet werden. So bezeichnet Papst Johannes
XXIII. die Tatsache, daß »der Mensch der Träger, Schöpfer und das Ziel
aller gesellschaftlichen Einrichtungen sein muß«, als »obersten Grundsatz« der christlichen Soziallehre (Mater et magistra 219). Und in »Gaudium et spes«, der Pastoralkonstitution des II. Vatikanischen Konzils über
die Kirche in der Welt von heute, heißt es: »Die gesellschaftliche Ordnung
und ihre Entwicklung müssen sich dauernd am Wohl der Personen orientieren; denn die Ordnung der Dinge muß der Ordnung der Personen
dienstbar werden und nicht umgekehrt« (Gaudium et spes 26).

Deutlich abzugrenzen ist der christlich-soziale Ansatz des Personprinzips
gegenüber dem *Individualismus* und *Kollektivismus*. Der *Individualismus*,
und mit ihm fast alle Arten des *Liberalismus*, versucht, den einzelnen vor
der Vermassung im Kollektiv zu retten, vernachlässigt dabei aber den
ursprünglich- menschlichen Wesenszug der Sozialität. Im *Kollektivismus*
hingegen geht der Einzelmensch als individuelle Person unter und wird
zu einer bloßen Funktion innerhalb des Fortschritts der Gesellschaft. —
Sowohl Individualismus als auch Kollektivismus mißachten also in ihrer
einseitigen Radikalität den umfassenden personalen Charakter des Menschen.

Eng mit dem Personalitätsprinzip verknüpft ist das *Prinzip der substantiellen Gleichheit aller Menschen*. Es besagt, daß die Menschen ihrem Wesen
nach gleich sind. Alle Menschen sind mit der gleichen Würde, der sog.
Menschenwürde, und gleichen unbedingten Werten ausgestattet. Von
daher sollte eine Gesellschaftsordnung so gestaltet sein, daß sie allen in
gleicher Weise die Möglichkeit bietet, ihre individuellen Anlagen zu entwickeln und ihr Leben dementsprechend zu gestalten. Hieraus ergeben
sich weitreichende staats- und gesellschaftspolitische Konsequenzen. Zu
nennen wären: der Schutz der Grund- und Menschenrechte (vor allem
des Rechts auf soziale Sicherheit), gerechte Eigentumsverteilung, wirtschaftliche Mitbestimmung, Demokratisierung der Gesellschaft und Hilfe
für Entwicklungsländer. Insbesondere verbieten sich Diskriminierungen

aufgrund des Geschlechts, der Rasse, der gesellschaftlichen Stellung, der Sprache oder der Religionszugehörigkeit. Auch allzu große wirtschaftliche und gesellschaftliche Ungleichheiten zwischen den Gliedern oder Völkern der einen Menschheitsfamilie müssen abgebaut werden; so fordert es die Pastoralkonstitution des II. Vatikanischen Konzils (vgl. Gaudium et spes 29 und 66).

Mit dem Prinzip der substantiellen Gleichheit aller Menschen soll jedoch nicht geleugnet werden, daß es zwischen den Menschen Unterschiede gibt hinsichtlich ihrer Anlagen, ihrer Sozialisation und ihrer Möglichkeiten der freien Selbstbestimmung. Beim Prinzip der Gleichheit ist auch nicht an die Nivellierung oder Leugnung *funktionaler und gesellschaftlicher Verschiedenheiten* sowie *individueller Besonderheiten* gedacht.[4] Vielmehr fordert der Gleichheitsgrundsatz das Recht eines jeden auf Verwirklichung seiner Grundfreiheiten, insofern sie mit denen der anderen Menschen verträglich sind. Das elementare Ärgernis jeder Gesellschaft, die Tatsache gesellschaftlicher Ungleichheit, läßt sich durch keine Politik, auch nicht durch die christliche, begreifen. Sie ist z. T. der Preis der Freiheit; und wer eine freie Gesellschaft will, kann nicht zugleich eine gleiche wollen.

Die grundsätzliche Anerkennung der Gleichheit aller Menschen schließt *die sittliche Pflicht zur Toleranz* ein. Unter Toleranz ist hierbei die ethische Haltung eines Menschen zu verstehen, die auch den Mitmenschen achtet, der andere politische, religiöse oder moralische Auffassungen vertritt. Toleranz verlangt jedoch keineswegs, sich seines Urteils zu enthalten oder Auseinandersetzungen zu vermeiden. Toleranz setzt vielmehr eine eigene Überzeugung als Grundlage zur Beurteilung fremder Anschauungen und zur fruchtbaren Auseinandersetzung mit ihnen voraus. Es geht also bei einer toleranten Haltung nicht um Gleichgültigkeit gegenüber dem Wahren und Guten, sondern um den Respekt vor der personalen Würde des anderen, der ein Recht auf »seine« Überzeugung von Wahrheit hat. Daraus folgt z. B., daß niemand zu einer Handlung gezwungen werden darf, die seinem Gewissensurteil widerspricht. Diese Achtung ist auch dem irrenden Gewissen gegenüber geboten.

Die sittliche Pflicht zur Toleranz findet ihre Grenze jedoch an den Grundrechten anderer Personen. Das heißt Handlungen, die offensichtlich den Grundrechten einzelner oder einer Gemeinschaft zuwiderlaufen, müssen von diesen nicht geduldet werden. Toleranz braucht also dort nicht geübt zu werden, wo sie die personale Würde des Menschen und die aus ihr hervorgehenden Rechte gefährden würde.

Aus dem Personprinzip ergeben sich weitere Grundsätze, die für die Politik richtungweisend sind. Diese lassen sich im Solidaritäts- und Subsidiaritätsprinip zusammenfassen. Aus dem wesenhaften Personsein und der wesenhaften Gesellschaftlichkeit des Menschen abgeleitet, ergibt sich die

---

[4] Vgl. F. Klüber, Das »christliche Menschenbild« der Unionsparteien, in: Die neue Gesellschaft 26 (1979) 314.

Forderung des *Solidaritätsprinzips*, gemeinsam die Voraussetzungen für die personale Entfaltungsmöglichkeit jedes einzelnen zu erarbeiten. Diese Forderung gilt in zweifacher Hinsicht: Zum einen haftet jeder einzelne für das Wohl der Gemeinschaft und ist also daher mitverantwortlich. Zum anderen trägt die Gemeinschaft Verantwortung für das Wohl jedes einzelnen und ist verpflichtet, jedem Menschen seinen sozialgerechten Anteil an den »Früchten der sozialen Zusammenarbeit« zu sichern. Das Solidaritätsprinzip begründet also sowohl die Pflicht eines jeden zur Übernahme von Gemeinschaftsaufgaben als auch den Anspruch des einzelnen auf von der Gemeinschaft zu sichernde menschenwürdige Lebensbedingungen. Das Solidaritätsprinzip sichert das Einzelwohl gegen Überforderung durch im Namen des Gemeinwohls erhobene Ansprüche. Es sichert aber auch das Gemeinwohl gegen Minderleistung oder gar Leistungsverweigerung derer, die sich selbstsüchtig oder eigennützig auf das Einzelwohl oder Einzelinteresse berufen wollen. Das *Subsidiaritätsprinzip* gibt an, wie die soziale Zusammenarbeit zur Gewährleistung des Personprinzips zu gestalten bzw. zu organisieren ist. »Subsidium« heißt Hilfe. Gemeint ist in unserem Zusammenhang die *Hilfe zur Selbsthilfe*. Das heißt, die Gesellschaft soll die Initiative und die Eigenkräfte des Menschen wecken und fördern und die Voraussetzungen für seine personale Entfaltung schaffen. Dieser positiven, initiativen Seite des Subsidiaritätsprinzips steht eine negative, restriktive Seite gegenüber. Damit ist gemeint, daß die Gesellschaft den einzelnen Menschen nicht bevormunden darf, indem sie an seiner Stelle tut, was er ebenso gut oder noch besser selbst tun könnte. Um dem Menschen ein Höchstmaß an Selbstbestimmung und unmittelbarer Mitbestimmung zu ermöglichen, ist eine maximale Dezentralisierung der Zuständigkeiten erforderlich. Die übergreifenden sozialen Gebilde haben nur dann die Pflicht einzugreifen, wenn der einzelne bzw. ein untergeordnetes soziales Gebilde überfordert ist. Letztlich bedeutet dies die Forderung nach so viel Selbstbestimmung wie möglich und so wenig Fremdbestimmung wie nötig.

Die bisher genannten Prinzipien der katholischen Soziallehre sind sog. »offene Sätze« (Wallraff). Aus ihnen allein kann man zwar keine direkten Lösungen ableiten, aber sie geben das unentbehrliche Richtmaß für unser Handeln an. Um es an einem Beispiel zu verdeutlichen: »Aus den Prinzipien der Statik kann man keinen Bauplan für ein Gebäude, aus den Prinzipien der Aerodynamik keinen Konstruktionsplan für ein Flugzeug ableiten. Aber jeder Bauplan muß den Prinzipien der Statik genügen; andernfalls fällt das Gebäude zusammen; und jedes Flugzeug muß nach den Prinzipien der Aerodynamik konstruiert sein, sonst erhebt es sich entweder nicht vom Boden oder es stürzt ab.«[5]

Um jedoch als Sollensforderung bzw. als Handlungsnormen verwendbar zu sein, bedürfen Prinzipien der Füllung mit konkretem Inhalt. Dieser er-

---

[5] O. v. Nell-Breuning, Grundsätzliches zur Politik, München—Wien 1975, 29.

gibt sich zunächst aus den *relativ autonomen Sachbereichen*, in unserem Fall aus dem der Politik; denn politische Praxis ist an eigene, immanent bestimmte Sachgesetzlichkeiten gebunden.[6] Christlich motiviertes Handeln sollte hier wie in anderen Bereichen ein Handeln sein, das sich um ein *Höchstmaß an Sachgerechtigkeit* bemüht. Diese sachliche Autonomie findet ihr Richtmaß und zugleich ihre Begrenzungen an den oben aufgezeigten Prinzipien, dem Personalitätsprinzip, dem Solidaritätsprinzip und dem Subsidiaritätsprinzip. Erst diese Sozialprinzipien geben dem politischen Handeln seine definitive Ausrichtung und Sinnorientierung. Die Autonomie der Sachbereiche darf also nicht absolut gesetzt werden. Die Folge wäre ein orientierungsunfähiger und letztlich »sinn«-loser, ohnmächtiger Pragmatismus — es sei denn, anderen Grundsätzen nichtchristlicher Prägung würde jene Orientierungsfunktion zugesprochen.

Prinzipien sind somit, um es noch einmal hervorzuheben, das *unentbehrliche Richtmaß*, an dem sich jeder Plan, in unserem Fall jedes politische Vorhaben, bis in seine letzten Details hinein orientieren muß.

Der Politiker könnte fragen, ob in der politischen Praxis, in der ja oft ein Höchstmaß an Flexibilität verlangt wird, mit diesen starren Prinzipien überhaupt etwas anzufangen ist. Darauf sei wieder mit einem Beispiel geantwortet:»Die Prinzipien der Statik sind absolut starr; trotzdem gestatten sie der Phantasie unserer Architekten geradezu unerschöpfliche Freiheit der Gestaltung und der Stile ... Prinzipien (das gilt auch von den gehörig sorgfältig formulierten Prinzipien der christlichen Soziallehre) sind unbedingt starr; in der Hand dessen, der sie richtig verstanden hat und zu meistern versteht, ist ihre Anwendung (jedoch) unvorstellbar elastisch.«[7]

II. Die Bedeutung des christlichen Glaubens für die Politik

Das der katholischen Soziallehre zugrundeliegende Menschenbild und die daraus abgeleiteten Prinzipien sind aufgrund der allen Menschen gleichen Wesensnatur und der Natur der Prinzipien mit Hilfe der Vernunft für alle Menschen, Christen und Nichtchristen, Gläubige und Ungläubige, einsichtig und verbindlich. Worin liegt nun aber das spezifisch Christliche einer »christlichen Politik«? Nach dieser konkreten und beson-

---

6 Dennoch ist die für politisches Tun des Menschen geltende sittliche Ordnung, bei aller Anerkennung der in diesem Bereich vorfindlichen eigenen Sachgesetze, keine andere als die allgemein menschliche. Insofern gibt es auch keine politische Sonderethik. Vgl. R. Hauser, a. a. O., 365. Zur Anerkennung der autonomen Sachbereiche vgl. auch A. Auer, Autonome Moral und christlicher Glaube, Düsseldorf ²1984.

7 Vgl. O. v. Nell-Breuning, a. a. O., 29 f.

deren Bedeutung des christlichen Glaubens für die Politik soll nun im folgenden gefragt werden.

Weder das Alte und das Neue Testament noch die Kirchenväter und die päpstlichen Sozialenzykliken enthalten ein spezifisch politisches Programm oder gar eine komplette Summe politischer Maximen. Sicherlich gibt es politische Überlegungen und Verhaltensweisen, die in direktem Widerspruch zu Aussagen der Offenbarung bzw. zur kirchlichen Lehrtradition stehen, wie z. B. Militarismus, Rassismus, Apartheid sowie die Unterdrückung und Ausbeutung bestimmter Klassen und Gruppen. Dies sind Abgrenzungen negativer Art, die dem Christen sagen, was er auf keinen Fall tun darf. Darüber hinaus ist jedoch eine unmittelbare Übertragung von Glaubensaussagen oder von bestimmten spezifisch christlichen Moralvorstellungen in die weltliche Rechtsordnung nur schwer, zumeist aber gar nicht möglich. Für manche scheint es überhaupt fraglich zu sein, ob das, was »Christsein« ausmacht, politisch verwirklicht werden kann. Christsein bedeutet nämlich die radikale Hoffnung auf Gottes Zukunft, und diese Hoffnung ist gerade nicht politisch erfüllbar, sondern das Geschenk unverfügbarer Liebe und unverzweckbarer Gnade Gottes. Christlich orientierte Politik kann dann nur eine »Politik angesichts des Reiches Gottes« sein. Ihre Aufgabe ist es, die innerweltlichen Bedingungen für das Leben und Erleben dieser Hoffnung und Freiheit bereitzustellen. Sie kann aber nicht die endgültige christliche Existenzform bzw. das Reich Gottes selbst schaffen.[8] Christlich orientierte Politik ist deshalb auch »an keine besondere Form menschlicher Kultur und an kein besonderes, politisches, wirtschaftliches oder gesellschaftliches System gebunden« (Gaudium et spes 42). Christliche Politik muß immer jene politische Praxis anstreben, die gegenwärtig die oben genannten Bedingungen am ehesten verwirklichen kann.

Was aber bedeutet der christliche Glaube nun ganz konkret für die Politik?

Nach christlicher Lehre ist das Reich Gottes, d. h. auch das volle Glücken des Menschseins, wie Jesu Verkündigung und Wirken deutlich machen, zwar noch nicht voll verwirklicht, aber doch schon angebrochen. Jesus erwartet die Vollendung des Gottesreiches, die absolute Zukunft, von Gott. Seine Realutopie ist sein Vater im Himmel, von dem her das Letzte, das Eschaton, auf uns zukommt.[9]

Die Gottesherrschaft ist einerseits Geschenk (vgl. Mk 4, 1—9. 26—29), andererseits aber bedarf ihre Verwirklichung einer entsprechenden menschlichen Einstellung und Handlungsweise. Insbesondere fordert Jesus die Bereitschaft zur Vergebung, zur Versöhnung mit dem Bruder, persönlichen Einsatz für den, der in Not geraten ist, vor allem aber eine Liebe,

---

[8] Vgl. P. Eicher, Solidarischer Glaube. Schritte auf dem Weg der Freiheit, Düsseldorf 1975, 93—96.

[9] Vgl. ebd., 90 f.

die selbst den Feind einschließt. Das Reich Gottes braucht also die Annahme und die aktive Verwirklichung durch den Menschen an allen Orten und in jedem Augenblick. Daß es dennoch Gottes Geschenk ist, steht dazu nicht im Widerspruch. Denn das Reich Gottes ist insofern Geschenk, als Schenken dialogischen Charakter hat: Es ist zum einen Angebot Gottes an die Menschen (Mk 1, 15:»Das Reich Gottes ist nahegekommen«), zum anderen bedarf es der Annahme durch die Menschen, die ihren Teil zur Verwirklichung des Gottesreiches beitragen sollen.[10]

Für die Frage nach der konkreten Bedeutung des Glaubens für die Politik ergeben sich hieraus einige wichtige Konsequenzen:

1. Die Vollendung der Welt, das Herbeiführen des Reiches Gottes ist letztlich Tat und Geschenk Gottes und somit nicht durch menschliches Bemühen bzw. christliche Politik erreichbar. Gegenüber einem absoluten Fortschritts- und Entwicklungsglauben, der davon ausgeht, daß in dieser Welt eines Tages vollkommene Paradiese durch Menschenhand errichtet werden könnten, ist ein ganz entschiedener *(eschatologischer) Vorbehalt* anzumelden.»Der Versuch, den Himmel auf Erden einzurichten, produziert stets die Hölle« (Karl Popper). Dieses Wissen bewahrt den christlichen Politiker vor jeglichem Fanatismus und perfektionistischem Streben nach der heilen Welt. Die vollkommene und heile Welt war immer schon eine Utopie der Gewalt; wer sie will, ist weder Christ noch Demokrat.

2. Der Christ darf aber auch nicht die Dinge ihrem Selbstlauf überlassen und auf die»normative Kraft des Faktischen« setzen. Christliche Politik wird daher *versuchen, die Voraussetzungen für ein Dasein in Freiheit, Gerechtigkeit und Frieden zu schaffen,* weil sie weiß, daß Gott überall da Befreiung stiftet, wo man sich seinem Kommen nicht verschließt. Die Forderung, die Dinge nicht dem Selbstlauf zu überlassen, und das Wissen, daß es nie eine schlechthin gute, gerechte und menschliche Welt gibt, verleiht der christlichen Politik die Dynamik und den Willen zur Veränderung, hält sie aber auch in Maß und Mitte.

3. *Das Christentum besitzt keine innerweltliche Zukunftsutopie.* Es stellt keine inhaltlich bestimmten Zukunftsideale auf, macht keine innerweltlichen Prognosen und verpflichtet den Menschen nicht zu bestimmten Zielen seiner innerweltlichen Zukunft.[11] Es zeichnet sich vielmehr aus durch seine *absolute Zukunftshoffnung* und die Weigerung, diese mit einer innerweltlichen Utopie zu identifizieren. Die christliche Botschaft lehrt, daß wir in dieser Welt Vollkommenheit nie werden errei-

---

10 Vgl. F.-J. Nocke, Eschatologie, Düsseldorf 1982, 48.

11 Vgl. K. Rahner, Marxistische Utopie und christliche Zukunft des Menschen, in: ders., Schriften zur Theologie Bd. VI, Einsiedeln — Zürich — Köln 1965, 82; auch K. Lehmann, Nicht nur im Jenseits — Die Weltperspektive christlicher Zukunftserwartung, in: ders., Signale der Zeit — Spuren des Heils, Freiburg — Basel — Wien 1983, 109—129.

chen können, daß unser Tun letztlich über diese Zeit hinausreicht. Die christliche Botschaft vertröstet aber auch nicht auf ein Jenseits, sondern gibt der Politik hier und heute eine eigene, über den Tag und diese Zeit hinausweisende Aktualität. So schützt das Christentum den Menschen vor der Versuchung, die berechtigten innerweltlichen Zukunftsbestrebungen mit solcher Gewalt zu betreiben, daß eine Generation brutal zugunsten der nächsten geopfert würde. Somit verbieten sich auch schwärmerisch überhöhte Erwartungen von gesellschaftlicher Vollkommenheit, wie sie z. B. im Marxismus zu finden sind. Es verbietet sich ferner die apokalyptische Versuchung, die Vollendung der Gottesherrschaft zu erzwingen.

4. Christlicher Politik ist es zwar nicht möglich, aus eigener Kraft eine vollkommene Ordnung menschlicher Gemeinschaft zu errichten, die dem göttlichen Heilsplan entspricht, aber sie hat dafür zu sorgen, daß eine solche *Ordnung dem Heilsplan Gottes nicht widerspricht*.

5. Christlich orientierte Politik wird nicht immer fertige Rezepte anbieten können, mit denen sich im politischen, sozialen und ökonomischen Bereich Gerechtigkeit und Frieden realisieren lassen. Aber der christliche Politiker muß sich immer und mit besonderer Dringlichkeit für die Personwürde und die Grundrechte des Menschen einsetzen, um Gerechtigkeit und Frieden verwirklichen zu können. Der christliche Politiker muß ein Mehr an Gerechtigkeit, Glück, Freiheit und Güte anstreben in der Hoffnung, daß aus diesem Mehr mit Gottes Hilfe ein Maximum wird. Die christliche Nüchternheit gegenüber dem, was wir in der Politik und überhaupt auf Erden erreichen können, *überfordert den Menschen nicht*, sondern verlangt *kleine Schritte*. Dabei muß sich der christliche Politiker um ein Höchstmaß an Wirklichkeits- und Sachgerechtigkeit bemühen. Christlich orientierte Politik ist also wirklichkeits- und sachgerechte Politik aus christlicher Hoffnung und Verantwortung heraus.

6. Die christliche Überzeugung, daß Gott allen in gleicher Weise Recht schafft und jedem ohne Ausnahme wohlgesinnt ist, befreit den Christen von einer letzten Daseinsangst. Das christliche Wissen um die Zusage Gotte entlastet sowohl von Erfolgszwang als auch von Verzweiflung. Die Glaubensgewißheit, daß die Vollendung der Welt das Werk Christi sein wird und nicht das Ergebnis menschlicher Bemühungen, spendet dem Glaubenden eine viel *stärkere Hoffnung* als jede rational noch so einsichtige Methode zur Vervollkommnung einer künftigen Gesellschaft. So kann christliche Politik freieren Herzens und offeneren Geistes über unsere tagtäglichen Probleme nachdenken und hoffnungsvoller nach Lösungen suchen.

III. Christliche Politik in der Bewährung

Von diesen sechs Grundsätzen, die die konkrete Bedeutung des christlichen Glaubens für die Politik theoretisch umschreiben, nun zu zwei praktischen Bereichen, deren Problematik uns derzeit besonders auf den Nägeln brennt: die Kernenergie und die anhaltende Arbeitslosigkeit.

1. Christliche Politik und Kernkraft

Die Auseinandersetzung über den Bau und die Inbetriebnahme von Kernkraftwerken wird seit Tschernobyl mit besonderer Heftigkeit geführt. Die Experten machen widersprüchliche Aussagen, die politisch Verantwortlichen sind sich nicht einig, der Bürger wird immer unsicherer. Leider bietet der Unfall von Tschernobyl und die Kernenergiediskussion für manche nur einen Vorwand zur Durchsetzung anderer politischer Ziele. Jedoch ist nicht zu übersehen, daß sich viele Mitbürger seit Tschernobyl durch die Kernenergie in den Grundlagen ihres Lebens bedroht fühlen. Sie empfinden Angst und Sorge um die Zukunft.

Es muß daher vor allem Sache der christlichen Politik sein, in Redlichkeit und Wahrhaftigkeit die Bedrohung zu benennen, und zwar so, daß auch »der Mann von der Straße« sie versteht. Tschernobyl darf weder verharmlost und heruntergespielt noch hysterisch aufgebauscht werden.

Der christliche Glaube kann zur Diskussion um die Kernenergie nur allgemeine Hinweise geben. Die Sachfragen müssen von Fachleuten gelöst werden.

Vom christlichen Glauben her läßt sich jedoch folgendes sagen: Der Schöpfungsauftrag, wie er zu Anfang der Bibel formuliert ist (Gen 1, 28 und 2, 15), beinhaltet, daß die Erde nur in der Weise genutzt und geformt werden darf, daß sie uns und allen künftigen Generationen eine menschenwürdige Heimat bieten kann. Das verlangt von einem christlichen Politiker, daß er nicht alles, was technisch möglich ist, anstrebt und auch nicht das, was den größten Gewinn bringt, sondern nur, was vor Gott und den kommenden Generationen verantwortet werden kann. Er muß also unter den sich anbietenden Lösungen des Energieproblems diejenigen wählen, die am ehesten geeignet sind, menschenwürdiges Dasein jetzt und auch in Zukunft zu gewährleisten. An diesem Gesichtspunkt haben sich auch betriebliche, arbeitsmarktpolitische oder örtlich begrenzte Interessen auszurichten. Es entspricht einer genuin christlichen Sicht, daß der Mensch befähigt und gewürdigt ist, neu anzufangen und umdenken zu dürfen, wenn sich bisherige Wege als Irrwege ausweisen und zerstörerisch wirken. Gerade im Energiebereich müssen Entscheidungen revidierbar sein für den Fall, daß sich ihre Fehlerhaftigkeit herausstellt. Konkret führt dies zu folgender Überlegung: »Sollte sich ergeben, daß ohne die Nutzung der Kernenergie tatsächlich die lebenswichtige Energieversorgung nicht mehr sichergestellt und dadurch eine schwerwiegende Beeinträchtigung individuellen und gesellschaftlichen

Lebens zu befürchten wäre, so wäre trotz der Risiken ebendiese Kernenergienutzung vertretbar, wenn höchstmögliche Sicherheitsvorkehrungen getroffen sind. Sollte sich aber herausstellen, daß die befürchtete Energielücke durch Einsparungen, rationelleren Energieeinsatz, intensivere Nutzung erneuerbarer Energiequellen oder auf sonstige vertretbare Weise vermieden werden kann, wäre der Ausbau der Kernenergie mit seinen Risiken nicht zu verantworten.«[12] »Wir dürfen nicht, um die Zukunft der Menschen zu sichern, die Gegenwart opfern. Aber wir dürfen ebensowenig unsere Verpflichtung für die Zukunft des Lebens verleugnen, um uns in der Gegenwart unbequeme Opfer zu ersparen«[13] (Die Deutschen Bischöfe, Zukunft der Schöpfung — Zukunft der Menschheit). Nach Tschernobyl bedeutet dies, daß eine verantwortliche Energiepolitik eine Entwicklung fördert, die nicht allein auf Kernenergie setzt, sondern langzeitig zu einer Nutzung alternativer Energiequellen führt. Die Kernenergienutzung ist als »Durchgangsstufe« zu sehen bis zu dem Zeitpunkt, an dem alternative Energiequellen in hinreichendem Umfang zur Verfügung stehen. Das beinhaltet, daß mit aller Dringlichkeit gangbare neue Wege der Energiegewinnung gesucht und gefunden werden müssen. Die Erforschung alternativer Möglichkeiten ist eine wichtige Station auf diesem Weg, eine weitere ist die Änderung unseres Lebensstils.

2. Christliche Politik und Arbeitslosigkeit

Sicherlich sind von der christlichen Theologie keine unmittelbaren beschäftigungspolitischen Vorschläge zu erwarten, um allen Arbeitsuchenden zu Arbeitsplätzen zu verhelfen. Dennoch können grundlegende theologische Orientierungen auch in dieser konkreten Problematik Auswirkungen auf die Politik des Alltags haben. Allgemein wird man darin übereinstimmen, daß Arbeitslosigkeit eine bittere Härte für die Betroffenen ist, selbst wenn sich durch die Arbeitslosenversicherung der Einkommensausfall in noch erträglichen Grenzen hält. Die Arbeitslosen sind in der vollen Entfaltung ihrer Persönlichkeit behindert. Ihnen geht die Möglichkeit ab, eine von der Gesellschaft geachtete, als nützlich angesehene und bezahlte Leistung zu erbringen. Vor allem ist durch die Arbeitslosigkeit die Teilnahme am gesellschaftlichen Leben gestört.

Auch wenn es sinnvolles menschliches Leben ohne Arbeit geben mag, so ist die Arbeit doch ein hohes Gut für den Menschen. Erst durch sie entfaltet der Mensch letztlich seine Kräfte und Fähigkeiten, erwirbt seinen materiellen Lebensunterhalt, schafft Werte und dient den Mitmenschen

---

[12] Zu Fragen der Kernenergie. Stellungnahme des Kommissariates der Deutschen Bischöfe vom 23. September 1977, in: Kommissariat der Deutschen Bischöfe (Hrsg.), Beiträge zu Umweltfragen (Dokumente Nr. 5) Bonn 1983, 5.

[13] Zukunft der Schöpfung — Zukunft der Menschheit. Erklärung der Deutschen Bischöfe zu Fragen der Umwelt und der Energieversorgung (Die Deutschen Bischöfe Nr. 28), Bonn 1980, 18.

sowie dem Gemeinwohl. Von dieser Sinnbestimmung her weist die katholische Soziallehre sowohl auf die Verpflichtung zu gewissenhafter Arbeit hin wie auch auf das *Recht auf Arbeit* (vgl. Gaudium et spes 67). Ganz im Sinne dieser Überzeugung betont Papst Johannes Paul II. den *Vorrang der Arbeit* vor allen anderen Faktoren des wirtschaftlichen Lebens (vgl. Laborem exercens). Über die konkreten, richtigen Mittel und Wege, mit denen diese Vorstellungen verwirklicht werden sollen, sagt uns der christliche Glaube nichts. Diese Wege zu finden, ist bei uns letztlich Sache der Tarifparteien und gegebenenfalls des Staates. Es gibt keinen »christlichen Weg« zur Behebung der Arbeitslosigkeit. Trotzdem ergeben sich für den Politiker, der sich auch in seiner Beschäftigungspolitik am christlichen Glauben orientieren will, zwei wichtige Vorgaben:

1. Christlich orientierte Politik darf sich niemals mit gesellschaftlichen Mißständen wie der Arbeitslosigkeit abfinden. Sie hat immer wieder die Dringlichkeit der Problematik zu betonen. Sie muß immer wieder das Ausmaß und die Folgen der Arbeitslosigkeit deutlich machen und darauf drängen, daß beschäftigungspolitisch effektive Lösungen angestrebt werden.

2. Christlich orientierte Politik ist eine Politik aus dem Vertrauen heraus, daß der Schöpfer die Welt so eingerichtet hat, daß es Wege gibt, den Arbeitsuchenden Arbeit zu verschaffen, und daß wir diese Wege finden können. Christlicher Glaube hat hier für den Politiker also eine stimulierende Funktion.

Auch wenn der Glaube uns nichts über die praktischen Mittel und Wege sagt, mit denen wir die Arbeitslosigkeit beheben können, darf diese Offenheit nicht mit Beliebigkeit verwechselt werden: Kern der Botschaft Jesu ist die Parteinahme für den Menschen — in Jesu Person ist zugunsten des Menschen entschieden (Eberhard Jüngel). Daraus erwachsen für den Christen *verpflichtende Orientierungen*, die auch die Wege zu politischen Zielen betreffen. Hier ist vor allem die richtungweisende Vorliebe Jesu für die Schwachen und Schwächsten, für die Unterdrückten, Benachteiligten und Armen zu nennen. Und zu den Armen — nicht nur im materiellen Sinne — sind heute die Arbeitslosen zu zählen (Laborem exercens 8). Die in unserer Gesellschaft zunehmend ungerechte Verteilung der Arbeit auf Ausländer, Frauen, Behinderte, Junge und Alte ist aufgrund des Solidaritätsprinzips nicht zu verantworten. Weiterhin ergibt sich aus dem eingangs erwähnten Solidaritätsprinzip eine Verantwortung derjenigen, die Arbeit haben, für diejenigen, die arbeitslos sind. Diejenigen, die arbeiten können, müssen für die Arbeitslosen Einbußen in Kauf nehmen. Lohn-, Mehrwert- und andere Steuern sowie Sozialbeträge reichen nicht aus. Vielmehr ist auch eine Teilung bzw. Aufteilung vorhandener und die Neuschaffung zusätzlicher Arbeitsplätze erforderlich. Schließlich bedarf es für eine gerechtere Verteilung der vorhandenen Arbeitsplätze auch einer entsprechenden Korrektur der Arbeitseinkommen. Bis dieses Ziel erreicht ist, muß auch in unserem Umgang mit Arbeitslosen deutlich werden, daß Arbeitslosigkeit kein persönlicher Makel ist. Als Menschen, die sich im politischen Handeln am christlichen Glauben orientieren, sind wir also nicht nur zu einer materiellen Unterstützung der Arbeitslosen, sondern zur umfassenderen Hilfe für die ganzheitliche Bewältigung ihrer Lage aufgerufen. Sicherlich ist die *Bereitschaft zur Solidarität* um ein vielfaches mühevoller und anstrengender als ein Sich-Abfinden mit Marktmechanismen. Das Sich-Abfinden jedoch ist für den Christen und für die sich am christlichen Glauben orientierende Politik keine Lösung. Schließlich hat Jesus von Nazaret, von dem her wir uns Christen nennen, sein Engagement für die Gedrückten, sein Engagement für die Sache Gottes, die Sache des Menschen mit seinem Leben bezahlt.[14]

---

[14] Vgl. P. Eicher, a. a. O., 109.

Die Autoren:

Helmut Borok	Dr. theol., Lappersdorf
Helmut Juros	Dr. theol., Professor für Moraltheologie, Rektor der Kath.-Theologischen Akademie Warschau
Karl-Heinz Kleber	Dr. theol., Professor für Moraltheologie an der Universität Passau
Jan Kowalski	Dr. theol., Professor für Moraltheologie an der Päpstlichen Theologischen Fakultät Krakau
Alfons Nossol	Dr. theol., Bischof von Oppeln, Professor für Dogmatik an der Kath. Universität Lublin
Joachim Piegsa	Dr. theol., Professor für Moraltheologie an der Universität Augsburg
Jan Pryszmont	Dr. theol., Professor für Moraltheologie an der Kath.-Theologischen Akademie Warschau
Johannes Reiter	Dr. theol., Professor für Moraltheologie an der Universität Mainz
Remigius Sobanski	Dr. iur. can., Professor für Kirchenrecht an der Kath.-Theologischen Akademie Warschau
Tadeusz Styczén	Dr. phil., Professor für Ethik an der Kath. Universität Lublin
Andrzej Szostek	Dr. phil., Assist.-Professor für Ethik an der Kath. Universität Lublin
Hans Zeimentz	Dr. theol., Professor für theologische Ethik an der Katholischen Fachhochschule Mainz

SACHREGISTER